Ripper
Neuronale Netze im Portfolio-Management

D1700266

GABLER EDITION WISSENSCHAFT

Klaus Ripper

Neuronale Netze im Portfolio-Management

Mit einem Geleitwort
von Prof. Dr. Bernd Freisleben

Deutscher Universitäts-Verlag

Die Deutsche Bibliothek - CIP-Einheitsaufnahme

Ripper, Klaus:
Neuronale Netze im Portfolio-Management / Klaus Ripper.
Mit einem Geleitw. von Bernd Freisleben.
- Wiesbaden : Dt. Univ.-Verl. ; Wiesbaden : Gabler, 2000
(Gabler Edition Wissenschaft)
Zugl.: Siegen, Univ., Diss., 1999

© Betriebswirtschaftlicher Verlag Dr. Th. Gabler GmbH, Wiesbaden, und
   Deutscher Universitäts-Verlag GmbH, Wiesbaden, 2000
Lektorat: Brigitte Siegel / Jutta Hinrichsen

Der Gabler Verlag und der Deutsche Universitäts-Verlag sind Unternehmen der
Fachverlagsgruppe BertelsmannSpringer.

http://www.gabler.de
http://www.duv.de

Höchste inhaltliche und technische Qualität unserer Produkte ist unser Ziel. Bei der Produktion und
Verbreitung unserer Werke wollen wir die Umwelt schonen. Dieses Buch ist deshalb auf säure-
freiem und chlorfrei gebleichtem Papier gedruckt. Die Einschweißfolie besteht aus Polyethylen
und damit aus organischen Grundstoffen, die weder bei der Herstellung noch bei der Verbren-
nung Schadstoffe freisetzen.

Die Wiedergabe von Gebrauchsnamen, Handelsnamen, Warenbezeichnungen usw. in diesem
Werk berechtigt auch ohne besondere Kennzeichnung nicht zu der Annahme, dass solche Namen im Sinne der Warenzeichen- und Markenschutz-Gesetzgebung als frei zu betrachten wären
und daher von jedermann benutzt werden dürften.

ISBN 978-3-8244-7011-2   ISBN 978-3-322-87390-3 (eBook)
DOI 10.1007/978-3-322-87390-3

Geleitwort

Der internationale Finanzmarkt wird bekanntermaßen von einer Reihe von ökonomischen, politischen und psychologischen Faktoren beeinflußt, deren Beziehungen untereinander höchst probabilistischer Natur sind und die daher mit deterministischen Regeln nicht erklärt werden können. Es ist deshalb im Prinzip unmöglich, zukünftige finanzwirtschaftliche Entwicklungen verläßlich vorherzusagen; es scheint, daß die einzige sichere Prognose ist, daß die Kurse von Finanzprodukten schwanken. Nichtsdestotrotz wird aber zur Entscheidungsunterstützung immer wieder nach Methoden gesucht, mit denen die zukünftige Entwicklung des Finanzmarktes beurteilt werden kann. Außer solchen Kriterien wie Intuition, vermutetes Hintergrundwissen oder einfach Glück werden Anlageentscheidungen typischerweise anhand statistischer Verfahren zur Datenanalyse und Prognose von Zeitreihen getroffen. Da die Datenhistorie für finanzwirtschaftliche Anwendungen in der Regel begrenzt ist, ist eine sparsame Parametrisierung der Prognosemodelle zur Erzielung von Robustheit und Zeitstabilität sehr wichtig. Aus diesem Grund werden in letzter Zeit verstärkt neuronale Netze als Alternative zu traditionellen statistischen Verfahren in finanzwirtschaftlichen Anwendungen eingesetzt. In dem von Herrn Ripper verfaßten Buch wird der Einsatz neuronaler Netze in verschiedenen Problemstellungen des Portfoliomanagements vorgestellt, wobei die Probleme der Ertrags- und Risikoschätzung im Vordergrund stehen. Dabei handelt es sich sowohl um neuartige Anwendungen bekannter neuronaler Verarbeitungsmodelle, als auch um von Herrn Ripper neu entwickelte neuronale Netzmodelle zur Lösung spezieller Probleme des Portfoliomanagements, die aus der Praxis der Kapitalanlage innerhalb der BHF-Bank stammen. Die mit neuronalen Netzen erzielten Ergebnisse werden jeweils mit entsprechenden traditionellen Verfahren aus der Statistik verglichen, um Aussagen über die Fähigkeiten neuronaler Netze im Portfoliomanagement treffen zu können. Die Beiträge entstammen aus dem Aktien- und dem Rentenportfoliomanagement, so daß sowohl stochastische, als auch deterministische Risikokomponenten betrachtet werden. Konkret liefert die von Herrn Ripper vorgelegte Arbeit folgende, für die Praxis der Finanzwirtschaft interessante, innovative Beiträge:

Es wird der Einsatz neuronaler Netze zur Prognose volkswirtschaftlicher Zeitreihen beschrieben, da diese die Grundlage zur fundamentalen Beurteilung der gesamtwirtschaftlichen Situation bilden. Gewählt wurden die Zeitreihen des Bruttosozialproduktes, der prozentualen Arbeitslosenzahl und der absoluten Arbeitnehmerzahl, die sowohl mit üblichen Backpropagation-Netzen, als auch mit statistischen Verfahren (lineare Regression und ARIMA-Modell) geschätzt werden.

Es werden neuronale Netze zur Schätzung des Beta-Faktors innerhalb des Ein-Index-Modells als vereinfachtes Capital Asset Pricing Modell vorgestellt. Der Beta-Faktor wird in der Praxis des Portfoliomanagements als eines der Hauptkriterien zur Beurteilung der erwarteten Rendite bzw. des erwarteten Risikos einer Aktie in Abhängigkeit des Marktverhaltens herangezogen.

Es wird ein neuronales Netz zur Schätzung der Volatilität von Finanzzeitreihen präsentiert, mit dem die konditionale Varianz, d h der zeitliche Verlauf der Volatilität analysiert werden kann Anhand von exemplarischen Schätzungen für den Rentenmarkt werden die Ergebnisse des neuronalen Netzes mit nichtlinearen statistischen Verfahren (GARCH-Modelle) verglichen; das neuronale Netze weist dabei bessere Ergebnisse auf.

Es wird ein Ansatz zur Zerlegung der Zinsstrukturkurve in ihre wesentlichen

Risikokomponenten vorgestellt; dies ist von entscheidender Bedeutung für das Rentenportfoliomanagement. Mit Hilfe adäquater neuronaler Netze bzw. statistischer Verfahren (Hauptkomponentenanalyse) wird die zeitliche Variation der Zinsstrukturkurve in unabhängige Faktoren zerlegt, um daraus Maße zur Beurteilung der Zinssensitivität von Anleihen abzuleiten. Zusätzlich wird das Ausfallrisiko eines Schuldners, das sogenannte Bonitätsrisiko, untersucht, und es werden Modelle zur Berücksichtigung des Bonitätsrisikos entwickelt.

Das Buch bringt interessierten Lesern aus Wissenschaft und Praxis die vielschichtigen Anwendungsszenarien beim Einsatz von neuronalen Netzen im Portfoliomanagement näher und ermöglicht es ihnen, sich umfassend mit den dazu notwendigen Verfahren auseinanderzusetzen. Selbstverständlich sind in diesem Bereich noch viele andere Anwendungen neuronaler Netze denkbar, und es ist zu hoffen, daß das Buch die Auseinandersetzung mit dieser Materie stimulieren wird. Grundlage des vorliegenden Buches ist die vom Fachbereich Elektrotechnik und Informatik der Universität Siegen genehmigte Dissertationsschrift des Verfassers zur Erlangung des akademischen Grades eines Doktors der Ingenieurwissenschaften.

Prof. Dr. Bernd Freisleben

Vorwort

Bei der Anfertigung der Arbeit haben mir viele Personen ihre Unterstützung zukommen lassen, denen an dieser Stelle ausdrücklich dafür gedankt werden soll.

Mein besonderer Dank gilt Herrn Prof. Dr. Bernd Freisleben, der mir in den Jahren unserer Zusammenarbeit viele wertvolle Anregungen gegeben hat und mir viele Freiheiten bei meinen Forschungsaktivitäten ließ. Herrn Prof. Dr. Manfred Grauer danke ich für die freundliche Übernahme des Korreferates. Bei den Professoren des Fachbereiches, allen voran dem Dekan, möchte ich mich für die organisatorische Unterstützung bei der Durchführung der Dissertation bedanken.

Die vorliegende Arbeit entstand während meiner Tätigkeit als Mitarbeiter der BHF-BANK AG. Viele Anregungen stammen aus der Diskussion mit Kollegen und einige Lösungen konnten in der täglichen Praxis des Portfoliomanagements umgesetzt werden.

Zu guter Letzt möchte ich mich bei meiner Frau und meinen Söhnen bedanken, die mir desöfteren verdeutlicht haben, daß die Beschäftigung mit künstlichen neuronalen Netzen zwar reizvoll ist, aber in keinster Weise die von einem natürlichen neuronalen Netz ausgehende emotionale Stimulanz ersetzen kann.

Klaus Ripper

Inhaltsverzeichnis

1 Einleitung   1

2 Grundlagen neuronaler Netze   5
  2.1 Einleitung   5
  2.2 Historische Entwicklung   8
  2.3 Verarbeitungselemente   9
    2.3.1 Propagierungsfunktionen   10
    2.3.2 Aktivierungsfunktionen   10
    2.3.3 Ausgabefunktionen   12
    2.3.4 Eingabeelemente und Ausgabeelemente   13
  2.4 Netztopologien   13
    2.4.1 Netze mit einer Schicht   14
    2.4.2 Netze mit zwei Schichten   15
    2.4.3 Netze mit mehr als zwei Schichten   15
  2.5 Lernverfahren   16
    2.5.1 Hebbsches Lernen   17
    2.5.2 Lernen durch Hauptkomponentenanalyse   17
    2.5.3 Neuronales Netz zur Bestimmung der Hauptkomponenten 19
    2.5.4 Lernen durch Fehlerkorrektur   21
    2.5.5 Stochastisches Lernen   25
  2.6 Aspekte neuronaler Netze   26
    2.6.1 Alternative Methoden   27
    2.6.2 Implementierung   28
    2.6.3 Einsatzmöglichkeit   28
  2.7 Zusammenfassung   30

3 Gleichgewichtsmodelle der Finanzwirtschaft   31
  3.1 Einleitung   31
  3.2 Analysemethoden   31
  3.3 Das Markowitz-Modell   33
    3.3.1 Zusammenhang zwischen Ertrag und Risiko   33
    3.3.2 Grenzen des Modells von Markowitz   35
  3.4 Das Index-Modell   35
    3.4.1 Korrektur des β-Faktors   36
  3.5 Das Capital Asset Pricing Modell   37
  3.6 Die Arbitrage Pricing Theorie   38
  3.7 Zusammenfassung   40

4 Neuronale Netze und statistische Funktionsanpassung   41
  4.1 Einleitung   41
  4.2 Backpropagation-Algorithmus mit linearer Transferfunktion   42
  4.3 Das Neuron als logistische Regression   43
  4.4 Das Neuron als Probitwahrscheinlichkeitsmodell   44

4.5 Rekurrente Netze   45
4.6 Statistik der Neuronalen Netze   48
4.7 Modifikationen des Backpropagation Algorithmus   50
4.8 Zusammenfassung   52

5 Neuronale Netze zur volkswirtschaftlichen Zeitreihenprognose   53
5.1 Einleitung   53
5.2 Prognoseverfahren   54
5.3 Schätzung   55
   5.3.1 Lineare Regression vs. neuronale Netze   56
   5.3.2 ARIMA-Prozesse vs. neuronale Netze   58
5.4 Diskussion   60
5.5 Zusammenfassung   63

6 Neuronale Netze zur Renditeschätzung von Aktien
nach dem CAPM-Kapitalmarktmodell   65
6.1 Einleitung   65
6.2 Schätzung des Beta-Faktors   66
6.3 Modifikation des BP-Algorithmus   68
6.4 Empirische Schätzung   69
   6.4.1 Netzwerkoptimierung mit Hilfe
   eines Informationskriteriums   70
   6.4.2 OLS Schätzung   71
6.5 Diskussion   72
6.6 Zusammenfassung   74

7 Schätzung der Volatilität mit neuronalen Netzen   75
7.1 Einleitung   75
7.2 Volatilität und Finanzprodukte   76
   7.2.1 Verteilungsannahmen bei Kurszeitreihen   76
7.3 Empirische Schätzung des Volatilitäts-Smile   78
   7.3.1 Mögliche Erklärungsansätze für den Smile   83
   7.3.2 Implikationen des Volatilitäts-Smile   84
7.4 Der VOLAX   84
7.5 Meßgröße der Volatilität   86
   7.5.1 Historische Volatilität   86
   7.5.2 ARCH- und GARCH-Spezifikation   87
7.6 Neuronales Netz zur Minimierung der
   Maximum-Log-Likelihood-Funktion   90
7.7 Test auf GARCH-Effekte   91
7.8 Zusammenfassung   96

8 Statistische Analyse des Zinsprozeßrisikos von Anleihen
und zinsderivativen Wertpapieren   97
8.1 Einleitung   97
8.2 Korrelationsmatrix und Hauptkomponentenanalyse   98
8.3 Hauptkomponentenanalyse versus Zustandsraummodelle   102
8.4 Empirische Analyse   103

8.4.1 Interpretation der Ladungsmatrix   104
8.4.2 Erklärung der Hauptkomponenten als 3-Faktorenmodell   105
8.5 Hauptkomponenten und Volatilität   108
8.6 Hauptkomponenten und Risikomaße   109
8.6.1 Deterministische Risikomaße   110
8.6.2 Hauptkomponentenanalyse und
Deterministische Risikomaße   113
8.7 Dynamik zwischen Bundes- und Pfandbriefanleihen als Risikoquelle   113
8.8 Renditespread zwischen Bundes- und Pfandbriefanleihen
als Risikoquelle   116
8.9 Der Kuponeffekt als Risikoquelle   118
8.10 Zusammenfassung   120

9 Zusammenfassung und Ausblick   121

10 Literatur   123

Kapitel 1

Einleitung

Mit der relativ neuen Disziplin der Neuroinformatik beschäftigen sich Wissenschaftler aus den unterschiedlichsten Gebieten, z.B. der Biologie, der Informatik, der Mathematik, der Medizin und der Finanzwirtschaft. Sie alle verfolgen das gemeinsame Ziel, natürliche Intelligenz in künstlichen neuronalen Netzwerken nachzubilden. In den letzten Jahren wurden verstärkt Aktivitäten initiiert, um aus den Erkenntnissen und Modellvorstellungen der Neurobiologie über die prinzipielle Arbeitsweise natürlicher Nervensysteme neue Ansätze zur maschinellen Informationsverarbeitung abzuleiten. Das steigende Interesse an der Neuroinformatik, deren Ursprünge bis in die Anfänge des Rechnerzeitalters zurückreichen, ist einerseits dadurch begründet, daß komplexe Problemstellungen mit traditionellen Programmiermethoden nur unzureichend oder mit großem Aufwand gelöst werden können und andererseits, weil selbst die heutzutage verfügbaren, leistungsfähigsten Rechner den Fähigkeiten des Gehirns natürlicher Organismen bei vielen Anwendungen, wie etwa Bild- und Sprachverarbeitung, Orientierung und Bewegungssteuerung, weit unterlegen sind.

In neuronalen Architekturen, deren Arbeitsweise von stark vereinfachten Modellen natürlicher Nervensysteme inspiriert ist, wird nicht mehr ausdrücklich zwischen Daten und Programmen unterschieden. Das gesamte "Wissen"' eines künstlichen neuronalen Systems wird durch verschiedenartig gewichtete Verbindungen zwischen einer möglicherweise großen Anzahl hochgradig vernetzter Verarbeitungselemente in verteilter Weise repräsentiert. Jedes dieser Verarbeitungselemente empfängt die über die gewichteten Verbindungen ankommenden Signale, führt relativ einfache Operationen auf ihnen aus und gibt das Ergebnis der Berechnung an die mit seinem Ausgang verbundenen Verarbeitungselemente weiter. Alle Verarbeitungselemente führen diesen Vorgang (synchron oder asynchron) parallel durch. Dieses konnektionistische Verarbeitungsmodell basiert also - analog zu biologischen Systemen - auf der kollektiven Wechselwirkung massiv parallel operierender Einheiten. Aufgrund der großen Anzahl von Verbindungen und der verteilten Wissensspeicherung enthält es einen hohen Grad an Redundanz und ist deshalb robust gegenüber unvollständigen oder verrauschten Eingabewerten, fehlerhaften Verbindungen und ausgefallenen Verarbeitungselementen. Durch die gezielte, schrittweise Veränderung der Verbindungsgewichte in Abhängigkeit von präsentierten Eingabebeispielen kann sich das Netz an ein globales Ziel anpassen und dadurch ein bestimmtes Verhalten erlernen. Die dabei erworbene Generalisierungsfähigkeit kann dann ausgenutzt werden, um unbekannte Eingaben im Sinne des globalen Ziels zu verarbeiten. Anstatt die Lösung eines Problems durch ein Programm explizit festzulegen, handelt es sich bei neuronalen Netzen um eine neuartige, nicht-algorithmische Form der "Programmierung", die darin besteht, eine problemadäquate Anfangskonfiguration des Netzes zu bestimmen, ihm gegebenenfalls eine oder mehrere Lernregeln aufzuprägen und es iterativ durch Lernangebote zum Training in eine Endkonfiguration konvergieren zu lassen, die dann zur Lösung des Problems benutzt wird. Betrachtet man ein neuronales Netz als "Black-Box", dann werden im allgemeinen die der Black-Box präsentierten Eingabevektoren auf Ausgabevektoren abgebildet. Da die Eingabevektoren als Punkte eines hochdimensionalen Raumes angesehen werden können, führt die Black-Box gewisse Transformationen des Eingaberaumes durch.

Da die meisten zur Lösung bestimmter Probleme verwendeten Modelle künstlicher

2

neuronaler Netze zwar von ihren biologischen Vorbildern inspiriert sind, aber allenfalls rudimentär die Arbeitsweise realer Neuronen widerspiegeln, hat das Adjektiv "neuronal" einen gewissen Schlagwortcharakter. Die Mehrdeutigkeit des Begriffes "Netz" in der Informatik und die inzwischen feste Etablierung neuronaler Netze in der Literatur[1] rechtfertigen dennoch die Beibehaltung der Bezeichnung.

Aus der Sicht der Informatik sind neuronale Netze Spezialfälle der Parallelrechnerarchitekturen. Im Gegensatz zur herkömmlichen parallelen Programmierung, bei der ein gegebenes Problem möglichst geschickt in unabhängige Teilprobleme zerlegt werden muß, die dann parallel abgearbeitet werden können, liefern neuronale Netze durch ihre strukturellen Eigenschaften gewissermaßen automatisch massiv parallele Lösungen. Die Simulation neuronaler Netze per Software ermöglicht es, die Funktionsprinzipien neuronaler Netze sehr flexibel auf gegebene Problemstellungen anzuwenden. Die Entwicklung solcher neuronal motivierter Algorithmen, die spezifische Fragestellungen der Finanzwirtschaft berücksichtigen, ist das Hauptaugenmerk der vorliegenden Arbeit. Dabei finden stets die besonderen Bedürfnisse des Portfoliomanagements Berücksichtigung. Darüberhinaus werden konventionelle Algorithmen aus der Statistik angewandt oder so modifiziert, daß sie für die Fragestellung des Portfoliomanagements angewandt werden können.

Die möglichst realitätsgetreue Simulation von Hirnfunktionen entspricht nicht den Zielsetzungen der Arbeit; das Studium und die Modellierung neurobiologischer Phänomene sind zwar wesentliche Motivationsquellen zur Beschäftigung mit neuronalen Netzen, aber können sicherlich geeigneter im Kontext anderer Forschungsdisziplinen untersucht werden. Ziel der Arbeit ist es, die Einsatzfähigkeit neuronaler Netze zur Verifikation einiger ausgewählter finanztheoretischer Ansätze aufzuzeigen und spezielle Algorithmen zu entwickeln, die auf wichtige Fragestellungen des Portfoliomanagements angewandt werden können. Dazu werden zuerst die Grundlagen künstlicher neuronaler Netze erklärt, um darauf aufbauend einige der wichtigsten Modelltypen und Anwendungsgebiete, vorwiegend unter dem Aspekt der Finanzwirtschaft, vorzustellen.

Der Einsatz neuronaler Netze im Portfoliomanagement eröffnet völlig neue Perspektiven für das Erkennen komplexer wirtschaftlicher Entwicklungen. Die Fähigkeit, Entwicklungen zu prognostizieren, ist eine zentrale Voraussetzung zur rationalen Entscheidungsfindung, da der Wert von Handlungsanweisungen stets auch an den Konsequenzen dieser Handlungen gemessen wird. Dies gilt insbesondere für den Finanzsektor. Im Gegensatz zur Physik ist es im ökonomischen Bereich nicht möglich, ein Laborexperiment aufzubauen, in dem fast alle Variablen konstant gehalten und einige wenige in ihrem Wechselspiel zueinander beobachtet werden. Ebenso wenig läßt sich ein Experiment unter denselben Rahmenbedingungen wiederholen. Daher ist die Datenhistorie in der Ökonomie begrenzt und eine sparsame Parametrisierung der Modelle sehr wichtig, um ein robustes und zeitstabiles Modell zu erhalten.

Im empirischen Teil weicht der gewählte Ansatzpunkt der vorliegenden Arbeit von den meisten Publikationen über die reinen Renditeschätzungen durch neuronale Netze ab und rückt den Aspekt einer Rendite-Risiko-Charakteristik in den Vordergrund. Anhand von vier Beispielen werden die Ergebnisse eines neuronalen Ansatzes in Bezug zu statistischen Verfahren gesetzt. Die vorliegende Arbeit ist folgendermaßen gegliedert.

Kapitel 2 gibt einen Überblick über die grundlegenden Funktionsprinzipien neuronaler Netze. Die Darstellung ist bewußt knapp gehalten, da eine umfassende Präsentation der Arbeitsweise neuronaler Modelle aufgrund der Vielzahl der in der Literatur gemachten Vorschläge den

---

[1] siehe Poddig, (1996).

Rahmen der Arbeit sicherlich sprengen würde. Anstatt, wie in vielen Monographien über neuronale Netze üblich, spezielle Netztypen zu beschreiben, werden in Kapitel 2 die wesentlichen Eigenschaften der unterschiedlichen Modelle herausgefiltert und losgelöst von einem bestimmten Modell dargestellt. Kapitel 2 beschreibt die Grundlagen der Komponenten neuronaler Netze.

In Kapitel 3 werden die unterschiedlichen finanzwissenschaftlichen Gleichgewichtsmodelle vorgestellt, wobei nur die wesentlichen Modelle erörtert werden. Auf eine detaillierte und wesentlich umfangreichere Betrachtung der Modelle wurde hier verzichtet, da diese Grundlagen eines finanzwissenschaftlichen Studiums sind und daher in vielen Lehrbüchern dargestellt werden.[2]

In Kapitel 4 werden die verschiedene Lernverfahren, d.h. Regeln zur Veränderung der Verbindungsgewichte, in Bezug zu klassischen Statistischen Verfahren gesetzt. In der Literatur werden häufig neuronale Netze von der Statistik losgelöst betrachtet. Da es jedoch in vielen Anwendungsgebieten Überschneidungen gibt, z.B. in der Zeitreihenanalyse oder der Funktionsapproximation, sind einige Algorithmen für neuronale Netze schon in der Statistik bekannt. Oft verstellt jedoch die unterschiedliche Nomenklatur den Blick für die parallele Entwicklung beider Gebiete. Daher werden einige Gemeinsamkeiten in Kapitel 4 herausgearbeitet.

Kapitel 5 beschäftigt sich mit Verfahren zur Schätzung volkswirtschaftlicher Zeitreihen. Neben klassischen Verfahren aus der Statistik werden verschiedenartige neuronale Netze zur Prognose von volkswirtschaftlichen Zeitreihen verwendet.

Kapitel 6 diskutiert die Verwendung von neuronalen Netzen zur Schätzung eines nichtlinearen Capital Asset Pricing Model (CAPM) bzw. eines Index-Modells. Bei den benutzten Modellen handelt es sich um lernende Netze, die Varianten des Backpropagation-Algorithmus verwenden. Am Beispiel des Problems des CAPM wird aufgezeigt, daß die verwendeten Variationen des Backpropagation-Algorithmus in der Modellierung der nichtlinearen Zusammenhänge besser geeignet sind. Neben den Algorithmen stand die Fragestellung der "Optimierung" der Netze im Vordergrund. Dabei wurde erstmals ein Informationskriterium aus der Statistik verwendet.

Kapitel 7 beschäftigt sich mit dem Themengebiet der Volatilität. Da viele moderne Finanzierungsinstrumente auf der Volatilität aufbauen, wird dieser Begriff diskutiert und in Beziehung zur Rendite gesetzt. Finanzwirtschaftliche Zeitreihen sind in der Regel nicht normalverteilt. Der Aktiencrash von 1987 wäre unter der Annahme einer Normalverteilung kaum zu erklären. Die Volatilität spielt daher eine zunehmend wichtige Rolle im Portfoliomanagement. Daher werden in diesem Kapitel mehrere Ansätze zur Modellierung der Volatilität vorgestellt. Neben der Bestimmung der Volatilität bei Optionen wird ein Volatilitätsprodukt, der VOLAX, vorgestellt. Der Schwerpunkt des Kapitels ist jedoch die Schätzung der Volatilität mit einem neuronalen Netz. Dazu wird ein neu entwickelter Algorithmus vorgestellt und die empirischen Ergebnisse in Bezug zu modernen Schätzverfahren aus der Statisik gesetzt.

Kapitel 8 befaßt sich mit der Risikozerlegung im Bondportfoliomanagement. Mit Hilfe der Hauptkomponentenanalyse kann das Zinsrisiko in unabhängige Faktoren zerlegt werden. Für die Bestimmung der Hauptkomponenten kam ein neuronales Netz zum Einsatz.[3] Aus der Risikoanalyse werden Maße zur Beurteilung der Zinssensitivität von Anleihen entwickelt, die die bisherigen deterministische Risikobetrachtung mit der stochastischen in Einklang bringt. Um die Risikoanalyse im Bondportfoliomanagement abzurunden, wurde noch das Ausfallrisiko

---

[2] siehe Elton, (1991), Bodie, (1993), Hielscher (1990).
[3] vgl. Freisleben, (1993).

eines Schuldners, d. h. das Bonitätsrisiko analysiert, und es wurden Modelle zur Berücksichtigung des Bonitätsrisikos entwickelt.

Kapitel 9 faßt die Ergebnisse der Arbeit zusammen und gibt einen Ausblick auf zukünftige Forschungsaktivitäten.

Kapitel 2

Grundlagen neuronaler Netze

2.1 Einleitung

Die Theorie neuronaler Netze[4] fällt unter das Teilgebiet der künstlichen Intelligenz, dem Zweig der Informatik, der sich mit symbolischen Methoden zur Lösung von Problemen beschäftigt. Die Neuroinformatik ist als sehr junges Fachgebiet bisher nicht exakt umrissen, so daß man versucht, dieses Gebiet der Informatik einzugrenzen. Dies ist nicht unproblematisch, da es eine Vielzahl von Theorien, Ansätzen und Modellen gibt, die alle unter dem Begriff "neuronale Netze" zusammengefaßt werden.[5]

Die ursprüngliche Motivation zur Entwicklung künstlicher neuronaler Netze ist auf neurophysiologische Erkenntnisse über die Informationsverarbeitung im Nervensystem zurückzuführen. Die eigentliche Verarbeitung der Signale findet im zentralen Nervensystem statt.[6] Das Gehirn hat insgesamt 10 bis 100 Milliarden Nervenzellen (Neurone) mit einer durchschnittlichen Konnektivität von 10000. Man unterscheidet im wesentlichen zwei Arten von Nervenzellen, die Pyramidenzellen und die sternförmig aussehenden Stern- oder Gliazellen. Die Sternzellen sichern den Stoffwechselvorgang, und die Pyramidenzellen verarbeiten elektrische Impulse.[7] Der Grundbaustein des Nervensystems, die Nervenzelle (Neuron), besteht - vereinfacht dargestellt - aus dem Zellkern (Nucleus), dem Zellkörper (Soma), den baumartig verzweigten Leitungen zur Reizaufnahme (Dendriten), der Nervenfaser zur Reizweiterleitung (Axon) und den Kontaktstellen zu anderen Nervenzellen (Synapsen)[8]. Die Übertragung eines Signals zwischen zwei Zellen ist ein komplexer chemischer Prozeß, der die elektrischen Eigenschaften der Zellen beeinflußt. Im Ruhezustand herrscht eine elektrische Spannung (ca. -90mV) zwischen dem Zellinneren und der Zellumgebung, die durch den Transport von Ladungsträgern über Ionenpumpen in der Zellmembran hervorgerufen wird. Übersteigt das Ruhepotential eine gewisse Schwelle, so öffnen sich bestimmte Ionenkanäle, und das Vorzeichen des Membranpotentials kehrt sich kurzzeitig um. Dieses sogenannte Aktionspotential wird als elektrischer Impuls über die vielen Verästelungen des Axons fortgeleitet, bis es die Synapsen erreicht. Das Eintreffen eines Aktionspotentials an einer Synapse setzt einen sogenannten Neurotransmitter frei, der seinerseits durch Wechselwirkung mit Rezeptormolekülen auf der Zielzellenmembran das Ruhepotential der Zielzelle verändert und somit die Ausprägung eines Aktionspotentials in der Zielzelle, dessen Intensität und Dauer gleich, aber dessen Frequenz und Phase im allgemeinen unterschiedlich ist, beeinflußt. Unterschiedliche Synapsentypen sorgen dafür, daß die Signalübertragung sich entweder excitatorisch (aktivitätssteigernd) oder inhibito-

---

[4] Vielerorts wird der Begriff Konnektionismus synonym für neuronale Netze verwendet "Generelle Zielsetzung des Konnektionismus ist die Modellierung kognitiver Prozesse" Kemke, (1988).
[5] Barr, (1993).
[6] Schoneburg, (1991).
[7] Brause, (1991).
[8] vgl Kandel, (1985)

6

risch (aktivitätshemmend) auf die Zielzelle auswirkt[9].

Da bestimmte Synapsen außerdem bei häufiger Verwendung wachsen bzw. bei seltener Benutzung degenerieren und die nachgeschaltete Zelle dementsprechend stärker bzw. schwächer beeinflussen, werden die Synapsen von vielen Forschern als die elementaren Einheiten des biologischen Gedächtnisses angesehen, und die synaptische Plastizität wird als neurophysiologisches Pendant des Lernens interpretiert.[10]

Die Annahme, daß Lernen neurophysiologisch mit dem Wachstum von Synapsen bei gleichzeitiger Aktivität der verbundenen Zellen erklärt werden kann, ist die Grundlage aller Lernverfahren, die für künstliche neuronale Netze entwickelt wurden, obwohl mittlerweile auch andere Formen der Informationsübermittlung als die der synaptischen Übertragung für relevant gehalten werden und längst nicht alle Vorgänge in natürlichen Nervensystemen bekannt oder verstanden sind. Viele der in der Literatur vorgeschlagenen Modelle künstlicher neuronaler Netze haben nicht den Anspruch, neurobiologisch adäquat zu sein, versuchen aber, rudimentäre Funktionsprinzipien realer Neuronen zu simulieren und auf maschinell informationsverarbeitende Systeme zu übertragen.

Neuronale Netze, die in der Ökonomie und im Portfoliomanagement Anwendung finden, sind von dem biologischen Ursprung ganz abgerückt. Neuronale Netzwerke werden hier vielmehr als Verhaltensmodelle verstanden. Sie werden als eine unter vielen Möglichkeiten gesehen, große Daten- und Zahlenmengen zu untersuchen und daraus eine Struktur bzw. ein Modell herauszudestillieren.[11]

Ein wesentlicher Aspekt, der zur Einführung neuronaler Modelle führte, war die massive parallele Verarbeitung von Daten und Informationen und die grundlegende andere Art der Wissensrepräsentation.[12] Das "Wissen" ist bei neuronalen Netzen im Gegensatz zu der herkömmlichen von Neumann-Architektur[13] im ganzen System verteilt, d.h es ist in der Struktur des Netzes gespeichert, wobei die verteilte Repräsentation neue Möglichkeiten bezüglich Fehlertoleranzen und fehlerbehafteten Daten eröffnet. Im Unterschied zur traditionellen Unterteilung der Informationsverarbeitungssysteme in "Maschine" und in "Algorithmen" lassen sich bei neuronalen Netzen diese beiden Aspekte nicht streng voneinander trennen. Das Netz eignet sich nicht Wissen oder Regeln in expliziter Form an, vielmehr nimmt das Wissen durch Lernen auf.[14] So werden die Grenzen des Systems nicht von expliziten, affinalen Handlungsvorschriften bestimmt, sondern durch die Anwendungsumgebung.[15] Es lernt Regeln anhand von vorgelegten Beispielen und kann aufgrund seiner Struktur nicht-lineare Eingabewerte verarbeiten.

Im allgemeinen besteht ein künstliches neuronales Netz aus einer Menge von Verarbeitungselementen und einer Menge gerichteter Verbindungen zwischen den Verarbeitungselementen. Formal läßt sich ein Verarbeitungselement folgendermaßen definieren:

---

[9] vgl. Kandel, E. (1985).
[10] vgl. Kemke, (1988).
[11] vgl. Zimmermann, (1994).
[12] Kemke, (1988).
[13] Dies sind konventionelle Strukturen mit der Trennung von "Wissen" und "Verarbeitung".
[14] von Altrock, (1991).
[15] Kratzer, (1990).

Definition 2.1:

Ein Neuron n_i wird zum Zeitpunkt t durch das Tupel $(x(t), w_i(t), a_i(t), f, g, h)$ beschrieben, dabei sind:

- $x(t)=(x_1(t),...,x_n(t)) \in R^n$ ein *Eingabevektor* zum Zeitpunkt t,
- $w_i(t)=(w_{i1}(t),...,w_{in}(t)) \in R^n$ ein *Gewichtsvektor* zum Zeitpunkt t,
- $a_i(t) \in R^N$ ein *Aktivierungszustand* zum Zeitpunkt t,
- $h : R^n \times R^n \rightarrow R$ mit $s_i(t)=h(x(t), w_i(t))$ die *Propagierungsfunktion*, die das Eingabesignal $s_i(t)$ liefert,
- $g : R \times R \rightarrow R$ mit $a_i(t) = g(s_i(t), a_i(t-1))$ die *Aktivierungsfunktion*, die den Aktivierungszustand $a_i(t)$ zum Zeitpunkt t berechnet und
- $f : R \rightarrow R$ mit $y_i(t) = f(a_i(t))$ die *Ausgabefunktion*, die die Ausgabe $y_i(t)$ des Neurons zum Zeitpunkt t bestimmt.[16]

Jedes Verarbeitungselement empfängt die ankommenden Signale x und modifiziert sie durch Verknüpfung mit den jeweiligen Gewichten des Gewichtsvektors $w_i(t)$, die während der Lernphase verändert werden. Die Gewichte spiegeln die synaptische Plastizität wider. Das Eingabesignal $s_i(t)$ ergibt sich als Funktionswert der Propagierungsfunktion von $x(t)$ und $w_i(t)$. Mit Hilfe der Aktivierungsfunktion wird aus dem Eingabesignal $s_i(t)$ und dem Aktivierungszustand $a_i(t-1)$ der neue Aktivierungszustand $a_i(t)$ bestimmt. In Abhängigkeit von diesem Aktivierungszustand berechnet sich schließlich das Ausgabesignal $y_i(t)$, das über die gerichteten Verbindungen an alle verbundenen Neuronen weitergeleitet wird. Dabei ist zu beachten, daß jedes Verarbeitungselement nur ein einziges Ausgabesignal produziert, welches an alle mit ihm verbundenen Neuronen geschickt wird.
Ein neuronales Netz kann unter Benutzung von Definition 2.1 formal folgendermaßen definiert werden:

Definition 2.2:

Ein neuronales Netz ist ein Tupel (N,V,F).[17] Dabei ist

- N eine Menge von Neuronen n_i, nach Definition 2.1
- $V \subseteq N \times N$ eine Menge gerichteter Verbindungen (n_i,n_j),
- $\{F_i \cdot n_i \in N\}$ eine Menge von *Lernfunktionen*. Durch F_i werden die Gewichtsvektoren $w_i(t)$ der Neuronen n_i berechnet:
$w_i(t_2)=F(W(t_1), y(t_1), a(t_1), d)$.
Hierbei ist d der gewünschte Ausgabevektor des Netzes, der bei Selbstorganisation entfällt, W die Matrix aller Gewichtsvektoren w_i, y der Ausgabevektor der y_i und a der Vektor der Aktivierungen a_i der Neuronen $n_i \in N$

Wie bereits in der Definition 2.1 hervorgehoben wurde, sind alle Variablen zeitabhängig und somit im strengen Sinne kontinuierlich, deren Dynamik mit Hilfe von Differenzialgleichungen beschrieben werden müßten.[18]

---

[16] Hagen, (1997), Freisleben, (1993)
[17] Hagen, (1997)
[18] Hagen, (1997)

Mit diesen allgemeinen Definitionen können die Eigenschaften der entwickelten, unterschiedlichen neuronalen Netzmodelle beschrieben werden, sie geben aber wenig Aufschluß darüber, wie Informationen in einem neuronalen Netz verarbeitet werden. In den folgenden Abschnitten wird, nachdem ein kurze Zusammenfassung der historischen Entwicklung aufgezeigt wird, darauf näher eingegangen.

2.2 Historische Entwicklung

Die Idee, intelligente Maschinen zu konstruieren, ist - aus Sicht der Informatik - schon relativ alt. So beschäftigte sich John von Neumann bereits Ende der 50er Jahre in seinem unvollendeten Werk "Die Rechenmaschine und das Gehirn" damit, Beziehungen zwischen mathematischen Modellen und dem menschlichen Gehirn zu finden.[19] Der eigentliche Beginn der Forschung neuronaler Netze begann jedoch erst mit McCulloch und Pitts, die durch ein relativ einfaches Neuronenmodell nachwiesen, daß man beliebige Berechnungen mit endlichem Speicheraufwand durchführen kann, so daß jeder Computer mit einem derartigen neuronalen Netz simuliert werden kann.[20] Im Jahre 1949 veröffentlichte Hebb sein wegweisendes Werk "The organization of behavior". Dort erklärte er den Lernvorgang physiologisch und faßte diesen in eine Lernregel, die unter seinem Namen bekannt ist. Der entscheidende Ansatz war, daß das Lernen auf die physiologische Veränderung von Nervenzellen und deren Verbindungen zurückzuführen ist. Mitte der 50er Jahre wurden die ersten Computersimulationen neuronaler Netze durchgeführt. Frank Rosenblatt hatte 1958 ein Modell entwickelt, das Perceptron, das sich teilweise selbst organisierte, lernfähig war und einfache Muster klassifizieren konnte.[21]

Im Jahre 1960 erarbeiteten Bernard Widrow und Marcian Hoff ein weiteres Modell, das Adaline- und Madaline-Netzwerk. Das Adaline Modell wurde als erstes Modell zur Lösung realer Probleme eingesetzt. Man realisierte einen adaptiven Filter. Stephen Grossberg erarbeitete Mitte der 70er Jahre eine eigenständige Theorie - die "Adaptive Resonance Theory" (ART). Diese Netzwerke arbeiten mit Rückkopplungen, verfügen über eine Art Langzeit- und Kurzzeitgedächtnis und einen Aufmerksamkeitsmechanismus, der das Lernen steuert. Die ART-Netzwerke lösen zudem ansatzweise ein klassisches Problem der Theorie neuronaler Netze, nämlich die Frage, wie das Gehirn lernt, ohne zuvor Gelerntes zu überlagern und zu zerstören, d.h. wie das Gehirn stabile Zustände annehmen kann, obwohl es doch ständig lernt und sich weiterentwickelt. Dies ist als Plastizitäts- bzw. Stabilitätsproblem bekannt.

Hopfield entwickelte in Anlehnung an die theoretische Physik das Hopfield-Modell. Zwei wichtige Varianten dieses Modells sind das BAM (Bidirektionaler Assoziativspeicher Modell) und die Boltzmann-Maschine. Die theoretische Grundlage dieses Modells stammt aus der Kristallzüchtung. Die Neuronen des Modells reagieren nicht deterministisch, sondern stochastisch. Zum Lernen der synaptischen Gewichte wird ein Abkühlungsprozeß nach der Erhitzung eines Körpers simuliert, der bewirken soll, daß der Körper einen minimalen Energiezustand annimmt.

Erst im Jahre 1985 wurde von Rumelhart und Hinton ein leistungsfähiger zurückpropagierender Lernalgorithmus (Backpropagation) entwickelt, der es ermöglicht, einen

---

[19] Kemke, (1988).

[20] Adorf, (1991).

[21] Rosenblatt stellt fest, daß zweischichtige neuronale Netze zwei Merkmalsklassen erkennen können. Minsky und Papert wiesen nach, daß ein Perceptron nicht das Klassifikationsproblem der logischen Funktion "Exklusiv-Oder" (XOR) lösen kann. vgl. Simpson, (1990).

ausgangsseitig auftretenden Fehler auch in die verdeckten neuronalen Schichten rekursiv abzubilden. Der Fehler wird, wie der Name schon andeutet, in das neuronale Netz zurück-propagiert. Mit diesem Algorithmus wird es daher möglich, lernfähige Netzwerke mit beliebig vielen verdeckten Schichten zu konstruieren. Da solche Netzwerke ein sehr viel größeres "Gedächtnis" als einschichtige Netzwerke besitzen, sind Backpropagation-Netzwerke äußerst mächtige Modelle. Daher finden sie zur Zeit am häufigsten Verwendung.[22]

2.3 Verarbeitungselemente

Da in der allgemeinen Definition eines Verarbeitungselementes der Aktivierungszustand zu einem Zeitpunkt aus dem Aktivierungszustand zu früheren Zeitpunkten abgeleitet werden kann, erfordert die Modellierung des dynamischen Verhaltens eine zeitkontinuierliche, auf Differentialgleichungen basierende Beschreibung. Die zeitkontinuierliche Darstellung läßt sich mit Hilfe von Differenzengleichungen für genügend kleine Zeitschritte in eine zeitdiskrete Beschreibung überführen, die im langfristigen Verhalten äquivalent ist. Obwohl im Kurzzeit-bereich sehr wohl Unterschiede bestehen und darüberhinaus die allgemeine Umsetzung einer Differentialgleichung in eine Differenzengleichung nicht trivial ist, wird in der vorliegenden Arbeit der zeitdiskreten Formulierung der Vorzug gegeben, da sie leichter mit iterativen Anweisungen in ein Programm zur Simulation der Arbeitsweise eines Verarbeitungselementes auf einem Digitalrechner umgesetzt werden kann.

Abbildung 2.1 zeigt den schematischen Aufbau eines Verarbeitungselementes n, gemäß Definition 2.1. Typische Ausprägungen der Funktionen f, g und h werden in den folgenden Abschnitten erläutert.

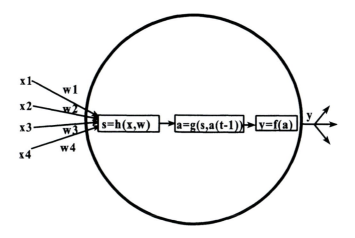

Abbildung 2 1: Aufbau eines Verarbeitungselementes

---

[22] Schönburg, (1990).

2.3.1 Propagierungsfunktionen

Die Propagierungsfunktion h($\mathbf{x},\mathbf{w}$) bestimmt zu einem Zeitpunkt t anhand der über die Verbindungen ankommenden Signale $\mathbf{x}=(x_1,...x_N)$ und des Gewichtsvektors $\mathbf{w}_i=(w_{i1},...,w_{iN})$ die interne Eingabe s_i in das Verarbeitungselement n_i. Die gebräuchlichste Propagierungsfunktion ist die Summe der gewichteten Eingaben

$$s_i(t) = h(\ x(t),\ w_j(t)\ ) = \sum_{j=1}^{N} x_j(t) \cdot w_{ij}(t)$$

Andere Propagierungsfunktionen, die in einigen Modellen verwendet werden, sind[23]

• *Kummulative Summe:*

$$s_i(t) = s_i(t\text{-}1) + \sum_{j=1}^{N} x_j(t) \cdot w_{ij}(t)$$

• *Maximum:*

$$s_i(t) = \max\ (x_j(t) \cdot w_{ij}(t))\quad \forall j$$

• *Minimum:*

$$s_i(t) = \min\ (x_j(t) \cdot w_{ij}(t))\quad \forall j$$

• *Mehrheit:*

$$s_i(t) = \sum_{j=1}^{N} b(t)_j\ mit\ s(t)_j = \left(\begin{array}{l} 1\ falls\ x_j(t)\ \cdot\ w_{ij}(t) > 0 \\ \text{-}\ 1\ sonst \end{array} \right)$$

• *Produkt:*

$$s_i(t) = \prod_{j=1}^{N} (x_j(t) \cdot w_{ij}(t))$$

2.3.2 Aktivierungsfunktionen

Die Aktivierungsfunktion g($s_i,a_i(t\text{-}1)$) bestimmt für jedes Neuron n_i den Aktivierungszustand $a_i(t)$ zum Zeitpunkt t in Abhängigkeit von der durch die Propagierungsfunktion gelieferten Eingabe s_i und dem früheren Aktivierungszustand $a_i(t\text{-}1)$. In vielen Fällen bleibt allerdings $a_i(t\text{-}1)$ unberücksichtigt, so daß in g lediglich s_i eingeht. Typische Aktivierungsfunktionen sind[24]

• *Lineare Aktivierungsfunktion*

Die lineare Aktivierungsfunktion ist gegeben durch $a_i(t) = g(s_i(t)) = \alpha \cdot s_i(t)$ mit $\alpha \in \mathbf{R}$. Für $\alpha=1$ reduziert sich die lineare Aktivierungsfunktion zur Identitätsfunktion.

---

[23] vgl. Brause, (1992) und Herz, (1991) und Freisleben, (1993).
[24] vgl. Brause, (1992) und Hecht-Nielsen, (1990) und Freisleben, (1993).

• *Stufenfunktion*

Die Stufenfunktion liefert unterschiedliche Werte in Abhängigkeit davon, ob s_i einen vordefinierten Schwellwert θ_i überschreitet. Sie ist gegeben durch

$$a_i(t) = g(s_i(t)) = \begin{pmatrix} \alpha \ \mathit{falls} \ s_i(t) \geq \theta_i \\ -\beta \ \mathit{falls} \ s_i(t) < \theta_i \end{pmatrix}$$

für α, β, $\theta_i \in \mathbf{R}$.
Spezialfälle der Stufenfunktion sind die binäre Stufenfunktion

$$a_i(t) = g(s_i(t)) = \begin{pmatrix} 1 \ \mathit{falls} \ s_i(t) \geq 0 \\ 0 \ \mathit{sonst} \end{pmatrix}$$

und die bipolare Stufenfunktion

$$a_i(t) = g(s_i(t)) = \begin{pmatrix} 1 \ \mathit{falls} \ s_i(t) \geq 0 \\ -1 \ \mathit{sonst} \end{pmatrix}$$

Der Schwellwert θ_i des Verarbeitungselementes n_i wird oft dadurch repräsentiert, daß eine zusätzliche Verbindung mit dem Gewicht θ_i und dem konstanten Eingabesignal -1 eingeführt wird. Diese mathematisch äquivalente Repräsentation realisiert den Vergleich mit dem Schwellwert bereits in der Propagierungsfunktion und vereinfacht damit die Modellierung der Stufenfunktion.

• *Rampenfunktion*

Die Rampenfunktion ist eine Kombination aus linearer Aktivierungsfunktion und Stufenfunktion, da sie die resultierende Aktivierung nach oben und unten beschränkt und zwischen den Grenzen linear ist. Sie ist gegeben durch

$$a_i(t) = g(s_i(t)) = \begin{pmatrix} \alpha \ \mathit{falls} \ s_i(t) \leq \alpha \\ s_i(t) \ \mathit{falls} \ |s_i(t)| < \alpha \\ -\alpha \ \mathit{falls} \ s_i(t) \leq -\alpha \end{pmatrix}$$

mit $\alpha \in \mathbf{R}$. Diese Form der Rampenfunktion ist symmetrisch bezüglich des Nullpunktes der $s_i(t)$-Achse; α bzw. $-\alpha$ ist der Sättigungswert, nach dessen Überschreiten keine Änderung der Aktivierung erfolgt bzw. der überschritten werden muß, um eine Aktivierung zu erreichen. Es gibt andere Rampenfunktionen, die symmetrisch bezüglich des Nullpunktes der $g(s_i(t))$-Achse sind und daher unterschiedliche Werte für die Ober- bzw. Untergrenze erlauben.

• *Sigmoide Aktivierungsfunktionen*

Sigmoide (S-förmige) Aktivierungsfunktionen sind kontinuierliche Versionen der Rampenfunktion. Sie sind begrenzte, monoton steigende Funktionen, deren Ableitung im Unterschied zur Rampenfunktion stetig ist, eine Eigenschaft, die in der mathematischen Behandlung von Aktivierungsfunktionen in vielen Fällen von Vorteil ist. Die am häufigsten verwendete sigmoide Aktivierungsfunktion ist die logistische, auch als Fermi-Funktion bekann-

12

te Funktion[25]

$$a_i(t) = g(s_i(t)) = \left(1 + e^{-\alpha \cdot s_i(t)} \right)^{-1}$$

mit $\alpha > 0$ (üblicherweise $\alpha = 1$), die Werte zwischen 0 und 1 liefert. Alternative sigmoide Funktionen sind der hyperbolische Tangens

$$a_i(t) = g(s_i(t)) = \tanh(s_i(t))$$

dessen Wertebereich zwischen -1 und 1 liegt, die Sinus-Funktion

$$a_i(t) = g(s_i(t)) = \begin{pmatrix} 1 \; falls \; s_i(t) \geq \dfrac{\pi}{2} \\ \sin(s_i(t)) \; falls \; \dfrac{\pi}{2} < s_i(t) < \dfrac{\pi}{2} \\ -1 \; falls \; s_i(t) \leq -\dfrac{\pi}{2} \end{pmatrix}$$

sowie die Funktion

$$a_i(t) = g(s_i(t)) = \begin{pmatrix} \dfrac{s_i(t)^2}{1 + s_i(t)^2} \; falls \; s_i(t) > 0 \\ 0 \quad\quad sonst \end{pmatrix}$$

welche Werte zwischen 0 und 1 liefert.

• *Gaußsche Aktivierungsfunktion*

Die Gaußsche Aktivierungsfunktion[26] ist eine zum Nullpunkt symmetrische Funktion, deren Form durch die Varianz $\delta^2 > 0$ bestimmt wird. Sie ist gegeben durch

$$a_i(t) = g(s_i(t)) = e^{\dfrac{-s_i(t)^2}{\delta^2}}$$

2.3.3 Ausgabefunktionen

Die Ausgabefunktion $f(a_i(t))$ bestimmt für jedes Verarbeitungselement n_i das zum Zeitpunkt t an nachgeschaltete Verarbeitungselemente ausgesandte Ausgabesignal, welches vom Grad der Aktivierung von n_i abhängt. In den meisten Fällen ist die Ausgabefunktion die Identitätsfunktion $y_i(t) = f(a_i(t)) = a_i(t)$ oder eine Variante der allgemeinen Stufenfunktion mit dem Schwellwert $\theta_i \in \mathbf{R}$

$$y_i(t) = f(a_i(t)) = \begin{pmatrix} \alpha \; falls \; a_i(t) \geq \theta_i \\ -\beta \; falls \; a_i(t) < \theta_i \end{pmatrix}$$

---

[25] siehe Brause, (1991).
[26] siehe Zimmermann, (1994).

In einigen Modellen ist die Ausgabe abhängig von den Aktivierungszuständen $a_k(t)$ einer Menge anderer Verarbeitungselemente, so z.B. in Wettbewerbsarchitekturen[27], für die gilt:

$$y_i(t) = f(a_i(t)) = \begin{pmatrix} 1 & falls & a_i(t) \geq \max a_k(t) \; \forall k \\ 0 & sonst \end{pmatrix}$$

2.3.4 Eingabeelemente und Ausgabeelemente

Üblicherweise gibt es in einem neuronalen Netz ausgezeichnete Verarbeitungselemente, die Schnittstellen nach außen repräsentieren und daher der Einspeisung von Daten in das Netz dienen bzw. die verarbeiteten Daten nach außerhalb des Netzes weiterleiten. Diese Verarbeitungselemente werden Eingabe- bzw. Ausgabeelemente genannt.

Eingabeelemente können als Verarbeitungselemente modelliert werden, die jeweils nur ein einziges Eingabesignal über genau eine Verbindung mit einem konstanten Gewicht von 1 empfangen, deren Propagierungsfunktion die lineare Funktion, und deren Aktivierungs- und Ausgabefunktion die Identitätsfunktion ist. Der Wertebereich der Eingabesignale ist abhängig von der Bedeutung der zu verarbeitenden Daten und der Form der Verarbeitung, die das Netz zu leisten fähig ist. So können einige Netzmodelle nur binäre Daten verarbeiten[28], während andere reelle Werte als Eingaben zulassen.[29]

Ausgabeelemente sind "normale" Verarbeitungselemente, deren Ausgaben jeweils Komponenten des vom Netz produzierten Ausgabevektors als Resultat des verarbeitenden Eingabevektors sind. Der Wertebereich der Netzausgaben wird bestimmt durch die in den Ausgabeelementen verwendeten Propagierungs-, Aktivierungs- bzw. Ausgabefunktionen.

2.4 Netztopologien

Die Topologie eines neuronalen Netzes wird durch die zwischen den Verarbeitungselementen bestehenden gerichteten Verbindungen festgelegt. Die Verbindungen bestimmen die Richtung des Informationsflusses; durch die Gewichtsvektoren der Verarbeitungselemente wird die übertragene Information beeinflußt. Man spricht von excitatorischer Beeinflussung, wenn ein Gewicht positiv ist bzw. von inhibitorischer Beeinflussung, wenn es negativ ist. Ein Gewicht mit dem Wert 0 ist äquivalent zu einer nicht existierenden Verbindung. Dies kann ausgenutzt werden, um die Netztopologie dynamisch zu verändern, indem Verbindungen durch entsprechendes Setzen der Gewichte entfernt bzw. hinzugefügt werden. Im folgenden beschränken wir uns auf statische Netztopologien, um die Unterschiede in der Funktionsweise der typischen Netzmodelle verdeutlichen zu können.

Obwohl einige Netztopologien in Form eines beliebigen Graphen aufgebaut sind[30], werden die meisten Netze in Schichten von Verarbeitungselementen organisiert[31]. Eine Schicht ist eine Teilmenge der Menge V aller Verarbeitungselemente; alle Schichten L_1, ..,L_L sind disjunkt. Die Verarbeitungselemente einer Schicht L_i sind identisch, d.h. sie verwenden dieselbe Propagierungs-, Aktivierungs- bzw. Ausgabefunktion, und sie sind im allgemeinen mit allen

---

[27] vgl. Kohonen, (1989)
[28] vgl. Hopfield, (1982).
[29] vgl. Kohonen, (1989)
[30] vgl. Simpson, (1992)
[31] vgl. Rojas, (1993)

14

Verarbeitungselementen der benachbarten Schicht L_{i+1} verbunden. Allerdings gibt es auch Netztopologien, in denen Verbindungen zwischen nicht benachbarten Schichten, Verbindungen innerhalb einer Schicht und Verbindungen von einer Schicht L_i zu einer Schicht L_j mit $j<i$ existieren. Wenn der Graph, der die Netztopologie repräsentiert, zyklenfrei ist, handelt es sich um vorwärtsgerichtete ("feedforward") Netze, anderenfalls spricht man von rückgekoppelten oder rekurrenten ("feedback") Netzen.[32]

2.4.1 Netze mit einer Schicht

In Netzen, die nur aus einer Schicht von Verarbeitungselementen bestehen, ist jedes Verarbeitungselement mit jedem anderen verbunden. Zusätzlich kann jedes Verarbeitungselement noch eine Verbindung zu sich selbst haben. Netze mit einer Schicht verarbeiten N-dimensionale Eingabevektoren $\mathbf{x}=(x_1,...,x_N)$, im folgenden auch Eingabemuster genannt, deren Komponenten typischerweise aus $\{0,1\}$ oder $\{-1,1\}$ sind. In einem solchen Netz können bis zu N verschiedene Muster gespeichert werden, vorausgesetzt die gespeicherten Vektoren sind orthogonal zueinander. Wird nun ein Eingabevektor $\mathbf{x}$ dem Netz präsentiert, dann beginnen die Verarbeitungselemente sich gegenseitig zu beeinflussen, bis ein stabiler Zustand erreicht ist, in dem keine Beeinflussung mehr stattfindet. Die im stabilen Zustand erreichten Ausgabewerte der Verarbeitungselemente bestimmen die Netzausgabe. Netze dieses Typs werden zu folgenden Zwecken eingesetzt:

• *Autoassoziation*

Autoassoziation bedeutet, daß ein Eingabemuster auf sich selbst abgebildet wird. Beispiele für autoassoziative Problemstellungen sind die Mustervervollständigung und die Rauschunterdrückung.[33] Im ersten Fall wird dem Netz ein Teilmuster eines gespeicherten Musters präsentiert, welches vom Netz vervollständigt wird. Im zweiten Fall wird ein verrauschtes Muster in das Netz eingegeben, das nach Erreichen eines stabilen Netzzustandes in unverrauschter Form vom Netz ausgegeben wird. Beispiele für einschichtige Netze, die zu diesen Zwecken eingesetzt werden, sind das diskrete Hopfield-Modell und der lineare Assoziativspeicher.[34]

• *Optimierung*

Die Lösung kombinatorischer Optimierungsprobleme beinhaltet die Maximierung bzw. Minimierung einer vorgegebenen Zielfunktion, die in der Regel von einer Menge von Randbedingungen abhängig ist. Die Zielfunktion wird bei neuronalen Ansätzen in Form einer Energiefunktion formuliert; der stabile Zustand, zu dem das Netz konvergiert, korrespondiert mit dem Zustand minimaler Energie und repräsentiert daher eine Lösung des Optimierungsproblems. Der Eingabevektor eines einschichtigen Netzes ist ein Anfangszustand beliebiger Energie, und die Ausgabewerte der Verarbeitungselemente nach erfolgter Konvergenz stellen eine Lösung dar. Ein Beispiel für ein einschichtiges Netz, das zu Optimierungzwecken eingesetzt wird, ist

---

[32] vgl. Hecht-Nielsen, (1990) und Freisleben, (1993).
[33] vgl. Devijver, (1982).
[34] vgl. Kohonen, (1989).

das Netz von Hopfield und Tank.[35]

2.4.2 Netze mit zwei Schichten

Die einfachsten Netze, die aus zwei Schichten von Verarbeitungselementen bestehen, haben eine Schicht L_1 mit N Verarbeitungselementen und eine Schicht L_2 mit genau einem Verarbeitungselement. Die beiden Schichten sind vollständig miteinander verbunden. Solche Netze dienen der Kodierung und Dekodierung von Eingabemustern, da ein N-dimensionaler Eingabevektor x anhand entsprechender Gewichte auf eine 1-dimensionale Ausgabe abgebildet wird bzw. der N-dimensionale Eingabevektor aus der dekodierten 1-dimensionalen Version rekonstruiert werden kann. Das bekannteste Modelle, das auf dieser Topologie basiert, ist das ADALINE.[36]

Bei allgemeineren Formen zweischichtiger Topologien ist jedes Verarbeitungselement in Schicht L_1 mit jedem Verarbeitungselement in Schicht L_2 verbunden. Zusätzlich können noch laterale Verbindungen innerhalb einer Schicht vorhanden sein. Solche Netze werden vornehmlich zu folgenden Zwecken eingesetzt:

• *Heteroassoziation*

Heteroassoziation bedeutet, daß ein N-dimensionaler Eingabevektor $x=(x_1,...x_N)$ auf einen M-dimensionalen Ausgabevektor $y=(y_1,...,y_M)$ abgebildet wird.

• *Musterklassifikation*

Ein Netz zur Klassifizierung von Mustern ordnet einen Eingabevektor x einer von insgesamt M Klassen zu, die jeweils durch ein Verarbeitungselement der Schicht L_2 repräsentiert werden. Das Verarbeitungselement, dessen Gewichtsvektor dem Eingabevektor am meisten ähnelt, wird als Repräsentant der entsprechenden Klasse selektiert. Beispiele für die Verwendung dieser Netztopologie findet man in Kohonen (1989).

2.4.3 Netze mit mehr als zwei Schichten

Netze mit mehr als zwei Schichten bestehen typischerweise aus einer Eingabeschicht L_1, einer Ausgabeschicht L_L und mehreren Schichten dazwischen. Die Schichten $L_2,...,L_{L-1}$ werden verdeckte oder verborgene Schichten genannt[37], da sie keine direkten Verbindungen zu den Ein-/Ausgaben besitzen.

Mehrschichtige Netztopologien sind generell für heteroassoziative Problemstellungen geeignet und werden in der Musterklassifikation, dem Pattern Matching und der Funktionsapproximierung eingesetzt. In Verbindung mit sigmoiden Aktivierungsfunktionen der Verarbeitungselemente kann ein mehrschichtiges Netz jede nicht-lineare Abbildung mit jedem gewünschten Grad an Genauigkeit durchführen.[38] Der N-dimensionale Eingaberaum wird dabei in Bereiche aufgeteilt, die dann durch die darauf folgenden Schichten weiter partitioniert

---

[35] vgl. Hopfield, (1985).
[36] vgl Widrow, (1985).
[37] vgl Hopfield, (1982)
[38] vgl. White, (1989)

werden, bis eine Ausgabe produziert wird. Für die Festlegung der optimalen Anzahl verborgener Schichten für ein gegebenes Problem, der Anzahl von Verarbeitungselementen pro verborgener Schicht und der Anzahl der zur Durchführung der Abbildung notwendigen Eingabevektoren gibt es bislang keine allgemein gültigen Regeln, so daß meist auf empirische Untersuchungen zurückgegriffen wird. Es existieren allerdings erste analytische Ansätze, in denen bewiesen wurde, daß eine verborgene Schicht ausreichend ist, um jede beliebige Abbildung zu realisieren[39]; über die optimale Anzahl von Verarbeitungselementen in der verborgenen Schicht bzw. ob die gleiche Lösung mit mehr verborgenen Schichten, aber weniger verborgenen Verarbeitungselementen erzielt werden kann, wurden jedoch keine Aussagen gemacht. Beispiele, die auf mehrschichtigen Topologien basieren, sind die Varianten des Backpropagation-Netzes und die Boltzmann-Maschine.

2.5 Lernverfahren

Eine der wesentlichen Eigenschaften neuronaler Netze ist die Fähigkeit zu "lernen". Lernen ist in diesem Zusammenhang äquivalent zur Modifikation der Verbindungsgewichte mit dem Resultat, daß Informationen erfaßt werden, die abgerufen und auf unbekannte Situationen verallgemeinernd angewandt werden können.

Die im Kontext von neuronalen Netzen vorgeschlagenen Lernverfahren können in zwei Klassen eingeteilt werden: beaufsichtigtes und unbeaufsichtigtes Lernen[40]. Beim beaufsichtigten Lernen stehen für jeden vom Netz zu verarbeitenden Eingabevektor Informationen zur Verfügung, mit deren Hilfe bestimmt werden kann, ob der vom Netz produzierte Ausgabevektor einer für den Eingabevektor gewünschten Ausgabe entspricht. Es existiert also ein abstrakter Lehrer, der die Qualität der Netzausgabe beurteilen kann. Beaufsichtigtes Lernen kann weiter unterteilt werden in Verstärkungslernen und Lernen durch Fehlerkorrektur.[41]

Beim Verstärkungslernen, das auch als Lernen mit Bewerter bezeichnet wird, wird für jedes Ein-/Ausgabe-Paar beobachtet, ob die vom Netz produzierte Ausgabe korrekt ist oder nicht; die Gewichte werden ausschließlich anhand dieser Information verändert. Beim Lernen durch Fehlerkorrektur wird zusätzlich noch die Fehlergröße, d.h. die Abweichung des produzierten vom gewünschten Ausgabevektor, ermittelt. Modifikationen der Gewichte zielen darauf ab, den Fehler zu minimieren.

Unbeaufsichtigtes Lernen wird dann angewandt, wenn der zu einem Eingabevektor gehörende Ausgabevektor unbekannt ist. Diese Form des Lernens bewirkt Modifikationen der Verbindungsgewichte ausschließlich anhand der in den Eingabedaten enthaltenen Information; das Netz ermittelt ohne Lehrer selbstorganisierend die besten Gewichtsbelegungen. Unbeaufsichtigtes Lernen kann nur dann erfolgreich eingesetzt werden, wenn in den Eingabevektoren ein gewisser Grad an Redundanz vorhanden ist. In diesem Sinne "liefert Redundanz Wissen".

Die meisten Lernverfahren werden in einer von der eigentlichen Funktionsphase des Netzes getrennten Trainingsphase eingesetzt. Typischerweise werden zu Beginn der Trainingsphase die Gewichte mit zufälligen Werten initialisiert und dem Netz Eingabevektoren aus einer Lernmenge präsentiert, die jeweils Gewichtsänderungen bewirken. Dieser Vorgang wird solange wiederholt, eventuell durch mehrmalige Präsentation der kompletten Lernmenge, bis das Netz

---

[39] vgl. White, (1989).
[40] vgl. Hertz, (1991).
[41] vgl. Schöneburg, (1990) und Schuhmann, (1993).

einen Zustand zufriedenstellender Leistungsfähigkeit erreicht hat. Die hierbei ermittelten Gewichte werden "eingefroren", und das sich daraus ergebende Netz wird zum Abruf des erlernten Wissens bzw. der Verarbeitung unbekannter, nicht erlernter Eingaben verwendet. Diese Vorgehensweise wird als Off-Line Lernen bezeichnet. Alle zu erlernenden Eingabemuster müssen in der Trainingsphase zur Verfügung stehen; sollen weitere Eingabevektoren gelernt werden, müssen diese der Lernmenge hinzugefügt, und die Trainingsphase muß erneut durchlaufen werden. Beim On-Line Lernen[42] können neue zu erlernende Eingaben ohne explizite Wiederholung der Trainingsphase zum bereits erlernten Wissen hinzugefügt werden. Im Gegensatz zum Off-Line Lernen gehen Teile der bereits gespeicherten Information nicht verloren.

2.5.1 Hebbsches Lernen

Alle bis dato entwickelten Lernverfahren für neuronale Netze basieren auf der bereits 1949 von Hebb[43] postulierten Hypothese, daß das Gewicht w_{ij} der Verbindung, die zwischen einem Verarbeitungselement n_j und einem Verarbeitungselement n_i in Richtung von n_i verläuft, verstärkt wird, wenn beide Verarbeitungselemente gleichzeitig aktiviert sind. Die Hebbsche Lernregel lautet:

$$w_{ij}(t+1) = w_{ij}(t) + \alpha \cdot y_i(t) \cdot y_j(t)$$

wobei $y_i(t)$, $y_j(t)$ die Ausgaben der Verarbeitungselemente n_i bzw. n_j zum Zeitpunt t sind und $\alpha > 0$, $\alpha \in R$ ein Lernfaktor ist, der die Schrittweite der Gewichtsänderung angibt.

Bei Verwendung der Hebbschen Lernregel in der obigen Form können die Gewichte unendlich groß werden, unabhängig davon, ob die Ausgabewerte der Verarbeitungseinheiten beschränkt sind oder nicht. Ein Netz, das die Hebbsche Lernregel in Verbindung mit unbeschränkten Ausgabewerten $y_i(t) \in R$; $y_j(t) \in R$ benutzt, ist der lineare Assoziativspeicher; beschränkte Ausgabewerte (0,1 oder -1,1) findet man in Varianten des Hopfield-Netzes.[44] Die Anzahl der Muster, die von einem nach obiger Formel trainierten Netz gespeichert werden können, ist begrenzt.

In einigen Modellen sind sowohl die Ausgabewerte als auch die Gewichte beschränkt. Eine Gewichtsbeschränkung wird beispielsweise erreicht, wenn die Gewichte w_{ij} durch
$$w_{ij}(t+1) = 1/t \cdot ((t-1) \cdot w_{ij}(t) - y_i(t) \cdot y_j(t))$$
aktualisiert werden.

Diese Gleichung entspricht einer iterierten Mittelwertbildung der Korrelation zwischen den beiden Verarbeitungselementen. Wenn die Ausgabewerte auf 1 beschränkt sind, können die Gewichte maximal den Wert 1 erreichen.

2.5.2 Lernen durch Hauptkomponentenanalyse

Eine weitere Form des unbeaufsichtigten Lernens, die auf Varianten der Hebbschen Lernregel basiert, ist das Lernen durch Hauptkomponentenanalyse[45], auch Hauptachsentrans-

---

[42] vgl. Simpson, (1992)
[43] vgl. Hebb, (1949)
[44] vgl. Hopfield, (1985)
[45] vgl. Hertz, (1991).

formation genannt. Die Frage, die in der Hauptkomponentenanalyse beantwortet werden soll ist die: Wie kann aus einer gegebenen Menge von Daten das Charakteristische dieser Menge erkannt und extrahiert werden?

Etwas genauer formuliert: Welche Merkmale kennzeichnen diese Datenmenge am besten und welche sind davon die wichtigsten?[46] Die Frage nach der Bedeutung der Merkmale stellt sich spätestens dann, wenn die Dimension der Daten reduziert werden muß und dabei zwangsläufig ein Informations- bzw. Approximationsverlust entsteht. Soll bei dieser Dimensionsreduktion möglichst wenig Informationen verloren gehen, so müssen die wichtigsten Merkmale erhalten bleiben.[47]

Die Hauptkomponentenanalyse ist ein aus der Statistik bekanntes Verfahren zur linearen Transformation einer mehrdimensionalen Datenverteilung in ein Koordinatensystem, dessen Koordinaten unkorreliert sind und die jeweils die Richtungen der maximalen Varianz der Datenverteilung widerspiegeln. Der mehrdimensionale Datenvektor **x** läßt sich u.a. durch den Vektor der Erwartungswerte E[**x**] und die Kovarianzmatrix $\mathbf{C_{xx}}$ beschreiben.[48]

Ein Verfahren zur Extraktion der optimalen Merkmale besteht darin, die Daten durch eine lineare Abbildung so zu transformieren, daß die transformierten Daten y möglichst maximale Information über die ursprünglichen Daten enthalten. Das bedeutet also, daß bei der Transformation möglichst wenig Information verloren gegangen ist.

Definition der j-ten Hauptkomponente

Die n-te Hauptkomponenten $\mathbf{w_j}$, j=1,..., N, eines Zufallssvektors $\mathbf{x} \in \mathbf{R}^N$ ist dessen Projektion auf den auf Einheitslänge normierten j-ten Eigenvektor $\mathbf{e_j}$, die Kovarianzmatrix $\mathbf{C_{xx}}$ der zu dem j-größten Eigenwert λ_j gehört:

$$y_j = e_j^T x, \quad j = 1, \ldots, N$$
$$C_{xx} e_j = \lambda_j e_j$$

mit den Eigenwerten $\lambda_1 \geq \lambda_2 \geq \ldots \lambda_n$ und den Eigenvektoren $\mathbf{e_1}, .., \mathbf{e_n}$, die ein Orthonormalsystem bilden. Abbildung 2.2 faßt die Hauptkomponenten in einer Graphik zusammen.

---

[46] siehe Hagen, (1997).
[47] Marinell, (1977).
[48] vgl. Hagen, (1997) und Marinell, (1977).

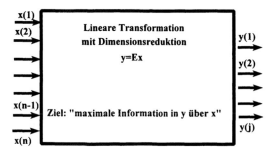

Abbildung 2.2. Problemstellung der Hauptkomponentenanalyse

Nachteil bei der numerischen Berechnung[49]

Bei der numerischen Berechnung der Hauptkomponenten muß zunächst die Kovarianzmatrix der Stichprobe geschätzt werden. Ist diese Kovarianzmatrix nicht repräsentativ für die Grundgesamtheit, so treten bei der Schätzung Verzerrungen auf. Enthalten die Daten grobe "Ausreißer", so kann es ebenfalls zu Verzerrungen bei der Schätzung der Kovarianzmatrix kommen. Im ungünstigsten Fall kann ein Ausreißer eine eigene Hauptkomponente erhalten, die zu dem größten Eigenwert gehört.

2.5.3 Neuronales Netz zur Bestimmung der Hauptkomponenten[50]

Für eine gegebene Menge $x_1,...,x_P$ von N-dimensionalen Eingabevektoren $x_i=(x_{i1},...,x_{iN})$, $1 \le i \le P$, wird eine Menge $\{w_1,...,w_N\}$ von orthonormalen, N-dimensionalen Vektoren $w_j=(w_{j1},...,w_{jN})$, $1 \le j \le N$, gesucht, die die Basisvektoren eines durch Rotation des ursprünglichen Koordinatensystems erzeugten, neuen Koordinatensystems mit den genannten Eigenschaften darstellen. Dazu ermittelt man als ersten Basisvektor den Vektor w_1, der den Mittelwert

$$Mittelwert = \frac{1}{P}\sum_{i=1}^{P}(w_1^T \cdot \overline{x}_i)^2 \ maximiert,$$

$$wobei \ \overline{x}_i = ((x_{i1} - \overline{x}_1) , ... , (x_{iN} - \overline{x}_N)) \ und \ \overline{x}_i = \frac{1}{P}\sum_{i=1}^{P} x_{ij} \ ist.$$

Der zweite Basisvektor w_2 wird bestimmt, indem von jedem Eingabevektor x_i seine Projektion auf w_1 subtrahiert wird und die Mittelwertmaximierung für w_2 und die veränderten x_i erneut

---

[49] Die verschiedenen numerischen Berechnungsmethoden seien hier nicht weiter vertieft. Es sei vielmehr auf die Literatur verwiesen, z.B. Arminger, (1989) und Jolliffe, (1986)
[50] Eine ausführliche Darstellung der Algorithmen zur Bestimmung der Hauptkomponenten mit Hilfe von Neuronalen Netzen findet sich bei Hagen, (1997), Freisleben, (1993), Freisleben, (1996)

durchgeführt wird. Diese Vorgehensweise wird für jeden weiteren Basisvektor $\mathbf{w}_j$ wiederholt, d.h. die Projektion der Eingabevektoren $\mathbf{x}_i$ auf $\mathbf{w}_1,...,\mathbf{w}_{j-1}$ werden subtrahiert und die modifizierten $\mathbf{x}_i$ für die Maximierung des Mittelwertes (der Varianz) bezüglich $\mathbf{w}_j$ verwendet, bis alle N (orthogonalen) Basisvektoren $(\mathbf{w}_1,...,\mathbf{w}_N)$ berechnet sind.

Es wurde gezeigt, daß die auf diese Weise ermittelten Basisvektoren identisch sind mit den normierten Eigenvektoren $(\mathbf{e}_1,...,\mathbf{e}_N)$ der Kovarianzmatrix der Eingabevektoren. Die jeweiligen maximalen Mittelwerte stellen die zugehörigen Eigenwerte $(\lambda_1,...,\lambda_N)$ dar.[51] Für $\lambda_1 > \lambda_2 >$ ... $> \lambda_N$ wird jeder Eingabevektor $\mathbf{x}_i$ im Orthonormalsystem der Eigenvektoren auf einen Vektor $\mathbf{y}_i = (\mathbf{e}_1^T \cdot \mathbf{x}_i^-,...,\mathbf{e}_N^T \cdot \mathbf{x}_i^-)$ abgebildet und kann wegen $\mathbf{e}_j^T \cdot \mathbf{e}_j = 1$, $1 \leq j \leq N$, vollständig rekonstruiert werden. Die j-te Komponente $y_{ij} = \mathbf{e}_j^T \cdot \mathbf{x}_i^-$ von $\mathbf{y}_i$ wird j-te Hauptkomponente von $\mathbf{x}_i$ genannt und $\mathbf{e}_j$ bezeichnet die j-te Hauptachse oder j-te Hauptrichtung. Wird die Transformation mit M<N Hauptachsen durchgeführt, so erreicht man eine Dimensionsreduzierung des Eingaberaumes, aber eine perfekte Rekonstruktion des Eingabevektors ist dadurch nicht mehr möglich, da ein Informationsverlust eingetreten ist. Es wurde bewiesen, daß der mittlere quadratische Rekonstruktionsfehler minimal wird, wenn die M Basisvektoren $\mathbf{w}_j$ die Eigenvektoren der Eingabe-Kovarianzmatrix mit den M größten Eigenwerten bilden.[52] In diesem Sinne gewährleistet die Hauptkomponentenanalyse die Maximierung der erwarteten Information und kann daher als eine Transformation mit optimaler Informationserhaltung angesehen werden. Im Portfoliomanagement nimmt die Hauptkomponentenanalyse einen hohen Stellenwert ein, da sie in vielen Problemstellungen der Datenreduktion, z. B. bei der Zerlegung der Zinsstrukturkurve im Zeitablauf Anwendung findet.

Oja (1982) fand als einer der ersten heraus, daß in einem zweischichtigen Netz mit N Eingabeelementen und einem einzelnen linearen Ausgabeelement durch eine modifizierte Hebbsche Lernregel erreicht werden kann, daß der Gewichtsvektor $\mathbf{w}$ des Ausgabeelements zur ersten Hauptachse der Eingabevektoren konvergiert. Die Ausgabe y des Ausgabeelements nach erfolgter Konvergenz ist dabei identisch zur ersten Hauptkomponente der Eingabedaten. Das Gewicht w_j zwischen dem Ausgabeelement und dem Eingabeelement n_j wird bei Präsentation des Eingabevektors $\mathbf{x}=(x_1,...,x_N)$ in Ojas Lernregel folgendermaßen verändert:

$$w_j(t{+}1) = w_j(t) + \alpha \cdot (x_j(t) \cdot y(t) - y(t)^2 \cdot w_j(t))$$

wobei $\alpha > 0$ ein Lernparameter ist.

Eine Lernregel, die lediglich den Hebbschen Term $x_j(t){\cdot}y(t)$ verwendet, würde zu einem unbeschränkten Wachstum der Gewichte w_j führen. Dies könnte verhindert werden, indem der Gewichtsvektor $\mathbf{w}$ nach Modifikation seiner Komponenten explizit auf die Länge 1 normiert wird; die so konstruierte Lernregel hätte den gleichen Effekt wie Ojas Lernregel. Durch den von Oja zusätzlich eingeführten, quadratischen Vergessensterm $y(t)^2{\cdot}w_j(t)$ in obiger Gleichung wird $\mathbf{w}$ im Laufe der Iterationen automatisch auf 1 normiert, so daß ein expliziter Normierungsschritt nicht notwendig ist.

Es gibt mehrere Ansätze, die Ojas Grundidee auf Netze mit M linearen Ausgabeelementen angewandt und erweitert haben, um eine vollständige Hauptkomponentenanalyse mit einem neuronalen Netz durchzuführen.[53]

---

[51] vgl. Jolliffe, (1986).
[52] vgl. Jolliffe, (1986).
[53] vgl. Rubner, (1989), Jolliffe, (1986) und Kung, (1990).

2.5.4 Lernen durch Fehlerkorrektur

Das Lernen durch Fehlerkorrektur ist eine der wichtigsten Lernregeln, da in der Finanz-wissenschaft und im Portfoliomanagement oft Fragen der Zeitreihenanalyse bzw. der Funk-tionsapproximation behandelt werden. Es handelt sich um eine beaufsichtigte Form des Ler-nens, bei der die Verbindungsgewichte der Verarbeitungselemente proportional zu der Diffe-renz zwischen vorgegebenen, gewünschten Ausgaben und den von den Verarbeitungselementen der Ausgabeschicht eines Netzes berechneten verändert werden. Die Eigenschaften von Lern-verfahren dieser Art hängen davon ab, ob sie in Netzen mit zwei oder mehr Schichten eingesetzt werden. Im folgenden wird auf beide Fälle eingegangen.

Lernen durch Fehlerkorrektur in zweischichtigen Netzen

Lernen durch Fehlerkorrektur bildet einen Eingabevektors $x=(x_1,...,x_N)$ auf einen Ausgabevektor $y=(y_1,...,y_M)$ ab, wobei die Gewichtsinitialisierung zufällig erfolgt. Die Differenz zu einem für x gewünschten Ausgabevektor $d=(d_1,...,d_M)$ ist der vom Netz erzeugte Fehler bei der Abbildung von x auf y. Der von dem Ausgabeelement y_i verursachte Fehler ist gegeben durch $\delta_i = d_i - y_i$. Er wird in der Lernregel für die Modifikation des Gewichtes w_{ij} des Aus-gabeneurons n_i verwendet: $w_{ij}(t+1) = w_{ij}(t) + \alpha \cdot (d_i(t) - y_i(t)) \cdot x_j(t)$. Der Parameter $\alpha > 0$ ist die Lernrate oder Schrittlänge des Algorithmus. Diese Lernregel kann hergeleitet werden, indem der von den Ausgabeelementen produzierte Gesamtfehler, repräsentiert durch die quadratische Fehlerfunktion

$$E = \frac{1}{2} \sum_{i=1}^{M} (d_i - y_i)^2$$

minimiert wird. Hierzu wird ein Gradientenabstiegsverfahren benutzt, mit dem man sich schrittweise iterativ entlang der negativen Ableitung der Fehlerfunktion E nach w_{ij} in Richtung des stärksten Abstiegs (dem Gradienten) von E bewegt und sich somit dem Minimum der Fehlerfunktion annähert. Für lineare Ausgabeelemente ist die Ableitung von E nach w_{ij}:

$$\frac{\partial E}{\partial w_{ij}} = \frac{\partial}{\partial w_{ij}} \left[\frac{1}{2} \sum_{i=1}^{M} \left(d_i - \sum_{j=1}^{N} x_j \cdot w_{ij} \right)^2 \right] = -\left(d_i - \sum_{j=1}^{N} x_j \cdot w_{ij} \right) \cdot x_j = -(d_i - y_i) \cdot x_j$$

Mit $w_{ij}(t+1) = w_{ij}(t) - \alpha \cdot (\partial E)/(\partial w_{ij})$ ergibt sich die Formel der Gewichtsanpassung.

Obwohl die obige Kostenfunktion E nur in Bezug auf einen einzelnen Eingabevektor formuliert ist, wurde allgemein gezeigt, daß der Gradientenabstieg für eine Menge von Ein-gabevektoren zur gleichen Lösung führt.[54] Diese Lernregel ist als Delta-Regel in der Literatur bekannt.[55] Beispiele für Netze, in denen die Delta-Regel (oder Varianten davon) Anwendung findet, sind das zweischichtige Perceptron, ADALINE.

Lernen durch Fehlerkorrektur in Netzen mit mehr als zwei Schichten

Die Delta-Regel kann in einem Netz mit mehr als zwei Schichten nicht angewandt

---

[54] vgl. Brause, (1991) und Ripley, (1992).
[55] vgl White, (1989) und Zimmermann, (1994)

werden, da keine gewünschte Ausgabe für die Verarbeitungselemente der verborgenen Schicht zur Verfügung steht. Es stellt sich daher die Frage, inwieweit ein Verarbeitungselement einer verborgenen Schicht verantwortlich gemacht werden kann für den in der Ausgabeschicht erzeugten Fehler. Dieses Problem, genannt Credit Assignment Problem[56], wurde durch Einführung einer stetig differenzierbaren Aktivierungsfunktion für die Verarbeitungselemente in den verborgenen Schichten, die die Anwendung der Kettenregel für partielle Ableitungen zur Berechnung der Gewichtsänderungen für jedes Gewicht im Netz erlaubt, gelöst. Am Beispiel eines dreischichtigen Netzes soll dies erläutert werden.

Um die Unterschiede zu zweischichtigem Lernen durch Fehlerkorrektur zu verdeutlichen, wird angenommen, daß die Ausgabe y_i eines Ausgabeelementes weiterhin linear ist, d.h.

$$y_i(t) = \sum_{j=1}^{M} h_j(t) \cdot w_{ij}(t)$$

wobei h_j die Ausgabe des Neurons n_j in der verborgenen Schicht L_2 ist. Wesentlich beim dreischichtigen Lernen durch Fehlerkorrektur ist, daß die Ausgabe h_j mit Hilfe einer nicht-linearen, sigmoiden Aktivierungsfunktion erzeugt wird:

$$h_j(t) = g(s_j(t)) = \left(1 + e^{-s_j(t)}\right)^{-1}$$

$$mit \quad s_j(t) = \sum_{k=1}^{H} x_k(t) \cdot q_{jk}(t)$$

Hierbei ist q_{jk} das Gewicht der Verbindung zwischen dem verborgenen Verarbeitungselement n_j und dem Eingabeelement n_k. Wird dieselbe quadratische Fehlerfunktion wie im zweischichtigen Fall verwendet, dann ergibt sich für die Gewichtsänderung von w_{ij} durch Gradientenabstieg:

$$\frac{\partial E}{\partial w_{ij}} = \frac{\partial}{\partial w_{ij}} \left[\frac{1}{2} \sum_{i=1}^{M} \left(d_i - \sum_{j=1}^{N} h_j \cdot w_{ij} \right)^2 \right] = \left(d_i - \sum_{j=1}^{N} h_j \cdot w_{ij} \right) \cdot h_j = -(d_i - y_i) \cdot h_j$$

Die Gewichte q_{jk} zwischen verborgener und Eingabeschicht können nun durch Anwendung der Kettenregel ermittelt werden:

$$\frac{\partial E}{\partial q_{jk}} = \frac{\partial E}{\partial h_j} \cdot \frac{\partial h_j}{\partial s_j} \cdot \frac{\partial s_j}{\partial x_k} \cdot \frac{\partial x_k}{\partial q_{jk}} = -\sum_{i=1}^{H} (d_i - y_i) \cdot h_j \cdot w_{ij} \cdot g'(s_j) \cdot x_k$$

Aus obigen Formeln ergibt sich für w_{ij} und q_{jk}:

$$w_{ij}(t+1) = w_{ij}(t) - \alpha \frac{\partial E}{\partial w_{ij}}$$

$$q_{kj}(t+1) = q_{ij}(t) - \beta \frac{\partial E}{\partial q_{ij}}$$

wobei $\alpha > 0$, $\beta > 0$ Lernparameter sind, die die Schrittweite des Abstiegs entlang des Gradienten bestimmen. Obige Formeln verdeutlichen, daß der Fehlerbeitrag eines verborgenen Verarbeitungselementes n_j generiert wird, indem der von jedem Ausgabeelement n_i produzierte Fehler $(d_i - y_i) \cdot h_i$, gewichtet mit der entsprechenden Stärke der Verbindung zwischen n_i und n_j,

---

[56] vgl. Hertz, (1991).

berechnet und mit dem Gradienten (der ersten Ableitung) der Aktivierungsfunktion von n_j multipliziert wird. Die Summe über die auf diese Weise ermittelten Fehleranteile aller Ausgabeelemente bestimmt dann den Beitrag von n_j am Gesamtfehler in der Ausgabeschicht. Dies bedeutet, daß der von der Differenz zwischen Soll- und Ist-Ausgabe des Netzes abhängige Fehler anteilsmäßig auf die Verarbeitungselemente der verborgenen Schicht aufgeteilt wird, und zwar so, daß das Fehlersignal eines verdeckten Verarbeitungselementes umso größer ist, je stärker es an der produzierten Ausgabe beteiligt war. Diese Beteiligung wird an der Stärke der Verbindung, dem Gewicht, gemessen. Die Fehlerberechnung für verborgene Verarbeitungselemente erfolgt Schicht für Schicht, da der Fehler direkt von der darüber liegenden Schicht abhängig ist. Da die Verbindungen zwischen den Schichten daher nicht nur für die Vorwärts-Propagierung der Eingaben zur Berechnung der Netzausgabe benutzt werden, sondern Fehler rückwärts an die darunter liegende Schicht leiten, wird die so erweiterte Delta-Regel als Fehlerrückführungsregel bzw. Backpropagation-Regel genannt. Die Verwendung der Kettenregel erlaubt es, die Fehlerrückführungsregel rekursiv auf eine beliebige Anzahl von Schichten mit Aktivierungsfunktionen, die stetig differenzierbar sind, anzuwenden. Insbesondere bestehen die typischen Backpropagation-Netze aus drei Schichten, wobei sowohl die Verarbeitungselemente der verborgenen Schicht, als auch die Ausgabeelemente sigmoide Aktivierungsfunktionen besitzen. Es wurde, wie bereits erwähnt, gezeigt, daß eine verborgene Schicht ausreichend ist, um jede beliebige, nicht-lineare Funktion mit beliebiger Genauigkeit zu approximieren. Durch diese Eigenschaft erhält der Backpropagation-Algorithmus eine große Bedeutung für viele Problemstellungen, die mit mehrschichtigen Netzen gelöst werden können. Wegen seiner Popularität und den zahlreichen Anwendugen soll im folgenden der schrittweise Ablauf des Lernens durch Backpropagation explizit dargestellt werden.

Der Backpropagation-Algorithmus ist ein beaufsichtigtes Lernverfahren zur Modifikation der Verbindungsgewichte eines mehrschichtigen Netzes (Eingabe, Ausgabe, und mindestens eine verborgene Schicht) mit nichtlinearen (sigmoiden), stetig differenzierbaren Aktivierungsfunktion.[57] Der Algorithmus für ein Netz mit L Schichten $L_1, .., L_L$, angewandt auf ein Eingabe-/gewünschte Ausgabe Vektor-Paar(x, d), wobei $y_i^{(l)}$ die Ausgabewerte der Verarbeitungselemente der Schicht L_l, $w_{ij}^{(l)}$ die Gewichte der Verbindungen von Neuron $n_j^{(l-1)}$ nach $n_i^{(l)}$ sind, besteht aus folgenden Schritten:

1. Initialisiere alle Gewichte mit einem "kleinen" zufälligen Wert. In [Herz/Krogh/Palmer (1991)] wird die Grössenordnung $1/\sqrt{N_i}$ vorgeschlagen (N_i ist die Anzahl der Verbindungen, die zum Neuron n_i hinführen).

2. Wähle ein Ein-/Ausgabe-Paar (x, d) und präsentiere x der Eingabeschicht L_1. Setze $y_i^{(1)} = x_i$ für alle i.

3. Berechne die Ausgaben aller Verarbeitungselemente, indem die Eingabe vorwärts durch das Netzwerk bis zu den Ausgabeelementen geleitet wird. Setze $y_i^{(l)} = g(s_i^{(l)}) = g(\sum_j w_{ij}^{(l)} y_j^{(l-1)})$ $\forall i, l$ wobei g eine stetig differenzierbare Funktion ist.

4. Berechne die Fehler δ_i für die Ausgabeschicht: $\delta_i^{(L)} = g'(s_i^{(L)}) \cdot (d_i - y_i^{(L)})$

5 Berechne die δ_i der tieferen Schichten, indem das $\delta_i^{(l)}$ der Schicht L_l jeweils rückwärts durch

---

[57] Hertz, (1991).

24

das Netz geleitet wird: $\delta_i^{(l-1)}= g'(s_i^{(l-1)}) \sum_j w_{ij}^{(l)} =\delta_j^{(l)}$ l=L, L-1,...,3

6. Modifiziere die Gewichte $w_{ij}^{(l)}$ mit $w_{ij}^{(l)}(t+1)=w_{ij}^{(l)}(t) + \alpha\,\delta_i^{(l)}(t)\, y_j^{(l-1)}(t)$

7. Wähle das nächste Vektorpaar und fahre mit Schritt 2 fort.

Es existieren zahlreiche Varianten des beschriebenen Backpropagation-Algorithmus, von denen einige Modifikationen im folgenden nur skizziert wiedergegeben werde:

• *Alternative Fehlerfunktionen*

Da das Gradientenabstiegsverfahren von den Eigenschaften der Fehlerfunktion abhängt, hat die Wahl der Fehlerfunktion Einfluß auf die Leistungsfähigkeit des Algorithmus. Daher wurden einige Alternativen zu der üblicherweise verwendeten quadratischen Fehlerfunktion vorgeschlagen, beispielsweise um einzelne Komponenten der Ausgabe stärker in die Fehlerfunktion einbeziehen zu können.[58]

• *Alternative Aktivierungsfunktionen*

Die einzige Bedingung an die Aktivierungsfunktion der Verarbeitungselemente in den verdeckten Schichten ist ihre stetige Differenzierbarkeit. Neben der logistischen Funktion wurden daher weitere Aktivierungsfunktionen, beispielsweise die Sinus-Funktion oder der hyperbolische Tangens, in Backpropagation-Netzen eingesetzt, um unterschiedliche Verhaltensweisen der Verarbeitungselemente zu erzielen.[59]

• *Momentum-Term*

Da die Fehlerfunktion häufig nicht flach und eben ist, können besonders in der Nähe von "Unebenheiten" (lokal stark schwankende Werte des Gradienten) Konvergenzprobleme durch Oszillationen, d.h. "Springen" auf der Fehlerfläche, auftreten. Um solche Oszillationen zu vermeiden, wird der Gewichtsänderung ein Term, der sogenannte Momentum-Term[60] hinzugefügt, der die aktuelle Gewichtsänderung von der vergangenen abhängig macht und einer allzu abrupten Gewichtsänderung entgegen wirkt:

$$w_{ij}(t+1) = w_{ij}(t) + \alpha \cdot \delta_i(t) \cdot y(t) + \beta(w_{ij}(t) - w_{ij}(t-1))$$

Der additive Term $\beta(w_{ij}(t) - w_{ij}(t-1))$ ist der Momentum-Term und β, $0 < \beta < 1$ bestimmt den Einfluß der vorherigen Gewichtsänderung auf die aktuelle.

• *Sättigung*

Stark ausgeprägte, wenig schwankende Eingaben können dazu führen, daß die Aktivierungsfunktion ihre Ausgabewerte kaum noch verändert und asymptotisch gegen 0 bzw. 1 strebt. In diesem Fall nimmt die Ableitung Werte nahe 0 an, so daß die Gewichtsänderung

---

[58] vgl. Solla, (1988).
[59] vgl. Zimmermann, (1994).
[60] vgl. Ripley, (1992) und Rieß, (1992).

ebenfalls gegen 0 geht und dadurch die Konvergenzgeschwindigkeit des Lernvorgangs rapide abnimmt. Zur Behebung dieses Problems wurde vorgeschlagen, einen konstanten Wert zur Ableitung zu addieren, um die Lerngeschwindigkeit zu erhöhen.[61]

• *Fehlerberechnung*

Da Modifikationen der Gewichte nahe der Eingabeschicht große Auswirkungen auf die darüber liegenden Schichten haben, erscheint eine Feineinstellung der Gewichte zwischen nahe der Ausgabeschicht liegenden Schichten wenig sinnvoll. Vielmehr sollten Gewichtsveränderungen der unteren Schichten stärker bei Veränderung der Gewichte zwischen oberen Schichten berücksichtigt werden. Es wurde daher vorgeschlagen, die Lernregel um einen additiven Term zu erweitern, der proportional zu dem Fehler der jeweils darunter liegenden Schicht ist.[62]

• *Lernparameter*

Im allgemeinen ist es nicht möglich, die optimalen Lernparameter für ein gegebenes Problem analytisch zu bestimmen, daher werden sie üblicherweise empirisch ermittelt. Da die optimalen Lernparameter von der lokalen Beschaffenheit der Fehlerfläche abhängig sind, wurde vorgeschlagen, die Lernparameter in Abhängigkeit von der Fehlerfunktion während des Lernvorgangs adaptiv zu verändern. Die dynamische Adjustierung der Lernparameter ermöglicht dadurch eine "Flucht" aus lokalen Minima der Fehlerfunktion.[63]

Neben den vorgestellten Varianten gibt es zahlreiche Untersuchungen zu Backpropagation-Netzen, die beispielsweise die empirische Bestimmung der optimalen Anzahl der Schichten bzw. die Anzahl der verborgenen Verarbeitungselemente pro Schicht betreffen.[64] Obwohl Backpropagation üblicherweise lange Lernzeiten benötigt und seine Leistungsfähigkeit in verschiedenen Anwendungen recht unterschiedlich sein kann, wird dieses Lernverfahren häufig eingesetzt.

2.5.5 Stochastisches Lernen

Das stochastische Lernen[65] ist eine beaufsichtigte Form des Lernens und wird üblicherweise in mehrschichtigen Netzarchitekturen eingesetzt. Die Ausgabewerte der Verarbeitungselemente sind 0 oder 1; die Aktivierungsfunktion ist eine stochastische, sigmoide Funktion p, die die Wahrscheinlichkeit angibt, daß das Verarbeitungselement n_i zum Zeitpunkt t eine Ausgabe $y_i=1$ produziert:

$$p(y_i(t) = 1) = \left(1 + e^{\frac{-\Delta E_i(t)}{T}} \right)^{-1}$$

[61] vgl. Simpson, (1990)
[62] vgl Hecht-Nielsen, (1989) und Kemke, (1988)
[63] vgl. Hertz, (1991) und Kratzer, (1990).
[64] vgl Zimmermann, (1994)
[65] vgl. Simpson, (1990)

Hierbei ist

$$\Delta E_i(t) = \sum_{i-1}^{N} w_{ij}(t) \cdot y_j(t)$$

die Summe der gewichteten Eingaben bzw. die Ausgaben $y_j(t)$ aller an n_i sendenden Verarbeitungselemente, wobei der Schwellwert zur Erzeugung von 0 oder 1 als zusätzliches Gewicht angenommen wird. T ist ein Parameter, der die Steilheit der Funktion p bestimmt und dessen Wert allmählich im Iterationsprozeß gesenkt wird. In Analogie zu thermodynamischen Modellen aus der Physik bezeichnet man E(t) als Energie des Netzes, und folglich ist $\Delta E_i(t)$ der Energieunterschied, der sich ergibt, wenn n_i entweder 0 oder 1 ausgibt. T wird im allgemeinen die Temperatur genannt.

Ziel des stochastischen Lernens ist es, bei Präsentation einer Menge von Eingabegewünschte Ausgabe-Paaren die Energie zu minimieren, so daß die im Zustand minimaler Energie erreichte Konfiguration bei alleiniger Präsentation der Eingabevektoren reproduziert wird. Um zu vermeiden, daß das Netz in lokalen Minima verharrt, wird es zunächst auf eine höhere Temperatur gebracht und nach jeder Musterpräsentation allmählich "abgekühlt", bis es bei einer Temperatur T=1 ein "thermisches" Gleichgewicht erreicht. Ausgehend von zufällig initialisierten Gewichten wird für jedes angelegte Eingabe-/gewünschte Ausgabe-Paar ein thermisches Gleichgewicht herbeigeführt und für jede Verbindung w_{ij} der Wert P_{ij}^+ bestimmt. Dieser Wert gibt die erwartete Wahrscheinlichkeit an, bei der im Durchschnitt aller Fälle die Verarbeitungselemente n_i und n_j gleichzeitig bei thermischem Gleichgewicht aktiv ($y_i = y_j = 1$) sind. Anschließend wird der Vorgang ohne Präsentation des gewünschten Ausgabevektors wiederholt, um den Wert P_{ij}^- für jede Verbindung w_{ij} zu bestimmen. Dieser gibt die erwartete Wahrscheinlichkeit an, daß bei thermischem Gleichgewicht beide Neuronen n_i und n_j im Zustand 1 sind, wenn der gewünschte Ausgabevektor nicht präsent ist. Die Gewichte w_{ij} werden nach Ermittlung von P_{ij}^+ und P_{ij}^- nach folgender Regel verändert:

$$w_{ij}(t+1) = w_{ij}(t) + \alpha \cdot 1/T \, (P_{ij}^+(t) - P_{ij}^-(t))$$

wobei $\alpha > 0$ die Lernrate ist. Die gesamte Vorgehensweise wird mehrfach wiederholt, bis die Gewichte optimal eingestellt sind. Die Grundidee des stochastischen Lernens ist der Methode des "Simulierten Abkühlens" entnommen. Die Boltzmann-Maschine[66] ist ein Beispiel für ein Netz, in dem stochastisches Lernen angewandt wird.[67]

2.6 Aspekte neuronaler Netze

In diesem Abschnitt sollen einige allgemeine Aspekte der Informationsverarbeitung in neuronalen Netzen diskutiert werden. In Betracht gezogen werden dabei alternative Methoden der Informationsverarbeitung, wobei einem Vergleich zwischen neuronalen Netzen und statistischen Verfahren später ein gesonderter Abschnitt gewidmet ist und hier lediglich im Rahmen anderer Verfahren diskutiert wird. Es wird ein kurzer Überblick über die Implementierung, sowie typische Einsatzgebiete neuronaler Netze gegeben.

---

[66] vgl. Rojas, (1991).
[67] vgl. Freisleben, (1993).

2.6.1 Alternative Methoden

Es gibt einige Methoden der Informationsverarbeitung, die ähnliche Fähigkeiten bzw. Eigenschaften wie neuronale Netze besitzen und für gleiche oder ähnliche Problemstellungen entwickelt wurden. Obwohl solche Methoden in ihrer Leistungsfähigkeit oft äquivalent zu der neuronaler Netze sind, verlieren neuronale Netze durch ihre zusätzlichen Aspekte wie Fehlertoleranz, massive Parallelität und Lernfähigkeit nicht an Attraktion. Im folgenden sollen einige alternative Methoden kurz skizziert werden:

Stochastische Approximation

Die Methode der stochastischen Approximation wurde von Robbins und Monro[68] eingeführt, um die Abbildung zwischen einer gegebenen Menge von Ein- und Ausgaben zu finden, wenn Ein- und Ausgaben verrauscht, d.h. wenn sie stochastische Variablen sind. Es wurde gezeigt, daß die stochastische Approximation der Lernregel durch Fehlerkorrektur in zweischichtigen Netzen entspricht.[69]

Kalman-Filter

Ein Kalman-Filter ist eine aus der Regelungstechnik bekannte Methode zur Schätzung bzw. Vorhersage des nächsten Zustands eines Systems, die auf einem gleitenden Durchschnitt verrauschter Messungen basiert. Der Kalman-Filter benötigt ein Modell der Beziehung zwischen Eingaben und Ausgaben, um die Schätzung durchzuführen. Kalman-Filter wurden zum Training eines mehrschichtigen Netzes eingesetzt; außerdem wurde demonstriert, daß der Backpropagation-Algorithmus als Spezialfall eines (erweiterten) Kalman-Filters angesehen werden kann.[70]

Regression

Die lineare Regression ist eine Technik, eine Gerade so in eine Menge von Datenpunkten zu legen, daß der Gesamtabstand der Datenpunkte zu der Gerade minimiert wird. Diese Technik aus der Statistik hat ähnliche Eigenschaften wie das Lernen durch Fehlerkorrektur in zweischichtigen Netzen. Es wurde argumentiert, daß nicht-lineare Aktivierungsfunktionen in mehrschichtigen, durch Fehlerkorrektur lernenden Netzen solche Kurven repräsentieren und daß Gewichtsänderungen zur Minimierung des mittleren quadratischen Fehlers äquivalent zu Kurvenanpassungen sind.[71] In diesem Sinne kann der Backpropagation-Algorithmus als eine parametrische nicht-linearen Regressionsmethode aufgefaßt werden, die im allgemeinen keine Annahmen über die Verteilung der Daten benötigt.

Bayes Klassifikation

Wenn in einem Musterklassifikationsproblem die Klassen nicht eindeutig begrenzt sind

---

[68] vgl. Kohonen, (1989).
[69] vgl White, (1989).
[70] vgl Simpson, (1992).
[71] vgl. White, (1990).

28

und zu Überlappungen tendieren, muß das Klassifikationssystem die Klassengrenzen finden, die die durchschnittliche Fehlklassifikation minimieren. Der hierbei erzielte, kleinstmögliche Fehler wird Bayes-Fehler genannt und der entsprechende Klassifikator Bayes-Klassifikator. Neuronale Netze, die als mögliche Realisierungen eines Bayes-Klassifikators angesehen werden können, sind das Probabilistische Neuronale Netz.[72]

Maschinelles Lernen

Das Lernen in neuronalen Netzen ist lediglich eine mögliche Form des maschinellen Lernens. Im Forschungsgebiet der künstlichen Intelligenz wurden zahlreiche alternative Lernmethoden entwickelt, die auf dem Paradigma der Symbolverarbeitung mit Logik-basierten Ansätzen beruhen. Es wurden bereits Vorschläge gemacht, solche Lernmethoden mit neuronalen Ansätzen zu verknüpfen.[73]

2.6.2 Implementierung

Für die Implementierung von neuronalen Netzen bieten sich zwei grundsätzliche Möglichkeiten an: die Simulation per Software oder die Realisierung durch speziell entwickelte Hardware. Die Softwaresimulation ist sowohl für die Grundlagenforschung, als auch für bestimmte Anwendungen interessant, weil sie die Möglichkeit bietet, neue Ansätze auszutesten und in flexibler Weise zu modifizieren bzw. mit ihnen zu experimentieren. Die meisten Simulationen werden in einer konventionellen Programmiersprache auf einem sequentiellen von-Neumann Rechner durchgeführt, entweder als einzeln programmierte Netze oder in Form umfassender Simulationspakete; in einigen Fällen wird die Softwaresimulation durch spezielle Koprozessor-Einsteckkarten beschleunigt. Es gibt aber auch parallele Software-Implementierungen für die unterschiedlichen, heutzutage verfügbaren Multiprozessorsysteme. Aufgrund der oft langwierigen Lernphasen einiger neuronaler Netzmodelle und des ausgeprägten Kommunikationsverhaltens, durch das sich neuronale Netze auszeichnen, führt die Implementierung auf Multiprozessorsystemen zu interessanten Problemstellungen hinsichtlich der betriebssystemseitigen Verwaltung (einer möglicherweise großen Anzahl) paralleler Prozesse.

Im Zuge des Ausbaus der VLSI-Technologie wurden einige Netztypen, deren praktische Relevanz durch Softwaresimulationen ausgiebig unter Beweis gestellt wurde, in Hardware implementiert. Die Hauptprobleme solcher "Neurochips" werden durch die für die Lernalgorithmen nötigen variablen Gewichte und durch den Flächenbedarf einer großen Anzahl von Verbindungen bereitet. Anstelle aufwendiger Digitaltechnik werden neuronale Netze oft direkt in einfacher, analoger VLSI-Technik realisiert. Hierbei lassen sich die physikalischen Effekte der Analogtechnik ausnutzen, um beispielsweise die Funktion ganzer Schichten zu approximieren. Insbesondere können analoge Systeme mit optischen Bausteinen gebaut werden.

2.6.3 Einsatzmöglichkeiten

Neuronale Netze wurden bereits in unzähligen Anwendungen eingesetzt[74], so daß eine

---

[72] vgl. Kohonen, (1989).
[73] vgl. Hölldobler, (1993).
[74] vgl. Würz, (1992), Werner, (1993) und Rieß, (1992).

vollständige Beschreibung der untersuchten Anwendungsgebiete den Rahmen der vorliegenden Arbeit sicherlich sprengen würde. Stattdessen soll in diesem Abschnitt von konkreten Anwendungen abstrahiert werden, um die potentiellen Einsatzmöglichkeiten neuronaler Netze, d.h. die generellen Aufgaben, die von neuronalen Netzen bearbeitet werden können, darzustellen. Im folgenden werden einige der typischen Einsatzmöglichkeiten aufgelistet; oft ist es möglich, ein gegebenes Anwendungsproblem so zu formulieren, daß es auf eine (oder mehrere) der in der Auflistung enthaltenen Funktionen reduziert werden kann.[75]

• *Mustererkennung*

Das Netz soll auf ein eingegebenes Muster mit einer bestimmten Antwort reagieren, d.h. die Identifizierung des Musters führt zu einer entsprechenden externen Ausgabe oder zur Ausbildung eines stabilen Zustands. Die Mustererkennung ist eines der Standard-Paradigmen neuronaler Informationsverarbeitung, andere in der Liste enthaltene Einsatzmöglichkeiten sind Spezialfälle davon.

• *Merkmaldetektion bzw. -extraktion*

Das Netz soll gewisse charakteristische Bestandteile oder Eigenschaften eines eingegebenen Musters identifizieren und herausfiltern. Das Entdecken von Merkmalen ist die Vorstufe zur Erkennung und Klassifikation von Mustern.[76]

• *Musterzuordnung*

Das Netz soll für ein gegebenes Muster ein gewünschtes Ausgabemuster produzieren. Die Abbildung von Mustern ist das Musterverarbeitungspendant zur Funktionsapproximierung.

• *Mustervervollständigung*

Das Netz soll zu einem eingegebenen unvollständigen Muster das vollständige, gespeicherte Muster ausgeben.

• *Rauschunterdrückung*

Das Netz soll auf ein ihm präsentiertes, verrauschtes Eingabemuster eine möglichst unverrauschte Version als Ausgabe produzieren. Es kann daher als Filter für verrauschte Daten Verwendung finden.[77] Die Rauschunterdrückung ist der Mustervervollständigung ähnlich.

• *Musterklassifikation*

Das Netz soll ein Eingabemuster einer repräsentativen Klasse zuordnen, die Muster mit ähnlichen Merkmalen zusammenfaßt

---

[75] vgl Freisleben, (1993).

[76] vgl Poddig, (1992)

[77] vgl Papoulis, (1977)

• *Assoziativer Zugriff*

Das Netz soll zu einem eingegebenen Muster das Ausgabemuster produzieren, welches assoziativ zum Eingabemuster im Netz abgespeichert ist. Das Netz erlaubt also einen inhaltsorientierten Zugriff auf gespeicherte Muster.

• *Funktionsapproximierung*

Das Netz soll für gegebene Ein-/Ausgabevektoren die zwischen Ein- und Ausgabe realisierte Funktion approximieren.[78]

• *Optimierung*

Das Netz erhält ein Eingabemuster, das die Anfangswerte eines bestimmten Optimierungsproblems repräsentiert und soll in einen stabilen Zustand gelangen, der die Lösung des Optimierungsproblems darstellt.[79]

• *Steuerung*

Das Netz erhält ein Eingabemuster, das den gegenwärtigen Zustand und die gewünschte Aktion eines regeltechnischen Systems repräsentiert und soll die Befehlssequenz ausgeben, die die gewünschte Aktion hervorruft.

2.7 Zusammenfassung

In diesem Kapitel wurde ein Überblick über die grundlegenden Funktionsprinzipien neuronaler Netze gegeben. Zunächst wurde auf die Arbeitsweise der elementaren Verarbeitungseinheiten, die Funktion der Verbindungen und die Form der von einem neuronalen Netz verarbeitenden Daten eingegangen, um anschließend die unterschiedlichen Netztopologien der gebräuchlichsten Modelle vorzustellen, wobei nur solche Netze vorgestellt worden sind, die für das Portfoliomanagement von Interesse sind.

Die Organisation neuronaler Netze in Schichten von Verarbeitungselementen stand dabei im Vordergrund. Es wurde aufgezeigt, welche Topologie für welchen Zweck geeignet ist. Unterschiedliche Lernverfahren, d.h. Regeln zur Veränderung der Verbindungsgewichte, wurden beschrieben, die sich in die beiden Hauptformen des beaufsichtigten und unbeaufsichtigten Lernens einteilen lassen. Die Eigenschaften der Techniken zum Abruf des in der Lernphase erworbenen Wissen wurden verdeutlicht. Außerdem wurden einige der in Zusammenhang mit der Informationsverarbeitung in neuronalen Netzen relevanten Aspekte diskutiert. In dem nun folgenden Kapiteln der Arbeit soll ein vertiefender Überblick von neuronalen Netzen und statistischen Verfahren detaillierter erläutert werden.

---

[78] vgl. Zell, (1994), White, (1990) und Arminger.
[79] vgl. Tayler, (1992).

Kapitel 3

Gleichgewichtsmodelle der Finanzwissenschaft

3.1 Einleitung

In diesem Kapitel wollen wir uns näher mit den Gleichgewichtsmodellen der Finanzwissenschaft beschäftigen, da sie die Grundlage für das moderne Verständnis von Risiko versus Ertrag bilden. Es sollen lediglich die wichtigsten Modelle, das Modell von Markowitz (1991), das Ein-Index-Modell von Sharpe (1964), das Capital Asset Pricing-Modell von Mossin, Lintner, Sharpe (1965) und die Arbitrage-Pricing-Theorie von Ross (1977) kurz erläutert werden. In der Finanzwissenschaft nehmen diese Modelle eine zentrale Rolle ein. Da diese zahlreiche Erweiterungen und Modifikationen erfahren haben, beschränken wir uns auf die wesentliche Grundstruktur und die wesentlichen Implikationen für die Praxis. Die Modelle sind die Grundlagen eines jeden finanzwissenschaftlichen Studiums, so daß die allgemeine Darstellung in zahlreichen Lehrbüchern zu finden ist.[80] Es wurde daher eine bewußt kompakte Darstellungsform gewählt, die es erlauben soll, die empirischen Fragestellungen in Kapitel 6 im Gesamtzusammenhang einordnen zu können.

3.2 Analysemethoden

Der Aktienmarkt wird bekanntermaßen von einer Reihe von ökonomischen, politischen und psychologischen Faktoren beeinflußt, deren Beziehungen untereinander höchst probabilistisch und im Zeitablauf deutlichen Schwankungen unterworfen sind. Mit strengen deterministischen Ansätzen kann die Variabilität nur unzureichend erklärt werden. Es scheint daher unmöglich, zukünftige Aktienkurse vorherzusagen. Dies hält ganze Heerscharen von Finanzspezialisten nicht davon ab, immer wieder nach Methoden zu suchen, mit denen der Aktienmarkt beurteilt werden kann. Außer solchen Kriterien wie Intuition, "vermutetes" Hintergrundwissen oder einfach "Glück", werden die Anlageentscheidungen anhand zweier unterschiedlicher Methoden getroffen: der fundamentalen und der technischen oder auch Chartanalyse.

Die traditionelle Fundamental- und Chartanalyse[81] fußt auf einer isolierten Betrachtung einzelner Aktien bzw. Aktienmärkte und deren Erträge. Es werden die Einflüsse von wirtschaftspolitischen Faktoren (z.B. Kapitalmarktströme, zins- und geldpolitische Instrumentarien) und unternehmensspezifischen Faktoren (z.B. Bilanzkennzahlen, Auftragseingänge und Gewinne) auf die Aktienkurse untersucht. Daraus ergibt sich der "wahre Wert"[82] einer Aktie, der dann in Abhängigkeit des augenblicklichen Kurses zu Kauf- und Verkaufsentscheidungen führt. In beiden Ansätzen steht für den Investor eine monovariate Zielfunktion[100] im Vordergrund: Allein der Ertrag der einzelnen Aktie ist Gegenstand quantitativer Überlegungen, wobei für die Analyse

[80] siehe dazu Bodie, (1993), Elton, (1991) und Hielscher (1990)
[81] siehe dazu Wakefield, (1989).
[82] der "wahre Wert" einer Aktie wird von unterschiedlichen Analysten unterschiedlich definiert, so daß es keine einheitliche Auffassung gibt. Es bleibt daher ein undefinierter Begriff nach Poper, (1989)
[100] vgl. Bodie, (1993)

die quantitative Abschätzung charakteristisch ist. Die Depotzusammenstellung basierte überwiegend aufgrund allgemein gehaltenen Richtlinien sowie persönlichen Erfahrungen und dem sog. "Fingerspitzengefühl" des Depotverwalters.[101]

Neben der Fundamentalanalyse ist die Charttechnik von Bedeutung. Den volkswirtschaftlichen Hintergrund lieferte Schumpeter in der These, daß sich wirtschaftliches Wachstum nicht stetig, sondern sich in Wellen von unterschiedlicher Dauer entwickelt.[102] Schumpeter charakterisiert drei Zyklen unterschiedlicher Länge, die nach den jeweiligen Forschern Kitchen (Dauer 3 bis 5 Jahre), Juglar (7 bis 11 Jahre) und Kondratjeff-Zyklen (50 und mehr Jahre)[103] benannt sind. Die ökonomischen Entwicklungen (nicht die Ursache) werden als Superposition dieser drei Zyklen angesehen und schlagen sich erfahrungsgemäß in den Aktienkursen nieder. Neben diesen Zyklen wurden in der Praxis noch verschiedene Formationen entwickelt[104], die es erlauben sollen, den zukünftigen Verlauf in gewissen Grenzen ex ante, d.h. im voraus, zu bestimmen.

Im Gegensatz zur Fundamentalanalyse wird in der Chartanalyse der zukünftige Verlauf aus der Historie einer einzigen Zeitreihe gewonnen, d.h. es wird stets die These unterstellt, daß die Märkte ineffizient sind.[105] Die Chartanalyse wird von vielen Praktikern genutzt, um anhand der richtig identifizierten Formationen Kursveränderungen prognostizieren zu können. Diese Regelmäßigkeiten der Formationen des Kursverlaufes können, je verbreiteter der Glaube an diese technischen "Gesetzmäßigkeiten" sind, beobachtet werden. Sogenannte "Widerstandslinien" basieren auf psychologischen Phänomenen und können demnach nicht von der Fundamentalanalyse erklärt werden.

Da es bis heute beiden Analysemethoden nicht gelungen ist, einen praktikablen Ansatz für den zeitlichen Verlauf von Portfolios bzw. Aktien zu entwickeln, wurden verschiedene Gleichgewichtsmodelle von der Finanztheorie erforscht. Allen Gleichgewichtsmodellen ist eigen, daß sie eine mehrdimensionale Zielfunktion verfolgen. Nicht nur der Ertrag ist von Bedeutung, sondern auch mit welchem Risiko dieser Ertrag erzielt wurde. Die Modelle unterscheiden sich vorwiegend in der Definition und Formulierung des Begriffs "Risiko".

Die Modelle treffen jedoch keine Aussagen über die Mikrostruktur der Daten,[106] d.h. die Auswertungen von Daten in Minuten- oder Sekundenabschnitten werden nicht im Hinblick auf die Effizienz betrachtet. In diesen extrem kurzen Zeitabschnitten kann, da die Reaktionszeit der Information einen bestimmten Verarbeitungszeitraum seitens der Marktteilnehmer benötigt, die Effizienzmarkthypothese[107] schwer nachgewiesen werden,[108] zumal die Marktteilnehmer nur eine begrenzte Anzahl von Informationen aufnehmen können, d.h. es kann sehr wohl zu kurzzeitigen ineffizienten Märkten kommen.[109]

---

[101] vgl. Hauser, (1990).

[102] vgl. Hielscher, (1990).

[103] Da die Beobachtungshistorie für Kondratjeff-Zyklen aufgrund ihrer Länge sehr gering ist, ist die statistische Signifikanz nur unzureichend.

[104] z.B. "Kopf-Schulter-Formation", "Wimpel" usw. siehe Wakefield, (1989).

[105] d.h. es ist möglich zukünfige Kursverläufe zu prognostizieren.

[106] vgl. Olsen, (1993).

[107] zur Diskussion siehe dazu Hielscher, (1990).

[108] vgl. Olsen, (1993), (1992).

[109] Die Ineffizienzen im Markt, d.h. die Ausnutzung von temporären Informationsvorteilen, werden von Abitrageuren zur Erzielung eines risikolosen Gewinnes genutzt. vgl. Obst/Hinter, (1993).

3.3 Das Markowitz - Modell

Die Fundamentalaktienanalyse erklärt die Aktienkursbildung anhand der zeitlichen Entwicklung gesamtwirtschaftlicher, branchenspezifischer, aber auch unternehmensindividueller Größen. Aufgrund der Hypothese, daß der Ertrag, d.h. der Kurs- und Dividendengewinn, für die Mehrheit der Marktteilnehmer die Handlungsmotivation ist, orientiert sich die Fundamentalanalyse überwiegend an der zukünftigen Ertragskraft der Aktiengesellschaft. Neben der Price-Earning-Ratio (Kursgewinnverhältnis) interessiert den Fundamentalist der Barwert des gesamten Dividendenstroms, d.h. der jetzige Wert aller zukünftig zu erwarteten Dividendenzahlungen. Er steht daher vor der Aufgabe, alle zukünftigen Dividenden prognostizieren zu müssen.

3.3.1 Zusammenhang zwischen Ertrag und Risiko

Der Fundamentalanalyse ist es jedoch nicht gelungen, praktikable Ansätze für den zeitlichen Verlauf der PER der einzelnen Aktien zu entwickeln. Lediglich für den Marktdurchschnitt, d.h. für den Index konnte man eine "normale" bzw. durchschnittliche PER angeben.[110] Von einem fundamentalen Ansatz ausgehend entwickelte Markowitz[111] ein arbitragefreies Gleichgewichtsmodell, das die Rendite **und** das Risiko der Aktie erfaßt. Mit Hilfe eines mathematisch-statistischen Ansatzes werden verschiedene Aktien zu einem Portfolio zusammengestellt, das unter Berücksichtigung der Sicherheitspräferenzen des Anlegers ein Optimum im Hinblick auf die beiden konkurrierenden Ziele Ertrag und Risiko bildet.[112]

Der Grundgedanke ist der, daß als Maßgröße für den Ertrag r_{it} eines beliebigen Portfolios i zum Zeitpunkt t der Erwartungswert des Ertrages $E(r_t)$ verwendet wird. Formal wird folgender Zusammenhang zwischen dem Ertrag eines Portfolios i und dem Ertrag der einzelnen Aktien j, j=1,..., N im Portfolio unterstellt:

$$\bar{r}_t = E(r_t) = \sum_{j=1}^{N} E\left(r_{jt}x_j\right) = \sum_{j=1}^{N} x_j E\left(r_{jt}\right) = \sum_{j=1}^{N} x_j \bar{r}_j$$

$$\bar{r}_j = \textit{Mittelwert der Rendite } j$$

wobei x_j die Gewichtung der Aktie j am Gesamtportfolio ist. Als Risikomaß für die einzelne Aktie j wird die in der Statistik bekannte Varianz δ_j^2 bzw. die Standardabweichung als Wurzel der Varianz verwendet:

$$\delta_j^2 = \sum_{t=1}^{T} (r_{jt} - E(r_j))^2$$

Die Gesamtvarianz v_i im Portfolio i ist jedoch nicht die gewichtete Varianz der einzelnen Aktien j, sondern die Kovarianz zwischen der Aktie j und k (bzw. der Korrelationskoeffizient) ist von entscheidender Bedeutung für das Gesamtrisiko, so daß sich die Gesamtvarianz des Portfolios v_i ergibt zu:

---

[110] vgl. Hielscher, (1990)
[111] vgl. Markowitz, (1991).
[112] vgl. Bodie, (1993).

34

$$v_t = \sum_{j=1}^{N} x_j^2 \delta_j^2 + \sum_{j=1}^{N} \sum_{k=1, k\neq j}^{N} x_j x_k \delta_{jk}$$

wobei der erste Term das eleminierbare, aktienspezifische, unsystematische Risiko, der zweite Term das nicht eliminierbare, systematische Risiko ist.[113] Für die Lösung des mathematischen Optimierungsproblems min (v_i) sind noch die Nebenbedingungen

$$\sum_{j=1}^{N} x_j = 1 \; ; \; x_j \geq 0 \quad und \quad E(r_i) = \sum_{j=1}^{N} x_j \bar{r_j}$$

zu berücksichtigen. Dieses quadratische Optimierungsproblem kann mit Hilfe der Kuhn-Tucker Bedingung gelöst werden.[114] Die Lösung des Problems ergibt eine konkave Kurve im Ertrags-Risiko-Raum. Der obere, äußere Rand der Kurve stellt die nach Markowitz optimalen Lösungen dar, unter der Voraussetzung, daß sich alle Marktteilnehmer rational, d.h. risikoavers verhalten.[115]

In Abbildung 3.1 ist als exemplarisches Beispiel eine Effizienzlinie nach Markowitz dargestellt. Auf der Ordinate ist die Rendite, auf der Abzisse das Risiko abgetragen. Die Effizienzkurve stellt die Mischung aller möglichen Portfolios aus den betrachteten Aktien und dem Rentenmarktindex dar, mit dem zum Risiko höchsten Ertrag.

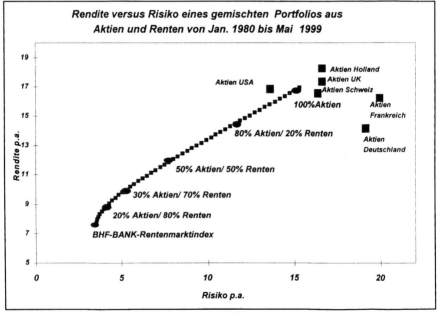

Abbildung 3.1: Gemischte Portfolios mit einem 60% Anteil deutscher Aktien an der jeweiligen Aktienquote

---

[113] vgl. Elton, (1989).
[114] Ein möglicher Lösungsansatz wurde von Markowitz selbst skizziert. vgl. Markowitz, (1991).
[115] siehe dazu Bodie, (1989).

3.3.2 Grenzen des Modells von Markowitz

Ein Problem des Modells von Markowitz besteht darin, daß der erwartete, d.h. der zukünftige Ertrag des Portfolios aus den einzelnen Erträgen der Aktien bestimmt werden muß. Hierfür benötigt man die zukünftigen Erträge und Varianzen jeder möglichen Aktie, die in das Portfolio aufgenommen werden könnte. Gleichfalls benötigt man "gute" Schätzer[116] für die Kovarianzen. Betrachtet man z.B. N=100 mögliche Aktien in einem Markt, so benötigt man je 100 Schätzungen für die Returns r_j, Varianzen δ_j und N(N-1)/2 für die Korrelationskoeffizienten δ_{jk}, d.h. insgesamt 5150 Schätzer. Dies ist mit erheblichem Aufwand verbunden, zumal sich in der Praxis zeigt, daß das Modell sehr stark von der Güte der Schätzer abhängig ist, d.h eine geringe Abweichung führt dazu, daß anstelle der Aktie j die Aktie k in das Portfolio aufgenommen wird. Sind diese verzerrt, nicht signifikant oder weisen eine starke Streuung auf, so führt dies zu fehlerhaften Modellen.[117] Um diesen Aufwand zu verringern, entwickelte Sharpe ein Ein-Index-Modell,[118] welches die Entwicklung der Ertrag und des Risikos durch einen einzigen Basisfaktor, erklärt.

3.4 Das Ein - Index - Modell

Das Ein - Index - Modell von Sharpe[119] ist keine grundlegende neue Methode zur Lösung des Markowitz- Modells, sondern es optimiert die Depotzusammenstellung unter vereinfachten Annahmen, so daß eine Näherungslösung gefunden wird. Der Ertrag einer Aktie wird in Beziehung zum Ertrag des Gesamtmarktes gesetzt. Das Ziel des Modells ist es, die Rendite einer Aktie innerhalb eines als existent angenommenen optimalen Marktportfolios, welches risikobereinigt die größtmögliche Rendite erwirtschaftet, zu erklären.Aufgrund des linear unterstellten Zusammenhangs zwischen dem Ertrag r_j der Aktie j und dem Marktindex r_m kann durch Schätzung des zukünftigen Indexstandes der erwartete Kurs der Aktie j bestimmt werden:

$$r_j = \alpha_j + \beta_j \, r_m$$

Der Ertrag r_j der Aktie j j=1,...,N, der unabhängig vom Markt ist, wird durch den Term α_j wiedergegeben. Statistisch kann α_j als Absolutglied, β_j als Regressionskoeffizient der Marktrendite gesehen werden, wobei im R_m x R_i -Raum der Faktor α_j der Schnittpunkt der Gerade mit der Ordinatenachse und β_j die Steigung der Geraden darstellt.[120] Die Variable α_j läßt sich als konstante, marktunabhängige Rendite und β_i x R_m als der von der Marktentwicklung abhängige Renditebestandteil der Aktienrendite erklären. Für eine Schätzung ergibt sich die Regressionsgerade:

$$\hat{r}_j = \alpha_j + \beta_j \, r_m + u_j$$
$$mit \; u_j \sim N(\, 0 \, , \, 1 \,)$$

wobei u_j als unternehmensspezifische Rendite aufgefaßt werden kann, da dies der unerklärte

---

[116] Unter "gute" Schätzer sind hier die BLUS-Eigenschaften zu verstehen (Bester-Linear-Unverzerrter Schätzer).

[117] vgl. Elton, (1991)

[118] vgl. Sharpe, (1964).

[119] vgl. Sharpe, (1964), (1990).

[120] vgl Hamerle, (1996)

Anteil der Aktienrendite an der geschätzten Gesamtrendite $r\hat{}_j$ ist. Dabei wird vorausgesetzt, daß der Erwartungswert der Residuen gleich Null ist, und der Index mit den einzelnen Aktienkursen unkorreliert ist.[121] Die entscheidende Annahme eines Ein-Index-Modells ist, daß für alle Aktien j u_j und u_k k≠j und k=1,...,N unabhängig voneinander sind[122], d.h. steigt eine Aktie in einer Branche, so ist ein Anstieg einer weiteren Aktie aus dieser Branchen von zufälliger Natur.[123] Es wird daher gefordert, daß $E(u_j u_k)=0$ und die Kurs- bzw. Ertragveränderung der Aktien allein auf Grund des Indizes erkärt werden kann. Unter diesen restriktiven Annahmen ist die Varianz δ_j^2 der Aktie j:

$$\delta_j^2 = \beta_i^2 \delta_m^2 + \delta_{u_i}^2$$

der Erwartungswert $E(r_j)$ des Ertrags der Aktie j:

$$E(r_j) = \overline{r_j} = \alpha_j + \beta_j \overline{r_m}$$
$$mit: \overline{u_i} = 0$$

und die Kovarianz des Ertrags zwischen der Aktie j und k:

$$\delta_{jk} = \beta_k \cdot \beta_j \cdot \delta_m^2$$

Für obiges Modell ergibt sich, ähnlich dem Markowitz-Modell, das Problem der Schätzer. Hier jedoch vereinfacht sich das Schätzproblem, da sich die Anzahl der Parameter deutlich verringert hat. Es brauchen nur die einzelnen β-Faktoren und die Varianz des Marktes bestimmt werden.

3.4.1 Korrektur des β-Faktors

Neben der Regression, die auf die historischen β-Faktoren bzw. auf die Kovarianz zurückgreift, wurden verschiedene Ansätze zur Korrektur des β-Faktors entwickelt. Blume[124] versuchte die Korrektur dahingehend durchzuführen, daß die zeitliche Tendenz der Betas erfaßt wird. Es wurde damit gezeigt, daß Beta nicht konstant mit einem linearen Modell abgebildet werden kann. Die Adjustierung des Betas erfolgt in drei Schritten:

a) Das $ß_j$ wird in einem Prognoseintervall j=1,2,...,N geschätzt.
b) Das $ß_i$ wird in einem Prognoseintervall i=N+1,N+2,...M geschätzt.
c) Anschließend wird eine Regression mit der Gleichung

$$\beta_i = k_1 + k_2 \beta_j$$

durchgeführt.

Wiederholt man dies für verschiedene Perioden, so gewinnt man einen Hinweis auf mögliche

---

[121] Diese Annahme wird in empirischen Untersuchungen meist verletzt, doch zeigt sich, daß das Modell relativ robust gegenüber leichten Verletzungen dieser Annahmen ist.
[122] u_j und u_k sind konditional unabhängig.
[123] vgl. Bodie, (1993).
[124] vgl. Blume, (1975).

Schätzfehler, d.h. es ist mit dieser Methodik möglich, zukünftige Betas zu schätzen. Das Beta für die Periode [1,...N] wird daher nicht linear auf die Periode [N+1,...M] fortgeschrieben. Empirische Untersuchungen zeigten, daß die Schätzer sich verbesserten.[125]

Aufgrund empirischer Untersuchungen mit dem Ein-Index-Modells läßt sich jedoch konstatieren, daß es den häufig aggressiv operierenden amerikanischen Fonds nicht gelang, risikobereinigt nachhaltig (d.h. in zwei oder mehr aufeinanderfolgenden Jahren) eine höhere Wertentwicklung als einen Index zu erreichen.[126] Diese Untersuchung führte zur "Renaissance" der sog. "strengen Random Walk Hypothese"[127], d.h. der Hypothese, daß Kurszeitreihen nicht prognostizierbar sind. Dies führte zur Entwicklung von Gleichgewichtsmodellen wie z.B. dem Capital Asset Pricing Modell (CAPM).

3.5. Das Capital Asset Pricing Modell

Empirische Studien führten zu der ernüchternd wirkenden Erkenntnis, daß die große Mehrheit der Fonds keinen risikobereinigten Zusatzertrag, der über dem Marktgewinn liegt, erwirtschaften konnten. Dies führte dazu, daß von Sharpe[128], Lintner und Mossin ein Gleichgewichtsmodell, das CAPM entwickelt worden ist. Das Modell geht von der Annahme aus, daß es ein Marktgleichgewicht gibt, d.h. ein optimales Marktportfolio existiert, welches risikobereinigt die größtmögliche Rendite bzw. Ertrag erwirtschaftet. Die Größe bzw. der Faktor des Marktrisikos ist in diesem Modell definitionsgemäß 1. Dieser wird auch als Beta-Faktor oder kurz Beta benannt.[129] Um die Leistung eines Portfoliomanagers zu messen, ist es nötig, die Erträge zu berücksichtigen, die eine risikolose Anleihe im gleichen Zeitraum mit der Verzinsung r_f erwirtschaftet hätte. Das CAPM läßt sich mit $E(r_m)$ als erwartete Rendite des Marktportfolios schreiben zu:[130]

$$E(r_j) = r_f + \beta_j \ (E(r_m) - r_f)$$

Die Differenz $(E(r_m) - r_f)$ kann als Risikoprämie interpretiert werden, die ein Investor hält, um eine höhere Rendite als die risikolose Verzinsung r_f zu erwirtschaften. Das optimale Portfolio nach dem CAPM ist demnach eine Linearkombination aus einer risikofreien Anlage (z.B. Staatsanleihe) und einem Marktportfeuille.[131] Das Risiko im Modell spiegelt sich allein im Beta-Faktor wider und nicht mehr, wie noch bei Markowitz, in der Standardabweichung. Der β-Faktor beschreibt gleichsam das Übersetzungsverhältnis zwischen der Marktrendite r_m und der Aktienrendite r_j.

Bei der empirischen Validierung des Marktmodells ergibt sich ein für Planungszwecke nutzbarer, linearer Zusammenhang zwischen der erwarteten Rendite einer Aktie und der Rendite

---

[125] In der Literatur finden sich viele Modelle zur Korrektur des Beta-Faktors, die im Rahmen dieser Arbeit nicht alle erläutert werden sollen. Es zeigt sich, daß der über eine Periode geschätzte Beta-Faktor nicht zeitstabil ist, d.h. im allgemeinen nicht linear fortgeschrieben werden kann. siehe Elton, (1991).

[126] vgl Hielscher, (1990).

[127] vgl. Schlittgen, (1989).

[128] vgl. Sharpe, (1964).

[129] vgl. Grinold, (1993).

[130] vgl Elton, (1991).

[131] vgl. Hamerle, (1996).

des Marktes.[132] Wünschenswert für den praktischen Einsatz ist ein starker linearer Regressions-zusammenhang zwischen der Rendite r_j und r_m. Der größte Teil der Varianz der Rendite r_j sollte durch den β-Term und der Marktrendite r_m erklärt werden. Ist das der Fall, so kann ein Investor in der Portfolioplanung den β-Faktor als Entscheidungsgrundlage heranziehen. Ist er bereit, ein hohes Risiko zu tragen, so erhält er dafür im Mittel auch eine höhere Rendite und umgekehrt. Aus der Sicht des Portfolio-Managements und der Investmentplanung ist das CAPM ein Instrument zur Klassifizierung risikobehafteter Wertpapiere hinsichtlich ihres Marktrisikos.[133] Das CAPM setzt folgende Annahmen:

    1. Es existieren keine Transaktionskosten für die Investoren
    2. Die Aktien können beliebig geteilt werden
    3. Der einzelne Akteur kann nicht den Marktpreis beeinflussen.
    4. Alle Investoren verhalten sich risikoscheu und rational, d.h. sie agieren nach identischen Erwartungen.
    5. Es liegt ein effizienter Markt vor.

Diese Voraussetzungen für das CAPM sind so einschränkend, daß es zunächst zweifelhaft erscheint, ob das Modell zufriedenstellend die Realität abbilden kann. "The relevant question to ask about the "assumptions" of a theory is not wether they are descriptively "realistic" ... but whether they are sufficiently good approximations for the purpose in hand. And this question can be answered only by seeing whether the theory works, ...".[134] Black, Jensen und Scholes führten unterschiedliche Test, für das CAPM durch, die zeigten, daß das Modell in weiten und stark vereinfachten Zügen die Realität abbilden kann. In der Literaur findet man Erweiterungen des CAPM, um die restriktiven Annahmen "realitätsnäher" zu gestalten. So wurden Steuern und Transaktionskosten im Modell berücksichtigt.[135]

3.6. Die Arbitrage Pricing Theorie

Die Arbitrage Pricing Theorie (APT), entwickelt von Ross[136], leitet den Ertrag eines Portfolios nicht aus dem Ertrag gegenüber dem Marktportfolio ab, sondern der Ertrag setzt sich aus mehreren nicht weiter spezifizierten Faktor-Risiken i_j mit j=1...N zusammen.[137] Da viele Einflußgrößen berücksichtigt werden, stellt es im Gegensatz zum CAPM ein Multi-Index-Modell dar. Die Faktoren b_j bilden die Sensitivität des Ertrags der Aktie i gegenüber dem j-ten Faktor ab. Die APT läßt sich schreiben als:

$$r_i = a_i + b_1 i_1 + b_2 i_2 + b_3 i_3 ... b_j i_j + u_i; \quad j \; ; \; k = 1 \; ... \; N$$
$$mit:$$
$$E(u_i u_k) = 0 \qquad mit \; i \neq k$$
$$E[(I_j - \overline{I_j})] = 0 \qquad mit \; \overline{I_j} \; als \; Mittelwert \; von \; I_j$$

---

[132] vgl. Ripper, (1998c).
[133] vgl. Frantzmann, (1990).
[134] vgl. Friedmann, (1976).
[135] vgl. Bodie, (1993).
[136] vgl. Ross, (1976), (1977).
[137] zur Analyse einiger Einflußfaktoren siehe auch Ripper, (1998c).

Veranschaulicht man die obige Gleichung in einem N-dimensionalen Raum, so bilden alle möglichen Portfolios eine Hyperebene in einem $\{b_1...b_j\}$-Raum. Ist es möglich, ein Portfolio außerhalb dieser definierten Hyperebene, die in dem Raum $b_1...b_j$ liegt, zusammenzustellen, so kann ein Investor einen risikolosen Gewinn erwirtschaften, in dem er das Portfolio verkauft und ein Portfolio mit dem gleichen Risiko, welches Element der Hyperebene ist, kauft.

Allgemein wird das APT-Modell als Gleichung formuliert mit der erwarteten Rendite eines Portfolios:

$$E(R_i) = \overline{R}_i = \lambda_0 + \lambda_1 b_{i1} + \lambda_2 b_{i2} + ... + \lambda_j b_{ij}$$

Dabei gibt der Parameter λ_j die Erhöhung des Ertrags an, den ein Investor erhält, für das er das Risiko $i_1....i_j$ zu einem bestimmten Zeitpunkt trägt. Hält ein Investor ein Portfolio mit $b_1 = 0$ ... $b_j = 0$, so ist das Risiko unabhängig von den Faktoren i und $\lambda_0 = r_f$.

Das APT-Modell basiert nicht auf den restriktiven Annahmen wie das CAPM, sondern setzt lediglich voraus, daß ein Portfolio A, das die gleichen Risikofaktoren wie ein gleichartiges Portfolio B hat, keinen höheren Ertrag besitzen kann, da sonst ein Investor eine risikolose Rendite erwirtschaften könnte, d.h. eine risikolose Zusatzrendite (Arbitragegeschäft) wäre möglich.[138] Die allgemeine Annahme, daß es nicht möglich ist, nachhaltig Arbitragegewinne zu erzielen, zeichnet das APT-Modell aus. Es ist daher nicht nötig, ein Markt-Portfolio (oder Index) als Vergleichsgröße ähnlich dem CAPM zu definieren. Der entscheidende Nachteil liegt jedoch darin, daß es durch die nichtspezifizierten Faktoren[139] sehr allgemeingültig gehalten ist. Die Theorie liefert keine Hinweise, welche Vorzeichen und welche Größe die Parameter der Faktoren haben.[140] Dies können nur empirische Studien aufzeigen, d.h. wieviele Faktoren den Ertrag bestmöglichst erklären und wie sich die Faktoren in Fundamental- und Marktdaten gliedern lassen.[141] Erst in neuerer Zeit wurde das APT-Modell in verschiedenen Märkten überprüft.[142] Dabei zeigte sich, daß das Modell den Markt abbilden kann, jedoch stellte sich heraus, daß die Erklärungskraft des Modells nur hinreichend zufriedenstellend ist. Gleichfalls ist es mit dem APT-Modell möglich, unterschiedliche Investitionsstrategien zu verfolgen. Entwickelt man ein Mehrfaktorenmodell, so kann ein Portfolio zusammengestellt werden, welches unempfindlich/empfindlich gegenüber einem dieser Faktoren ist, d.h. ein Minimum/Maximum an Sensitivität gegenüber diesem Faktor aufweist.[143] Bei allen bisherigen Modellen wurde ein linearer Zusammenhang angenommen und validiert.

Neben dem Problem, daß die aus der Finanztheorie gewonnenen exogenen Variablen nichtlineare Zusammenhänge haben könnten[144], stellt sich die Frage: Wieviele exogene Variablen sind nötig, um ein ausreichend stabiles Modell zu erhalten, und auf wieviel latente Faktoren kann das Modell zurückgeführt werden, d.h. es stellt sich die Frage der Datenreduktion und der Multikollinearität.

---

[138] vgl. Huberman, (1982).

[139] vgl. Jones, (1990).

[140] vgl Ross, (1984)

[141] vgl. Sharpe, (1990)

[142] vgl. Hamao, (1988) und Elton, (1989)

[143] Fur Versicherungen ist es z.B. interessant ein Portfolio zu entwickeln, welches unempfindlich gegenüber der Inflationsrate ist, da der Wert des Vermogens dann erhalten bleibt

[144] Refenes, (1993).

3.7 Zusammenfassung

In diesem Kapitel wurden einige Gleichgewichtsmodelle der Finanzwirtschaft beschrieben, da sie die Grundlage für das moderne Verständnis von Risiko versus Ertrag bilden. Es wurden lediglich die wichtigsten Modelle, das Modell von Markowitz, das Ein-Index-Modell von Sharpe, das Capital Asset Pricing-Modell von Mossin, Lintner, Sharpe und die Arbitrage-Pricing-Theorie von Ross erläutert. In der Finanzwissenschaft nehmen diese Modelle eine zentrale Rolle ein. Da diese zahlreiche Erweiterungen und Modifikationen erfahren haben, beschränkten wir uns auf die wesentliche Grundstruktur und die wesentlichen Implikationen auf die Praxis. Diese Einführung dient als theoretische Grundlage für die empirische Analyse in den Kapiteln 6, 7 und 8.

Kapitel 4

Neuronale Netze und statistische Funktionsanpassung

4.1 Einleitung

Neuronale Netze können zur Approximation von Funktionen verwendet werden, d.h. bestimmte Eingabewerte können auf bestimmte Ausgabewerte abgebildet werden. Der Lernprozeß besteht darin, jene Funktion zu finden, die am exaktesten die Trainingseingabe- den Trainingsausgabewerten zuordnet. Die Anpassung erfolgt durch die im Training veränderten Gewichte, wobei unter dem Begriff "optimale" Gewichte diejenigen zu verstehen sind, die die höchste Güte der Anpassung an die jeweilige unbekannte Funktion aufweisen. Hierbei spielen jedoch zwei konkurrierende Ziele eine Rolle. Zum einen sollte das Netz in der Lernphase die Trainingseingabewerte möglichst gut approximieren, zum anderen wird jedoch erwartet, daß das Netz gute Verallgemeinerungseigenschaften hat.[145] Unter der Verallgemeinerungseigenschaft versteht man, daß das Netz für einen unbekannten Eingabewert eine Ausgabe prognostiziert, die sehr nahe am "wahren" Prognosewert liegt. Diese konkurrierenden Ziele sind: Minimierung des Trainingsfehlers versus Maximierung der Interpolationsfähigkeit eines unbekannten Eingabevektors. Die Anpassungsgüte eines Netzes in der Trainingsmenge hängt von dem Umfang der Freiheitsgrade, d.h. der Anzahl der Gewichte ab, sowie die Kohärenz der Trainingsmenge. Eine Vergrößerung der Anpassungsgüte bewirkt die Herabsetzung des Trainingsfehlers, gleichzeitig hat dies eine mögliche Vergrößerung des Interpolationsfehlers zur Folge und umgekehrt. Da es bis heute keine optimale Parameterzahl der Gewichte für eine Funktionsapproximation gibt, hängt dies jeweils von der Aufgabenstellung ab; in der Literatur[146] findet man bis auf das Kolmogorov-Theorem ausschließlich Heuristiken. Dabei wird die Trainingsmenge, wie in der Statistik üblich, in einem bestimmten Verhältnis zueinander aufgeteilt. Die erste Menge, die man als die eigentliche Trainingsmenge bezeichnet, dient zur Funktionsapproximation. Die zweite Menge, in der Literatur auch als Generalisierungsmenge bezeichnet, dient dazu, die Interpolationsfähigkeit des Netzes zu überprüfen.

Netze, die eine verborgene Schicht haben und deren Verarbeitungselemente nicht-lineare, sigmoide Aktivierungsfunktionen besitzen, können jede stetige Funktion f: $[0,1]^N$ → $(0,1)$ mit beliebiger Genauigkeit berechnen.[147] Die Grundlage für dieses Ergebnis bildet der Satz von Kolmogorov,[148] für dessen Gültigkeit allerdings Bedingungen erfüllt sein müssen, die die praktische Relevanz des Satzes zweifelhaft erscheinen lassen. Die für ein gegebenes Problem, das durch eine Menge von Ein-/Ausgaben repräsentiert wird, notwendige Anzahl von verdeckten Verarbeitungselementen kann beispielsweise nicht unabhängig vom Problem selbst beantwortet werden. Die Situation ist äquivalent zur Bestimmung des optimalen Grades eines Anpassungspolynoms zur Interpolation experimenteller Werte; im Idealfall sollte der Grad einer Anpassungsfunktion, also seine Freiheitsgrade, nicht größer sein als der des Problems.[149]

---

[145] vgl Rojas, (1991).
[146] vgl Rojas, (1991) und Hecht-Nielsen, (1990).
[147] vgl. Hecht-Nielsen, (1990).
[148] vgl. Hertz, (1991) und Zell, (1994)
[149] vgl Roja, (1991)

42

Werden daher zu viele Freiheitsgrade, d.h. verborgene Verarbeitungselemente, für die Anpassung benutzt, dann wird in der Regel der Berechnungsfehler für unbekannte Eingaben der
Testmenge größer. Dadurch verringert sich die Verallgemeinerungsfähigkeit (die Interpolations-
effizienz) des Netzes. In den notwendigerweise experimentellen Untersuchungen zur Bestimmung der Anzahl der verborgenen Verarbeitungselemente müssen daher Kompromisse zwischen Fehlerminimierung in Lern- und Trainingsmenge getroffen werden. Aus dem Beweis des
Satzes von Kolmogorov[150] läßt sich die prinzipiell für die Berechnung von Funktionen er-
forderliche Netzarchitektur ableiten, allerdings enthält er keinen Hinweis darauf, welche spezifischen Verbindungsgewichte bzw. Aktivierungsfunktionen dafür zu verwenden sind, da er
lediglich ein nichtkonstruktiver Existenzbeweis ist. Das allgemeine Lernproblem für ein neuronales Netz besteht darin, die unbekannten Variablen (Gewichte, Verarbeitungselementfunktio-
nen) für eine vorgegebene Netzarchitektur zu finden.[151] Die Größe des Lernproblems ist abhängig von der Anzahl der unbekannten Variablen, die durch das Lernverfahren bestimmt werden
sollen.

Da die Entwicklung Neuronaler Netze und der historische Ursprung aus der Informatik
bzw. einem Teilgebiet dieser, der künstlichen Intelligenz, stammt, wurde dieses Gebiet lange
Zeit von der Statistik vernachlässigt. Die Überschneidungen zwischen den Neuronalen Netzen
und der Statistik sind sehr vielfältig. Funktionapproximation ist ein essentieller Bestandteil der
Statistik, so daß beide Gebiete sehr verwandt sind. Neben den unterschiedlichen Bezeichnungen,
die sich auf Grund der unterschiedlichen historischen Entwicklung ergeben haben, ist vor allem
der Backpropagation-Algorithmus Zentrum der folgenden Betrachtung, da er vielfach Verwendung im modernen Portfoliomanagement findet. In den folgenden Abschnitten wird darauf näher
eingegangen.

4.2. Backpropagation-Algorithmus mit linearer Transferfunktion

Das Lernproblem eines Backpropagation-Netzes mit linearer Aktivierungsfunktion und
n Eingabeneuronen besteht darin, die Ausgabewerte einer Trainingsmenge möglichst genau zu
reproduzieren, wobei diese eine lineare Hyperebene im n+1-dimensionalen Raum bilden. Ziel
des Algorithmus ist, daß der Berechnungsfehler, d.h. der Abstand des prognostizierten Ausgabewertes zu den Projektionen auf die n+1 Hyperebene, minimiert wird. Der Backpropagation-
Algorithmus sucht die n reellen Gewichte $w_1, w_2, \ldots w_n$ für m Trainingsvektoren, die den quadratischen Berechnungsfehler E minimieren.[152]

$$ E = \frac{1}{2}\left(x_1 - \sum_{i=1}^{n} w_i \, y_{i1}\right)^2 + \frac{1}{2}\left(x_2 - \sum_{i=1}^{n} w_i \, y_{i2}\right)^2 + \ldots + \frac{1}{2}\left(x_m - \sum_{i=1}^{n} w_i \, y_{im}\right)^2 $$

Im Gradientenabstiegsverfahren wird die notwendige Bedingung für ein Minimum gesucht, d.h.
der Gradient der Fehlerfunktion ist Null. Von einer zufälligen Anfangsinitialisierung ausgehend,
kann das globale Minimum gefunden werden, da die Fehlerfunktion quadratisch ist. Dieses
Problem der Bestimmung von optimalen Gewichten für eine Trainingsmenge von Eingabe- und
Ausgabevektoren ist in der Statistik unter dem Namen multiple, lineare Regression bekannt.
Dieses Verfahren ordnet einer Menge von Eingabevektoren $\mathbf{x} = \{x_1, x_2 \ldots, x_m\}$ der Dimension n eine

---

[150] siehe Hecht-Nielsen, (1990).
[151] vgl. Ripley, (1992) und Arminger, (1989).
[152] vgl. Ripley, (1992).

Menge skalarer Werte $y=\{y_1,y_2,...y_m\}$ zu. Es werden nicht die Gewichte, sondern die Parameter $\beta_0,\beta_1,..\beta_n$ mit der Gleichung:

$$y_j = \beta_0 + \beta_1 x_{1_j} + \beta_2 x_{2_j} + \beta_n x_{n_j} + \epsilon_j$$

bestimmt.[153] Dabei wird wiederum die euklidische Distanz minimiert,[154] d.h. die Summe der quadratischen Residuen wird minimiert. Gesucht wird daher ein Vektor $b=\{\beta_0,\beta_1,..\beta_n\}$ der Dimension n, so daß mit

$$y = Xb + \epsilon$$

der Residualvektor ϵ minimiert wird. Die Minimierungsfunktion ist daher:

$$E = (y - Xb)^t\,(y - Xb)$$

Für ein Minimum muß das hinreichende Kriterum erfüllt sein

$$\frac{\partial}{\partial b}\,(y - Xb)^t\,(y - Xb) = -2\,X^t y + 2X^t Xb \overset{!}{=} 0$$

so daß sich daraus für eine invertierbare Matrix X [155] die Lösung des Problems ergibt zu:

$$b = (X^tX)^{-1}X^t y$$

Diese Betrachtung zeigt, daß der Backpropagation-Agorithmus mit einer linearen Transferfunktion identisch mit einer Ordenarie Least Square Schätzung[156] ist.[157]

4.3 Das Neuron als logistisches Regressionsmodell

Mit einer linearen Aktivierungsfunktion ist der Backpropagation - Algorithmus identisch mit der linearen Regression. Wird jedoch eine sigmoide Aktivierungsfunktion verwendet, so ist die Anpassung eines einzelnen Neurons an die vorgegebene Funktion eine Art von logistischer Regression. Die Ausgabe eines Neurons im Intervall [0,1] ist:

$$y_j = \frac{1}{1 + e^{-\sum\limits_{i=1}^{n} w_i x_{ij}}} + \epsilon_j \qquad mit \quad j = 1, 2, ... ,m$$

In der Statistik gibt es als Pendant die logistische Regression. Sie dient dazu, die Wahrscheinlichkeit zu schätzen, mit denen bei vorgegebenen Werten der Regressoren die einzelnen Auspragungswahrscheinlichkeiten auftreten.[158] Dabei wird die Funktion linearisiert zu:

$$\sum_{i=1}^{n} w_i x_{ij} = \ln\left(\frac{y_j}{1 - y_i}\right) + \epsilon_j$$

---

[153] vgl. Hartung, (1991), (1992)
[154] vgl. Granger, (1993).
[155] Die Matrix muß regulär sein, damit sich das Gleichungssystem eindeutig lösen läßt
[156] Für die ausführliche Darstellung der OLS-Schätzung siehe Judge, (1988) und Granger, (1993).
[157] vgl. Rojas, (1991).
[158] vgl. Hartung, (1992).

44

Die Summe der quadratischen Residuen der linearisierten Funktion wird minimiert. Dabei wird der Fehler für die transformierte und nicht für die ursprüngliche Funktion bestimmt. Das euklidische Distanzmaß ist daher gewichtet, so daß die Logit-Transformation eine Gewichtung der Trainingsmenge im ursprünglichen Bild vornimmt. Im mittleren Bereich ist diese Verzerrung am geringsten und nimmt zu den Rändern hin zu.[159]

Der Backpropagation-Algorithmus mit einer sigmoiden Aktivierungsfunktion für ein Neuron führt auch eine Art von logistischer Regression durch. Die Gewichtung unterscheidet sich jedoch von dieser, da die Summe der quadratischen Residuen im ursprünglichen Bild minimiert wird und nicht im transformierten. Folgende Gleichung verdeutlicht nochmals die Fehlerfunktion eines Neurons mit einer sigmoiden Aktivierungsfunktion:

$$E = \sum_{j=1}^{m} \epsilon_j^2 = \sum_{j=1}^{m} \left[y_j - \frac{1}{1 + e^{\left(\sum_{i=1}^{n} w_i x_{ij} \right)}} \right]$$

Da die Residuen im ursprünglichen Bild gleichgewichtet werden, gewichtet das Neuron die transformierte Funktion, d.h. das Neuron stellt im statistischen Sinn eine gewichtete logit-transformierte lineare Regression dar.

4.4 Das Neuron als Probitwahrscheinlichkeitsmodell

Wird im Gegensatz zur sigmoiden Aktivierungsfunktion eine Standardnormalverteilung gewählt, so wird eine Regression von $\Phi^{-1}(y_j)$ auf x_j durchgeführt, wobei Φ als Verteilungsfunktion der Standardnormalverteilung und Φ^{-1} als Probit oder Normit bezeichnet wird.[160] Die Ausgabe eines Neurons ist dann:

$$y_j = \Phi\left(\sum_{j=1}^{m} w_i x_{ij} \right) + \epsilon_j \quad mit \quad j = 1, 2, \dots m$$

In der Statistik wird die Funktion über die Probits linearisiert zu

$$\sum_{j=1}^{m} w_i x_{ij} = \Phi^{-1}(y_j) + \epsilon_j$$

wobei die Summe der quadratischen Residuen ϵ der linearisierten Funktion minimiert wird. Ähnlich der logistischen Regression wird der Fehler für die transformierte und nicht für die urspüngliche Funktion bestimmt. Das Distanzmaß nimmt daher eine Gewichtung der Trainingsmenge im ursprünglichen Raum vor. Die Verzerrung nimmt zu den Rändern hin zu. Ein Neuron, daß mit dem Backpropagation-Algorithmus trainiert wird und die Standardnormalverteilungfunktion Φ als Aktivierungsfunktion hat, stellt eine Probit- oder Normit-Regression dar, die die Summe der quadratischen Residuen im ursprünglichen Raum minimiert. Folgende Gleichung verdeutlicht dies:

$$E = \sum_{j=1}^{m} \epsilon_j^2 = \sum_{j=1}^{m} \left(y_j - \Phi\left(\sum_{i=1}^{m} w_i x_{ij} \right) \right)^2$$

---

[159] vgl. Hartung, (1992).
[160] vgl. Granger, (1993) und Ripley, (1992).

Die Residuen werden im ursprünglichen Bild ähnlich dem Logit-Modell gleichgewichtet, so daß das Neuron eine gewichtete probit-transformierte lineare Regression darstellt.

4.5 Rekurrente Netze

Neben den bisherigen Netzwerktopologien finden rekurrente Netze vielfach in der Praxis Verwendung.[161] In vielen Fällen ist die Länge des Eingabevektors, die dem Netz zur Verfügung gestellt wird ex post schon determiniert. Kann dies jedoch nicht zuvor bestimmt werden, eignen sich rekurrente Netze. Daneben berücksichtigen rekurrente Neuronen explizit die zeitliche Reihenfolge der Eingabewerte, die bei herkömmlichen Netzen nicht berücksichtigt werden. Das Netz gewinnt daher an Dynamik, da Sprungstellen in den exogenen Variablen nicht nur berücksichtigt werden, sondern auch der Zeitpunkt des Auftretens. Der Outputvektor wird dem Netz wieder als Inputvektor zur Verfügung gestellt. Um ein stabiles System zu erhalten, werden Zeitverzögerungen eingebaut. Eine Eingabe zum Zeitpunkt t erzeugt demnach ein Resultat am Output zum Zeitpunkt t+1. Rekurrente Neuronen, die eine lineare Aktivierungsfunktion verwenden, bilden einen allgemeinen autoregressive-moving-average Prozeß[162] (ARMA(p,q)-Prozeß) ab. Dabei gibt p die Ordnung des autoregressiven (AR) und q die des moving average-Prozesses (MA) an. Um dies zu verdeutlichen, seien einige analytische Ansätze aufgezeigt. Ein ARMA-(1,1) Prozeß läßt sich allgemein formulieren als:

$$y_t = \phi_0 + \phi_1 y_{t-1} + \epsilon_t + \theta \epsilon_{t-1}$$

wobei Θ der Parameter des moving-average, ϕ_0 und ϕ_1 der Parameter des AR-Prozesses ist.[163] Es wird allgemein eine Stationarität der zugrundeliegenden Zeitreihe $y=y_1,y_2,...y_m$ und $E(\epsilon_t)=0$, VAR $(\epsilon_t)=\sigma^2$ und für alle t $E(\epsilon_t|\epsilon_t)=0$ unterstellt. Abbildung 4.1 zeigt ein Netz, welches mit der Gleichung

$$y_t = w_{30} + w_{31} x_{1,t-1} + w_{32} x_{2,t-1}$$

beschrieben werden kann.[164] Hierbei ist die Notation w_{30} als Gewicht zwischen Eingabeneuron 0 und dem Ausgabeneuron 3 und $x_{1,t-1}$ als Eingangssignal von Neuron 1 zum Zeitpunkt t-1 gewählt. Mit d_t als Schätzer für y_t kann die Gleichung geschrieben werden zu:

$$d_t = w_{30} + (w_{31} + w_{32})y_{1,t-1} - w_{32}(y_{1,t-1} - x_{2,t-1})$$
$$d_t = w_{30} + (w_{31} + w_{32})y_{1,t-1} - w_{32}(y_{1,t-1} - d_{t-1})$$
$$d_t = w_{30} + (w_{31} + w_{32})d_{t-1} - w_{32}(y_{1,t-1} - d_{t-1})$$
$$d_t = w_{30} + (w_{31} + w_{32})d_{t-1} - w_{32}\epsilon_t$$
$$mit:$$
$$w_{30} = \phi_0 \; ; \; w_{31} = \phi_1 + \theta_1 \; ; \; w_{32} = -\phi_1 \quad ergibt \; sich :$$
$$d_t = \phi_0 + \phi_1 d_{t-1} + \theta\epsilon_{t-1} + \epsilon_t$$

Für die Invertierbarkeit des Prozesses wird zusätzlich gefordert, daß der Lösungsvektor z^* der

---

[161] vgl. Zell, (1994).
[162] siehe Schlittgen, (1989) und Hartung, (1991).
[163] siehe Schlittgen (1989).
[164] vgl. Bulsari, (1993).

Gleichung $1-\Phi_1 z^* = 0$ ebenfalls für $|z^*|>1$ erfüllt sein muß.

$$1 - \phi_1 z = 0$$

$$\frac{1}{\phi_1} = |z|>1 \quad mit \quad \phi_1 \neq 0$$

$$\frac{1}{w_{32}} > 1 \quad \Rightarrow \quad -1 < |w_{32}| < 1$$

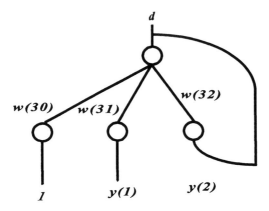

Abbildung 4.1: Aufbau eines Rekurrenten Netzes

Damit y_t einen schwach stationären Prozeß bildet, muß weiterhin verlangt werden, daß für die Lösung der Gleichung nach z der Betrag von z größer als 1 ist.

$$\left|\frac{1}{\theta_1}\right| = z^* > 1 \Rightarrow \left|-\frac{1}{w_{31} - \phi_1}\right| = |z^*| > 1$$

$$\left|-\frac{1}{w_{31} + w_{32}}\right| > 1$$

$$-1 < w_{31} + w_{32} < 1$$

Ein ARMA(2,1)-Prozeß läßt sich demnach schreiben zu[165]:

---

[165] vgl. Bulsari, (1993).

$$d_t = \phi_0 + \phi_1 y_{t-1} + \phi_2 y_{t-2} + \theta_1 \epsilon_{t-1} + \epsilon_t$$

$$d_t = \phi_0 + \phi_1 y_{t-1} + \phi_2 y_{t-2} + \theta_1 (y_{t-1} - \hat{y}_{t-1})$$

$$d_t = \phi_0 + \phi_1 y_{t-1} + \phi_2 y_{t-2} + \theta_1 (y_{t-1} - [\phi_0 + \phi_1 y_{t-2} + \phi_2 y_{t-3} + \theta_1 \epsilon_{t-2}])$$

$$d_t = \phi_0(1-\theta_1) + (\phi_1 + \theta_1)y_{t-1} + (\phi_2 - \theta_1\phi_1)y_{t-2} - \theta_2\theta_1 y_{t-3} - \theta_1^2 \epsilon_{t-1}$$

$$\cdot$$

$$\cdot$$

$$d_t = \phi_0(1-\theta_1 + \theta_1^2) + (\phi_1 + \theta_1)y_{t-1} + (\phi_2 - \theta_1\phi_1 - \theta_1^2)y_{t-2} + (\theta_1^2\phi_1 - \phi_2\theta_1 + \theta_1^3)y_{t-3} + \theta_1^3 \epsilon_{t-2}$$

$$\mathbf{d_t} = \alpha_0 \qquad\qquad + \alpha_1 y_{t-1} \qquad\qquad + \alpha_2 y_{t-2} + \qquad\qquad \alpha_3 y_{t-3} + \; \dots$$

mit

$$\alpha_0 = \phi_0 \sum_{j=0}^{\infty} (-1)^j \theta_1^j$$

$$\alpha_1 = \phi_1 + \theta_1$$

$$\alpha_2 = -\phi_1\theta_1 + \phi_2 - \theta_1^2$$

$$\alpha_3 = \theta_1^2\phi_1 - \phi_2\theta_1 + \theta_1^3$$

$$\alpha_n = \theta_1(\alpha_{n-1})$$

Ein entsprechendes rekurrente Netz läßt sich mit der Gleichung beschreiben:

$$d_{1,t} = w_{30} + w_{31}y_{1,t-1} + w_{32}(w_{40} + w_{41}y_{1,t-1} + w_{42}y_{2,t-1})$$

$$d_{1,t} = w_{30} + w_{32}w_{40} + w_{31}y_{1,t-1} + w_{32}w_{41}y_{1,t-1} + w_{32}w_{42}y_{2,t-1}$$

$$d_{1,t} = w_{30} + w_{32}w_{40} + w_{31}y_{1,t-1} + w_{32}w_{41}y_{1,t-1} + w_{32}w_{42}(w_{40} + w_{41}y_{1,t-2} + w_{42}y_{2,t-2})$$

$$\cdot$$

$$\cdot$$

$$\cdot$$

$$d_{1,t} = w_{30} + w_{32}w_{40} + w_{32}w_{40} + w_{32}w_{40}w_{42}^2 + w_{31}y_{1,t-1} + w_{32}w_{41}y_{1,t-1} + $$
$$w_{32}w_{41}w_{42}y_{1,t-2} + w_{32}w_{41}w_{42}^2 y_{1,t-3} + \cdot \cdot \cdot$$

48

mit:

$$\alpha_0 = w_{30} + w_{32} w_{40} \sum_{j \cdot 1}^{\infty} \left(w_{42} \right)^j$$

$$\alpha_1 = w_{31} \ ; \ \alpha_2 = w_{32} w_{41} \ ; \ \alpha_3 = w_{32} w_{41} w_{42}$$

Durch weiteres Hinzufügen von Eingabe- und Ausgabeneuronen kann der ARMA-Prozeß analog obiger Gleichung erweitert werden zu einem ARMA(n,n-1) Prozeß. Ist die Aktivierungsfunktion nichtlinear, so ist ein rekurrentes neuronales Netz mit dem Backpropagation-Algorithmus ein nichtlineares ARMA-Schätzverfahren.[166]

4.6 Statistik der neuronalen Netze

Neuronale Netze zur Zeitreihenanalyse können als komplexe statistische Methode aufgefaßt werden, die den Zusammenhang von Ergebnisvariablen und Eingangsvariablen erklären können. Von Interesse ist dabei die Bedeutung zwischen dem Eingangsvektor x und dem Ausgangsvektor y. Die betriebswirtschaftliche Theorie beschreibt in vielen Fällen die hypothetische Realisation des funktionalen Zusammenhangs zwischen den Vektoren x und y. In den Fällen, wo keine schlüssige theoretische Beziehung nachgewiesen werden kann, sei es, daß die Komplexität der Fragestellung zu groß ist, oder der empirische Nachweis sehr schwer zu führen ist, können, neben den bisherigen statistischen Verfahren, neuronale Netze eine mögliche Beziehung zwischen x und y aufzeigen.

Ziel aller statistischer Verfahren ist es, aus den Daten Informationen in "verdichteter" Form zu erhalten, sei es als Korrelation, arithmetischer Durchschnitt oder bei neuronalen Netzen in Form einer Gewichtsmatrix. Ist ein Zusammenhang von x und y deterministischer Natur, so kann dies durch einen funktionalen Zusammenhang direkt abgebildet werden:

$$y_t = g(x_t) \quad \textit{für } t = 1 \ ... \ T$$

wobei die Funktion g den aus der Theorie gewonnenen Zusammenhang unterstellt. Besteht dieser deterministische Zusammenhang nicht, so liegt eine stochastische Beziehung vor. Diese kann allgemein als bedingte Wahrscheinlichkeit eines Ereignisses B unter der Bedingung, daß das Ereignis A schon eingetreten ist P(B|A), aufgefaßt werden. Die stochastische Beziehung zwischen den Vektoren x und y kann daher beschrieben werden zu:

$$P(y_t = g(x_t) \ | \ X = x) \quad \textit{für } t = 1 \ ... \ T$$

d.h. als bedingte Wahrscheinlichkeit, daß y_t zur Funktion g(x$_t$) gehört, unter der Bedingung, daß die Zufallsvariable X den Wert x hat. Im Falle eines deterministischen Zusammenhangs zwischen X und y ist:[167]

$$P(B|A) = \frac{P(B \cap A)}{P(A)} = 1$$

---

[166] Bulsari, (1993).
[167] vgl. Sachs, (1992).

Dies bedeutet, daß A eine Teilmenge von B ist[168], d.h. B enthält A. Ist die Funktion g(x) bekannt, so ist auch P(B|A) exakt zu bestimmen. Im stochastischen Fall gibt es keine Funktion g, die die obige Bedingung erfüllt. Es kann jedoch eine bedingte Wahrscheinlichkeit gefunden werden, die den Zusammenhang zwischen x und y erklärt. Der bedingte Erwartungswert $E(y|x)$ beschreibt daher den durchschnittlichen Wert von y unter einer bestimmten Realisation von x. $E(y|x)$ kann daher als Funktion von g(x) aufgefaßt werden, so daß $g(x)=E(y|x)$ ist mit einem erwarteten Fehler $\epsilon=y-E(y|x)$. Y läßt sich daher als $y=g(x)+\epsilon$ [169]schreiben.

Zur Beurteilung der Güte der Approximation wird in den empirischen Applikationen überwiegend das euklidische Distanzmaß $d(y,g(x))=1/2(y-g(x))^2$ verwendet. Andere Realisationen, z.B. $d=|y-g(x)|$, $d=1/q|Y-G(x)|^q$ oder $d = -[y \log(g(x))+(1-y) \log(1-g(x))]$ für $0<g(x)<1$ könnten je nach Anwendungssituation Verwendung finden. Im Unterschied zu den klassischen ökonometrischen Modellen,bei denen die Funktion (meist linearer Art) $g(x)=g(x;\beta_n)$ als bekannt bis auf eine endliche Zahl von zu schätzenden Parametern β_n vorausgesetzt wird, wird bei neuronalen Netzen ein Schätzer $d=f(x,w)$ angenommen, der in Gewichten parametrisiert ist, d.h. die Gewichte lassen sich bei neuronalen Netzen als Parameter interpretieren.[170] Für gegebene Vektorpaare (x,y) wird für eine im Mittel "gute" Approximation verlangt, daß der mittlere Erwartungswert der Distanzfunktion[171] $d(y,g(x))$ in Abhängigkeit von dem Gewichtsvektor w minimiert wird. Der Erwartungswert[172] der Distanzfunktion λ ist nur von w abhängig, so daß für ein euklidisches Distanzmaß:

$$\lambda(w) = E[y - f(x,w)]^2$$

sich ergibt:

$$\lambda(w) = E[\ (y-g(x) + g(x)-f(x,w))^2\ ]$$
$$\lambda(w) = E[\ (y - g(x))^2] + 2E[\ (g(x) - f(x,w))(y - g(x))]$$
$$+ E[\ (g(x)-f(x,w))^2]$$

$$\lambda(w) = E[\ (y-g(x))^2] + E(g(x) - f(x,w))^2\ ]$$

Der zweite Summand der letzten obigen Gleichung ist die mittlere quadratische Abweichung zwischen g(x) und f(x,w). Die erste Komponente ist als Varianz der probabilistischen Beziehung $y=g(x)+\epsilon$ um g(x) für die optimalen Gewichte w*. Die Minimierung des Erwartungswertes der Distanzfunktion λ hat zur Folge, daß

a) *die Varianz der Gleichung y=g(x)+ ϵ um den Mittelwert minimiert wird*

b) *daß der Approximationsfehler zwischen der unbekannten Funktion g(x) und dem Output des*

---

[168] vgl. Sachs, (1992).

[169] Es folgt aus der Definition von ϵ, daß der bedingte Erwartungswert für ϵ $E(\epsilon|X)=0$ ist, d.h der durchschnittliche erwartete Fehler ist Null.

[170] vgl Arminger, (1993) und White, (1989a), (1989b).

[171] Dies wird auch in der Literatur als "average performance" bezeichnet.

[172] Der Erwartungswert für stetige Zufallsvariablen ist definiert mit:

$$E(x) = \int_{-\infty}^{\infty} xf(x)dx$$

Netzes f(x,w) minimiert wird.

Der eigentliche Algorithmus des Backpropagation als Gradientenabstiegsverfahren zur Zeitreihenanalyse ist nicht neu, denn schon die Statistiker Robbins und Monro[173] stellten 1951 eine allgemeine Gradientenabstiegsiterationsvorschrift auf. Sie suchten eine Lösung für den Erwartungswert E(m(z,w)) = 0 bei einer unbekannten Dichtefunktion. Das Vektorpaar z stellt dabei eine Realisation eines Zufallsprozesses dar, wobei m eine Gewichtungsfunktion ist. Da die Verteilung von z ebenfalls nicht bekannt ist, schlugen sie zur Lösung eine stochastische Approximation vor mit der Rekursionsvorschrift:

$$w_t = w_{t-1} + \eta_t \; m \; (z, w_{t-1})$$
$$\textit{für} \quad t = 1, 2, \ldots T$$

wobei mit einer zufälligen Anfangsinitialisierung begonnen wird. Vergleicht man diesen Ansatz mit der Iterationsvorschrift in Kapitel 2, so erkennt man, daß der Backpropagation Algorithmus eine mögliche Realisation des Ansatzes von Robbins und Monro darstellt.

Eine entscheidende Rolle bei der Optimalitätsbedingung spielt die Wahl der Distanzfunktion, da Gewichte, die für das euklidische Distanzmaß optimal sind, für ein anderes Distanzmaß suboptimal sind. Neben der Wahl der Distanzfunktion spielt die Verteilung der Gewichte eine entscheidende Rolle. Ein a priori deterministischer Ansatz kann die Verteilung der Gewichte nicht beschreiben. Jedoch können Aussagen über die asymptotische Verteilung von w_n für hinreichend große n gefunden werden. White[174] führte den Nachweis, daß die asymptotische Verteilung der Gewichte in einem Backpropagation-Netz einer Normalverteilung genügen. Über den in der Statistik bekannten "Zentralen Grenzwertsatz" können Aussagen über die Varianz des Mittelwertes von w_n und die Verteilung der Gewichte bzw. $\lambda(w)$ getroffen werden.[175]

4.7 Modifikationen des Backpropagation-Algorithmus

Der Backpropgation-Algorithmus erfuhr ein Vielzahl von Modifikationen. An dieser Stelle können nicht alle Varianten vorgestellt werden, sondern es seien vielmehr einige herausgegriffen, auf die sich in den nachfolgenden Kapiteln bezogen wird. Der Ansatzpunkt für Modifikationen[176] ist, um

a) die Konvergenz zu beschleunigen und
b) in der Hoffnung das globale Minimum der Fehlerfunktion zu finden.

Vier Varianten des Backpropagation-Algorithmus sind von besonderer Bedeutung.

• *Modifikation von Kushner*

Kushner[177] modifizierte die Gleichung, so daß die Lernrate mit zunehmenden n sich

---

[173] vgl. White, (1982).
[174] vgl. White (1989).
[175] vgl. Arminger, (1993).
[176] vgl. Ripley, (1992).
[177] vgl. Kushner, (1987).

verringert und der Funktion 1/log(n) genügt. Dadurch wird gewährleistet, daß der Algorithmus in der Nähe des Fehlerminimums langsamer konvergiert, d.h. iterative Schwankungen zwischen zwei Punkten im Fehlerraum können vermieden werden oder ein "Überspringen" des Minimums kann verhindert werden. Additiv wird den Gewichten ein normalverteiltes Rauschen mit abnehmender Amplitude überlagert, so daß das globale Minimum gefunden wird.[178]

• *Modifikation von Hush und Salas*

In vielen Fällen konvergiert der konventionelle Algorithmus zu langsam. Die flachen Täler der Fehlerfunktion, die durch die Verwendung der sigmoiden Übertragunsfunktion entstehen, führen bei kleinen Lernraten zu einer großen Anzahl von Iterationen. Um die Konvergenzgeschwindigkeit zu erhöhen, sind viele Varianten vorgeschlagen worden, z.B. kann durch die Wahl der Lernkonstanten bzw. durch die systematische Variation der Lernrate die Konvergenzgeschwindigkeit verändert werden. Je kleiner die Schrittlänge gewählt wird, desto mehr Iterationen sind notwendig, um ein lokales Minimum zu erreichen. Ist die Schrittlänge zu groß, besteht die Gefahr, das lokale Minimum zu überspringen, oder der Algorithmus oszilliert um das Minimum der Fehlerfunktion. Eine mögliche Strategie ist es, die Schrittlänge an die vorhandene Fehlerfläche anzupassen. Hush und Salas[179] haben dafür einen Algorithmus vorgeschlagen, der in jedem Schritt den Gradienten der Fehlerfunktion berechnet. Die Netzgewichte werden wie beim Backproagation aktualisiert. Anschließend wird überprüft, ob sich durch die neu berechneten Gewichte die Fehlerfunktion verringert hat. Ist dies der Fall, wird das Verfahren wiederholt, bis die Fehlerfunktion steigt. Dann erst wird der Gradient der Fehlerfunktion berechnet und die Suche nach dem Minimum wird in der nun festgelegten Richtung im Gewichtsraum fortgesetzt. Die Suche des Minimums der Fehlerfunktion ist ein lokales Gradientenverfahren. Die Variation der Schrittlänge wird dadurch vorgenommen, daß gezählt wird, wie oft die Korrektur in dieselbe Richtung des Gradienten vorgenommen wurde. War dies mehr als zehnmal der Fall, so war die Schrittlänge zu gering und wird daher erhöht. Bei weniger als fünf Wiederholungen wird die Schrittlänge verringert. Durch die Asymmetrie der Zählung, d.h. dem Hysteresband, wird verhindert, daß die Lernrate oszilliert. Die Ober- und Untergrenze dieses Bandes wurde experimentell ermittelt und kann je nach Problemstellung variiert werden. Hush und Sales gaben an, den Algorithmus um den Faktor 5 beschleunigt zu haben.

• *Modifikation von White*

Eine andere Alternative zur Beschleunigung des Lernvorgangs besteht darin, die Information über die Krümmung der Fehlerfunktion zu verwenden. Dies erfordert jedoch die Berechnung der zweiten partiellen Ableitung der Fehlerfunktion nach den Gewichten. Diese Information fließt in den Korrekturterm mit ein. Es ergibt sich:

$$\nabla E(w) = \nabla E(w_t) + (w - w_t)\, H$$

wobei H die Hesse-Matrix der zweiten partiellen Ableitung der Funktion nach den Netzgewichten ist. Dieses Verfahren, das auf der quadratischen Approximation der Fehlerfunktion E um den aktuellen Gewichtsvektor w_t basiert, gleicht dem in der Statistik bekannten Newton-Raphson-Verfahren. Um einen Extremwert des Gradienten zu finden, muß gelten:

---

[178] vgl. Kushner, (1987).
[179] vgl. Rojas, (1991).

$$\nabla E(w) = 0$$
$$0 = \nabla E(w_t) + (w - w_t) \, H$$
$$w = w_t - H^{-1} \nabla E(w_t)$$

Die Berechnung der Hesse-Matrix und deren Inversion erfordert sehr viele Rechenoperationen. White[180] wandte dieses Verfahren in abgewandelter Form an. Zuerst wurde ein Netz mit dem Backpropagation-Algorithmus trainiert. Im Anschluß wurden die Gewichtsparameter zur Anfangsinitialisierung des Newton-Raphson-Verfahren verwandt. Die Ergebnisse, d.h. die Approximationseigenschaften konnten dadurch verbessert werden. Doch wurden leider keine Aussagen über die Generalisierungfähigkeit beider Gradientenverfahren gemacht[181], so daß ein fairer ex ante Vergleich leider nicht erfolgte.

• *Quickprop*

Eine Variation obiger Methode stellt der Quickprop-Algothimus dar. Die einzelne Gewichtsveränderungvorschrift ist:

$$\Delta w_{ij} = \frac{s(t)}{s(t-1) - s(t)} \Delta_{t-1} w_{ij}$$

wobei s(t) die partielle Ableitung der Fehlerfunktion nach w_{ij} ist. Die Korrektur entspricht der Newton-Methode, jedoch wird hier nur die Sekante in Richtung des Gradienten für jedes einzelne Gewicht berechnet. Da der Nenner sehr kleine Werte annehmen kann, hat dies zur Folge, daß die Gewichtsveränderung unverhältnismäßig stark ausfallen. Da die vorgenommene Approximation für die Hesse Matrix recht grob ist, stellt die Methode doch eine Art von Heuristik dar. In praktischen Applikationen liefert der Algorithmus gute Resultate.

4.8 Zusammenfassung

In diesem Kapitel wurde ein Überblick über den Zusammenhang zwischen neuronalen Netzen und der Statistik gegeben. Zunächst wurde gezeigt, daß der Backpropagation Algorithmus mit einer linearen Aktivierungsfunktion einer OLS-Schätzung gleicht. Anhand von zwei nichtlinearen Übertragungsfunktionen wurde für ein Neuron gezeigt, daß es einem Logit- bzw. Probit-Modell in der Statistik entspricht. Neben der Approximation von Funktionen spielt die explizite Berücksichtigung der zeitlichen Struktur der Daten eine wichtige Rolle. Dies kann mit Hilfe von rekurrenten Netzstrukturen erzielt werden. Diese Netze sind stark verwandt mit den aus der Statistik bekannten ARMA-Prozessen.

Außerdem wurden einige Modifikationen bekannter Algorithmen kurz erläutert, die in der Praxis und im Kapitel 6 verwendet wurden.

---

[180] vgl. White, (1989).
[181] vgl. Granger, (1993).

Kapitel 5

Neuronale Netze zur volkswirtschaftlichen Zeitreihenprognose

5.1 Einleitung

Die Möglichkeit der Verwendung neuronaler Netze zur Prognose von finanzwirtschaftlichen Zeitreihen ist bereits in unterschiedlichen Anwendungsbereichen[183] demonstriert worden. Überlicherweise unterscheidet man die Erklärungsansätze von Zeitreihen in einen ökonometrischen und einen statistischen Ansatz. Der ökonometrische Ansatz versucht die zu erklärende Größe (endogen Variable) mit unabhängigen Variablen (exogene Variable) zu beschreiben. Dabei obliegt die Modellspezifikation dem Ökonometriker, d.h. es wird ein "Vorwissen" benötigt. Der statistische Ansatz versucht aus der vergangenen Struktur der Zeitreihe ein Modell zu entwickeln. Dabei wird kein Kausalzusammenhang formuliert, sondern lediglich auf Abhängigkeiten innerhalb der Zeitreihe zurückgegriffen. Grundsätzlich beruht jede Prognose auf Daten der Vergangenheit, aus denen eine Struktur extrahiert wird. Von dieser wird angenommen, daß sie über die Zeit hinweg invariant oder zumindest näherungsweise konstant ist, so daß mit Hilfe der Daten Prognosewerte geschätzt werden können. Die Hypothese der Strukturbeständigkeit in einer noch unbekannten Zukunft setzten sowohl neuronale Netze als auch statistische Modelle voraus.

Bei der klassischen multiplen parametrischen Regression[184] geht man von einer linearen Beziehung zwischen den exogenen und den endogenen Variablen aus. Die Regressionsparameter werden so bestimmt, daß die Summe der quadratischen Abweichungen (Schätzfehler) minimiert wird. Liegt kein ökonometrischer Zusammenhang zwischen den Zielgrößen und Einflußfaktoren vor, so kann der Zusammenhang aus der Zeitreihe selbst erklärt werden, wobei hierfür meist der autoregressive - integrate - moving - average - Ansatz verwendet wird. Als Kurzformel ist die Schreibweise ARIMA(p,d,q) gebräuchlich, wobei p die Ordnung des autoregressiven (AR), d die des Integrations- und q die des moving average-Prozesses (MA) angibt. Der Integrationsprozeß zum Erreichen der geforderten Stationarität wird durch Differenzierung der Zeitreihe vor der Modellanwendung realisiert.

Beide Verfahren basieren auf einer Form der linearen Approximation und können daher zwangsläufig nur zufriedenstellende Prognoseergebnisse erzielen, wenn die in der Zeitreihe enthaltenen Beziehungen linearer Natur sind bzw. linearisiert werden können. Da nicht-lineare statistische Modelle[185], in denen die Zeitreihe mit Hilfe von Taylorreihenentwicklung linearisiert, mit Potenzreihen approximiert oder mit Hilfe des Gradientenverfahrens direkt berechnet wird, komplex sind, stellt sich die Frage, ob durch ein mehrschichtiges neuronales Netz mit nicht-linearen Verarbeitungselementen qualitativ gute Prognosen mit verhältnismäßig einfachen Mitteln erzielt werden können.

Die in der Literatur[186] beschriebenen Ansätze unterscheiden sich nicht nur in den eingesetzten Netzarchitekturen bzw. Lernalgorithmen, sondern auch darin, wie die Eingabedaten

---

[183] vgl. Rehkugler/Zimmermann, (1994), Freisleben, (1992) und Froitzheim, (1992).
[184] vgl. Farnum/Stanton, (1989).
[185] vgl. Bates, (1988)
[186] vgl. Rehkugler, (1990), (1991), (1992).

54

den Netzen in der Trainingsphase präsentiert werden, und den Zeithorizonten, für die die trainierten Netze die Prognosen erstellen sollen. Beispielsweise bilden in einigen Ansätzen[187] jeweils sukzessive Werte einer einzelnen Zeitreihe einen Eingabevektor und der Wert zum Zeitpunkt t+1 die zu erlernende gewünschte Ausgabe, während in anderen Ansätzen die Werte mehrerer unterschiedlicher Zeitreihen zum Zeitpunkt t jeweils als Eingabevektor und der Wert der zu prognostizierenden Zeitreihe zum Zeitpunkt t+p (üblicherweise: p=1) als gewünschte Ausgabe benutzt werden. Die erste Vorgehensweise ermöglicht sowohl Ein-Schritt-, als auch sukzessive Mehr-Schrittprognosen, da entweder jeweils die realen oder bereits prognostizierten Werte der Zeitreihe in der Testphase zur Prognose nachfolgender Werte verwendet werden können. Bei der zweiten Vorgehensweise sind lediglich Ein-Schrittprognosen für den Zeitpunkt p realisierbar, da für die als Eingabedaten benutzten Zeitreihen keine prognostizierten Werte existieren; in dieser Art verwendete Netze entsprechen im wesentlichen multiplen Regressions-modellen.

Die in diesem Kapitel wird der Verlauf dreier volkswirtschaftlicher Zeitreihen mit Hilfe eines statistisches Modells und eines ökonometrischen Ansatzes zur Beschreibung des zeitlichen Verlaufs verwendet. Aufgrund der herausragenden Bedeutung für das Portfoliomanagement wurden drei Zeitreihen das Bruttosozialproduktes (als Quartalsdatum), der prozentualen Arbeitslosenzahl und der absoluten Arbeitnehmerzahl (jeweils als Monatsdatum) verwendet. Neben diesen Ansätzen wurde ein neuronales Netz zur Schätzung obiger Zeitreihen verwendet, um die nichtlineare Strukturen zu modellieren. Da im überwiegenden Teil der in der Literatur[188] beschriebenen Anwendungen neuronaler Netze in Prognoseproblemen Vergleiche mit alternativen Ansätzen fehlen und die Leistungsfähigkeit neuronaler Modelle daher nicht relativierbar ist, wurden die ökonometrische und statistische Ansätze zur Beurteilung der Approximationgüte verwendet.

Die in diesem Kapitel beschriebenen Ansätze wurden in Freisleben, Ripper, (1995), (1997a) publiziert.

5.2 Prognoseverfahren

Gemeinsames Merkmal klassischer statistischer und neuronaler Prognoseverfahren ist die Suche nach einer Struktur zwischen den erklärenden und der erklärten Variable. Dieser Zusammenhang wird aus vergangenen Daten hergeleitet und unter der Annahme der Zeitinvarianz in die Zukunft fortgeschrieben.[189]

Bei der klassischen multiplen parametrischen Regression geht man von der Regressions-gleichung

$$y(t) = \alpha_0 + \alpha_1 x_1(t\text{-}1) + \ldots + \alpha_k x_k(t\text{-}1) + u(t\text{-}1)$$

aus, die zwischen den exogenen Variablen $x_k(t\text{-}1)$ und den endogenen Variablen $y(t)$ und dem Resiuum $u(t\text{-}1)$ zum Zeitpunkt t bestehen.[190] Die Parameter α_k werden als Regressionsparameter und die Variable u als zufälliger Fehler oder Störvariable bezeichnet. Der Erwartungswert der als normal verteilt angenommenen Störvariablen u ist Null, und sie hat die gleiche Varianz über die Zeit. Das Ziel ist die Bestimmung der Regressionsparameter, so daß die Residualsumme, d.h.

---

[187] vgl. Granger, (1993).
[188] vgl. Poddig, (1996).
[189] vgl. Hartung, (1991), (1992) und Judge, (1985).
[190] vgl. Hartung, (1991).

die Summe der quadratischen Abweichungen minimiert wird. Schon Gauss formulierte die Methode der kleinsten Quadrate, die durch eine Regressionsgerade bestimmt wird und deren Residualsumme

$$S^2 = \sum_{i=1}^{t-1} \left(y(i) - \alpha_0 - \alpha_1 x_1(i) - ... - \alpha_k x_k(i) \right)^2$$

minimiert wird.

Liegt kein ökonometrischer Zusammenhang zwischen den Zielgrößen und Einflußfaktoren vor, bzw. soll nur ein autoregressiver Zusammenhang erklärt werden, so eignet sich für die Beschreibung eines stochastischen Prozeßes der autoregressive - integrate - moving - average - Ansatz von Box-Jenkins.[191] Dieser Prozeß der selbsterklärenden Zeitreihe läßt sich auffassen als endliche Realisierung einer Folge korrelierter Zufallsvariablen, wobei der Ansatz von Box-Jenkins als erklärende Variable ein sogenanntes weißes Rauschen der Fehlervariable einbezieht. Der Integrationsprozeß d zum Erreichen der geforderten Stationarität kann durch Differenzierung der Zeitreihe vor der Modellanwendung realisiert werden, ARIMA-Modelle sind durch folgende Gleichung charakterisiert:

$$y(t) = \phi_0 + \phi_1 y(t-1) + ... + \phi_p(t-p) + \epsilon(t) + \theta_1 \epsilon(t-1) + ... + \theta_q \epsilon(t-q)$$

Hierbei sind die ϕ_i die Koeffizienten für den autoregressiven Prozeß der Ordnung p mit $\phi_1 + ... + \phi_p < 1$ und die θ_i die Koeffizienten für den moving-average Prozeß mit $\theta_i + ... + \theta_p < 1$; $\epsilon(t)$ ist ein white noise Prozeß mit $E(\epsilon(t)) = 0$ und $E(\epsilon(t), \epsilon(t-k)) = 0$.

Beide Verfahren basieren auf einer Form der linearen Approximation und können daher zwangsläufig nur zufriedenstellende Prognoseergebnisse erzielen, wenn die in der Zeitreihe enthaltenen Beziehungen linearer Natur sind bzw. linearisiert werden können.

5.3 Schätzung

Alle Zeitreihen standen saisonbereinigt zur Verfügung, und bis auf die Zeitreihe des Bruttosozialproduktes, welche nur in Form von Quartalsdaten zur Verfügung stand, fanden Monatswerte Verwendung. Als Trainings- bzw. Prognosezeiträume wurden folgende Werte gewählt:

für das Bruttosozialprodukt:
1. Quartal 1968 bis 4. Quartal 1984 (Training),
1. Quartal 1985 bis 3. Quartal 1993 (Prognose)

für die prozentuale Arbeitslosenzahl:
1.7.1972 bis 1 12.1990 (Training),
1.1.1991 bis 1 8 1992 (Prognose)

für die absolute Arbeitnehmerzahl:
1.3 1972 bis 1.12 1989 (Training),
1 1 1990 bis 1.9 1991 (Prognose)

---

[191] vgl. Granger, (1993)

Das strukturelle Problem der Arbeitslosigkeit, die einwirkendenen exogenen Parameter, z.B. Ölpreisschock bzw. externe Effekte, oder die Ursache für das Verharren der Arbeitslosigkeit auf hohem Niveau seit dem Jahre 1982 sei nicht weiter erörtert, vielmehr seien die Einflußgrößen als fixes Datum betrachtet, ohne eine detailiertere Kausalbestimmung zu erfahren.

Um die beiden klassischen Prognoseverfahren mit neuronalen Ansätzen vergleichen zu können, wurden zwei unterschiedliche Untersuchungen durchgeführt, die im folgenden erläutert werden.

5.3.1 Lineare Regression vs. neuronale Netze

Nach einer Unterteilung der zur Verfügung stehenden Daten in die Zeiträume der jeweiligen Trainingsmengen bzw. Prognosemengen wurden für alle drei Zeitreihen zunächst lineare Regressionsmodelle entwickelt. Nach Auswahl der exogenen Variablen, die aufgrund volkswirtschaftlicher Gesichtspunkte, der Verfügbarkeit, der Periodizität und der Historie des Datenmaterials durchgeführt wurde, erfolgte die Schätzung der Parameter für den Trainings-zeitraum und die Überprüfung auf Signifikanz mit einem t-Test bzw. F-Test.[192] Um die trendbehafteten Zeitreihen in eine stationäre Zeitreihe zu überführen, wurde für das neuronale Netz und für die ARIMA-Schätzungen die Zeitreihen differenziert. Es ist daher üblich, die Zeitreihen durch die Differenzengleichung:

$$z(t) = x(t) - x(t-1)$$

zu stationarisieren.

Folgende acht exogenen Variablen wurden für die Schätzung des Bruttosozialproduktes in Betracht gezogen:

x1: das disponible Einkommen der Privaten in DM
x2: der gesamte Export in DM
x3: der gesamte Import in DM
x4: der Konsum der Privaten in DM
x5: das gesamte Investitionsvolumen in DM
x6: der 3-Monats-Zinssatz in Prozent
x7: der Auftragseingang des produzierenden Gewerbes als Index
x8: der OECD Leading-Indikator als Index

Zur Schätzung der prozentualen Arbeitslosenzahl und der absoluten Arbeitnehmerzahl fanden folgende acht exogenen Variablen Verwendung:

x1: das Bruttosozialprodukt (real) in DM
x2: der gesamte Export in DM
x3: der Außenwertindex
x4: die Lohnkosten pro Stunde als Index
x5: die Produktivität als Index
x6: der 3-Monats-Zinssatz in Prozent
x7: der Auftragseingang des produzierenden Gewerbes als Index
x8: der OECD Leading-Indikator als Index

---

[192] vgl. Bamberger, (1989).

Für die Auswahl der exogenen Variablen wurde lediglich die Trainingsmenge verwendet, da die Werte für die Prognosemenge als unbekannt vorausgesetzt wurden. Für das Bruttosozialprodukt erwiesen sich aufgrund des t-Tests bei einem Konfidenzintervall von 95% die Variablen x2, x3, x6 und x8 als signifikant, für die prozentuale Arbeitslosenzahl die Variablen x1, x2, x3, x4, x6, x7 und x8, und für die absolute Arbeitnehmerzahl die Variablen x1, x2, x3, x4, x6 und x8. Die für die Schätzung der drei Zeitreihen ermittelten signifikanten Regressionsparameter α_i i=1...8 und die jeweiligen Werte des t-Tests bzw. F-Tests bei einem Konfidenzintervall von 95% sind für die Trainingsmenge in Abbildung 5.1 angegeben.

	BSP		Arbeitslosenzahl		Arbeitnehmerzahl	
	Parameter	t-Wert	Parameter	t-Wert	Parameter	t-Wert
α_0	422	7,83	11,948	7,752	17205,56	43,98
α_1			-0,0252	13,69	3,702	6,68
α_2	0,3732	4,41	0,00685	6,53	1,119	3,18
α_3	1,1705	9,42	0,17	13,11	-52,209	12,91
α_4			0,1324	7,33	43,863	8,39
α_5						
α_6	2,673	1,69	-0,122	3,42	67,338	6,51
α_7			-0,017	1,82		
α_8	5,2818	6,09	0,118	5,72	-21,97	3,83
F-Test	1690		1337		1549	

Abbildung 5.1 : Koeffizienten und Teststatisik der linearen Regression

In der ersten Spalte in der jeweiligen Zeitreihen der Abbildung 5.1 sind die geschätzten Parameter der Regression angegeben. Die entsprechenden t-Werte befinden sich in der darauffolgende Spalte, wobei nur die statistisch signifikanten exogenen Variablen in der Regression berücksichtigt wurden.

Die bei der linearen Regression ursprünglich gewählten acht exogenen Variablen wurden als Eingabevektoren für die entwickelten Backpropagation-Netze verwendet. Nach einer linearen Skalierung der Zeitreihen auf das Intervall [0,1] erfolgte die empirische Bestimmung der Anzahl der Verarbeitungselemente der verborgenen Schicht, wobei die besten Ergebnisse mit 15 verborgenen Verarbeitungselementen erzielt wurden, d.h. es wurden dreischichtige Netze mit 8 Eingabeelementen, 15 verborgenen Verarbeitungselementen und einem Ausgabeelement verwendet.

58

5.3.2 ARIMA-Prozesse vs. neuronale Netze

Die Modellvalidierung eines ARIMA-Prozesses läßt sich in etwa wie folgt skizzieren: Die Zeitreihe muß in eine stationäre Zeitreihe überführt werden.[193] Die Festlegung der Parameter p und q erfolgt mit Hilfe der partiellen Autokorrelationen und der Autokorrelationen. Ausgangspunkte der Einordnung des Grades von p und q sind dabei die theoretischen Korrelogramme der Autokorrelationen und der partiellen Autokorrelationen. Abbildung 5.2 faßt die Phasen zur Modellierung zusammen.

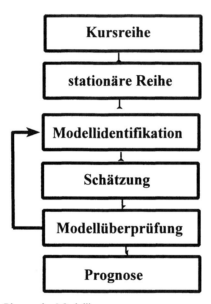

Abbildung 5.2: Phasen der Modellierung

Für die Zeitreihe des Bruttosozialproduktes wurde mit Hilfe der Autokorrelationen bzw. der partiellen Autokorrelationen[194] ein ARIMA(4,1,3) Prozeß, für die prozentuale Arbeitslosenzahl ein ARIMA(4,1,0) Prozeß und für die absolute Arbeitnehmerzahl ein ARIMA(1,1,0) Prozeß identifiziert. Die für die drei Zeitreihen ermittelten Parameter θ_i und ϕ_i und die jeweiligen Werte des t-Tests bzw. F-Tests bei einem Konfidenzintervall von 95% sind in Abbildung 5.2 zusammengefaßt. Bei der prozentualen Arbeitslosenzahl und der absoluten Arbeitnehmerzahl erwies sich der Parameter ϕ_0 aufgrund des t-Tests als nicht signifikant. In der Abbildung 5.3 sind die jeweiligen geschätzten Parameter und die dazugehörigen t-Werte dargestellt. Die Werte für den F-Test sind am Fuß der Tabelle dargestellt.

---

[193] siehe Bamberg, (1989) und Schlittgen, (1989).
[194] Zur Bestimmung der Struktur der ARIMA-Modelle siehe Ripper, K. (1993).

	BSP		Arbeitslosenzahl		Arbeitnehmerzahl	
	Parameter	t-Wert	Parameter	t-Wert	Parameter	t-Wert
ϕ_0	9,0466	7,83				
ϕ_1	-0,3871	3,38	0,2230	3,32	0,872	25,66
ϕ_2	-0,2884	2,42	0,2823	4,18		
ϕ_3	-0,3700	3,41	0,1782	2,60		
Φ_4	0,2323	2,21	0,1422	2,12		
θ_1	0,2694	2,37				
θ_2	0,4304	3,80				
θ_3	0,6234	6,72				
F-Test	5,49		44,75		658,75	

Abbildung 5.3 : Koeffizienten und Teststatisik der Zeitreihenmodelle

Den entsprechenden neuronalen Netzen wurden die gleichen Lag-Strukturen zugeführt wie den ARIMA-Prozessen, d.h. im Fall des Bruttosozialproduktes hatte das Netz 4 Eingabeelemente, das Netz für die prozentuale Arbeitslosenzahl hatte ebenfalls 4, und das Netz für die absolute Arbeitnehmerzahl hatte lediglich ein Eingabeelement. Es erfolgte wiederum eine lineare Skalierung der Zeitreihen auf das Intervall [0,1]. Netze mit 15 verborgenen Verarbeitungselementen wiesen erneut den geringsten Fehlerwert aus. Mit einer niedrigen Lernrate und einer zufälligen, normalverteilten Voreinstellung der Gewichte wurden die Netze für die Trainingsmenge auf die bestmögliche Approximation der zu schätzenden Funktion trainiert, wobei als Lernziel die Minimierung der quadratischen Abweichung auf der Trainingsmenge gewählt wurde. Da der Backpropagation-Algorithmus ein lokales Gradientabstiegsverfahren ist, kann dieser in einem lokalen Minimum verharren, so daß ein additives normalverteiltes Rauschen den Gewichtsänderungen überlagert wurde.

Für alle Verfahren wurde eine Ein-Schritt-Prognose gewählt, d.h. je nach Zeitbasis t wurde der nächste Monats/Quartalswert t+1 prognostiziert. Die Trainingsmenge diente bei allen Verfahren zur Validierung der Modelle. Als Gütekriterium wurde das statistische Bestimmtheitsmaß R^2 für die Prognosemenge verwendet, das formal definiert ist:

$$R^2 = \frac{\sum_{i=1}^{N}\left(y_i - \hat{y}_i\right)^2}{\sum_{i=1}^{N}\left(y_i - \bar{y}_i\right)^2} = 1 - \frac{\sum_{i=1}^{N}\left(u_i\right)^2}{\sum_{i=1}^{N}\left(y_i - \bar{y}_i\right)^2}$$

Anhand der Prognosemenge wurde die Güte der Vorhersage bestimmt, wobei hierfür die Summe der quadratischen Residuen im Prognosezeitraum verwendet wurde. Die geschätzten Parameter für die Regression sowie die Gewichte für das neuronale Netz sind für die Trainingsmenge identisch mit denen der Prognosemenge Die Trefferquote als Gütemaß, die oft in der Literatur uber Prognosen mit neuronalen Netzen benutzt wird, wurde nicht herangezogen. Diese hat nämlich nur eine beschränkte Aussagekraft bezüglich der Prognosequalität und erlaubt es nicht, einen fundierten Vergleich mit herkömmlichen statistischen Verfahren zu ziehen, da die Trefferquote die absolute Abweichung nicht berücksichtigt. Die verwendeten statistischen Verfahren zur Minimierung der Summe der Abstandsquadrate sind keine Verfahren zur Minimierung der Trefferquote. Die Interpretation des Ausgabewertes eines Netzes bezüglich eines Treffers ist jeweils stark vom Benutzer abhängig, d.h. ab welchem Niveau im Intervall [0,1] die Ausgabe des Netzes als Treffer gewertet wird.

5.4 Diskussion

Abbildung 5.4 faßt die Ergebnisse der linearen Regression und der neuronalen Netze für die drei Zeitreihen zusammen.

	BSP		Arbeitslosenzahl		Arbeitnehmerzahl	
	R^2	Σu_i^2	R^2	Σu_i^2	R^2	Σu_i^2
Neuronale Netze	0.990	459856	0.974	5.108	0.990	3659306
Lin. Regression	0.945	505099	0.977	7.730	0.970	4171651

Abbildung 5.4: Ergebnisse der linearen Regression und der neuronalen Netze

Betrachtet man obige Modellergebnisse, so läßt sich festhalten, daß neuronale Netze für die Trainingsmengen aller drei Zeitreihen gute Ergebnisse liefern (R^2 nahe bei 1), die mit denen der linearen Regression vergleichbar sind.

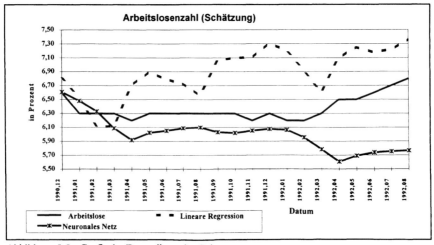

Abbildung 5.5 : Grafische Darstellung der Schätzung

In der Prognose, deren Güte durch Summe der quadrieten Residuen repräsentiert wird, zeichnen sich ebenfalls gute Ergebnisse für die neuronale Netze ab, die denen der linearen Regression deutlich überlegen sind. Abbildung 5.5 stellt beispielhaft die von den beiden Verfahren erzielten

Prognosen für die prozentuale Arbeitslosenzahl graphisch dar.

In einer empirischen Studie von Thiesing[195] wurden die obigen Schätzungen ebenfalls durchgeführt, wobei die Ergebnisse der linearen Regression und der ARIMA-Prozesse lediglich übernommen wurden. Entgegen der Darstellung des Autors wurden die Zeitreihen in Freisleben, Ripper, (1995) (1997) stationarisiert, wobei die Definition des Integrationsgrades I die Anzahl der Differenzenbildung angibt. Da die Anpassung im Schätzzeitraum bzw. Trainingszeitraum des neuronalen Netzes durch das Erlernen von überlagertem Rauschen verzerrt sind, weichen die ausgewiesenen statistischen Kenngrößen von Thiesing deutlich von denen in diesem Kapitel ab. In dieser Arbeit wird die Güte lediglich durch das Bestimmtheitsmaß bzw. der Summe der quadrierten Residuen vorgenommen.

Weiterhin ist zu bemerken, daß die von den neuronalen Netzen für relevant erachteten exogenen Variablen sich von denen der linearen Regression unterscheiden. Von den insgesamt acht für relevant gehaltenen Eingabekomponenten lieferten bei der Prognose des Bruttosozialproduktes sechs (die in Abschnitt 5.3.1 aufgeführten exogenen Variablen x1, x2, x3, x4, x7, x8), für die prozentuale Arbeitslosenzahl fünf (Variablen x1, x3, x4, x6, x8) und für die absolute Arbeitnehmerzahl hingegen alle acht bedeutende Beiträge zur Minimierung des quadratischen Fehlers des jeweiligen Ausgabeelementes. Dies wurde durch selektives Abschalten einzelner Eingabeelemente mit anschließender Auswertung des daraus resultierenden Effektes auf die Fehlerberechnung ermittelt.

Da ARIMA-Prozesse keine Kausalbeziehungen erklären, kann ein direkter Vergleich zwischen den obigen Ergebnissen und dem autoregressiven Ansatz nicht gezogen werden. Abbildung 5.6 faßt die Ergebnisse der autoregressiven Vorgehensweise zusammen.

	BSP		Arbeitslosenzahl		Arbeitnehmerzahl	
	R^2	Σu_i^2	R^2	Σu_i^2	R^2	Σu_i^2
Neuronale Netze	0.984	412862	0.9825	0.267	0.9787	175422
ARIMA	0.995	14710	0.9980	0.187	0.9998	8031

Abbildung 5.6: Ergebnisse der ARIMA-Prozesse und der neuronalen Netze

Abbildung 5.7 stellt wiederum beispielhaft die von den beiden Verfahren erzielten Prognosen für die prozentuale Arbeitslosenzahl graphisch dar.

Es läßt sich feststellen, daß die neuronale Netze mit einem autoregressiven Ansatz schlechter in der Anpassungsgüte der Trainingsmenge und in der Prognose sind als die ARIMA-Prozesse. Dies kann seine Ursache darin haben, daß den verwendeten neuronalen Netzen der moving-average-Anteil nicht zur Verfügung steht, der notwendig ist, wenn - wie bei den untersuchten Zeitreihen - die Autokorrelationen der Residuen sehr langsam abnehmen.

Erst rekurrente neuronale Netze könnten diesen Anteil modellieren. Die von Thiesing verwendeten neuronale Netze mit rekurrenter Struktur waren im allgemeinen denen ohne rekurrenter Struktur überlegen. Die Ursache könnte auch darin zu sehen sein, daß die Netze für die exemplarischen Modelle die vorwiegend lineare stochastische Struktur nicht hinreichend abgebildet haben, d.h. je linearer der Zusammenhang zwischen exogenen und endogenen

---

[195] siehe Thiesing, (1998)

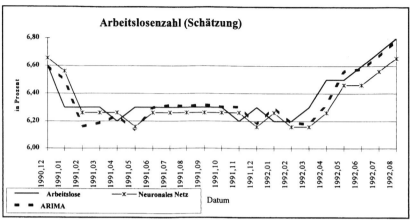

Abbildung 5.7: Graphische Darstellung der Ergebnisse

Variablen ist, desto geeigneter erscheinen herkömmliche, statistische Modelle, da diese stets im linearen Raum das globale Fehlerminimum finden, jedoch der Backpropagation-Algorithmus auf Grund der lokalen Gradientensuche im nicht-linearen Raum auf einem suboptimalen Minimum verharren kann.

Um die Prognoseeigenschaften von dem neuronalen Netz und den ARIMA Modellen validieren zu können, wurde neben der Ein-Schritt-Prognose noch eine Zwei- und Drei-Schritt-Prognose durchgeführt. Abbildung 5.8 faßt die Ergebnisse zusammen, wobei die Summen der Residuen dargestellt sind.

	BSP	Arbeitslosenzahl	Arbeitnehmerzahl
Neuronale Netze (t+2)	70001	0.205	119533
ARIMA (t+2)	20796	0.520	28535
Neuronale Netze (t+3)	52541	1.070	83009
ARIMA (t+3)	44328	2.538	89892

Abbildung 5.8 Zwei- und Drei-Schritt-Prognoseergebnisse

Man kann feststellen, daß auch hier die neuronalen Netze denen eines ARIMA-Modells unterlegen ist. Bis auf die Zeitreihe der Arbeitslosenzahl waren die prognostizierten Ergebnisse deutlich schwächer als die vergleichbaren ARIMA-Modelle. Dies mag auch daran liegen, daß den neuronalen Netzen die gleiche Lag-Struktur gewählt wurde, wie die der ARIMA-Prozesse. Die Auswahl der Ordnung des Prozesses erfolgte jedoch mit den bekannten linearen Verfahren. Beiden Verfahren sollte stets die gleiche Information zur Verfügung stehen.

5.5 Zusammenfassung

In diesem Kapitel wurde die Verwendung neuronaler Netze zur Prognose volkswirtschaftlicher Zeitreihen dem Bruttosozialprodukt, der prozentualen Arbeitslosenzahl und der absoluten Arbeitnehmerzahl untersucht und mit entsprechenden klassischen Prognoseverfahren verglichen. Es zeigte sich, daß die entwickelten Backpropagation-Netze für alle drei Schätzungen bessere Ergebnisse als lineare Regressionsverfahren, aber schlechtere als ARIMA-Modelle produzieren.

Neuronale Netze weisen den Vorzug auf, keine a priori Annahmen über das verwendete Modell zu verlangen. Die Vorzüge kommen dort zur Geltung, wo keine von der ökonomischen Theorie bestimmten Kausalzusammenhänge vorgezeichnet und die Modelle nicht-linearer Natur sind.

Kapitel 6

Neuronale Netze zur Renditeschätzung von Aktien nach dem CAPM - Kapitalmarktmodell

6.1 Einleitung

Neuronale Netze wurden in verschiedenen Bereichen der Finanzwirtschaft bereits erfolgreich angewandt, um einerseits als nichtparametrische Verfahren den Aufwand für die bei herkömmlichen statistischen Methoden notwendige ökonomische Modellbildung zu vermeiden und andererseits, um nichtlineare Zusammenhänge adäquat modellieren zu können.[196] In diesem Kapitel wird die Verwendung von neuronalen Netzen zur Schätzung der Rendite von Aktien in Abhängigkeit von der Marktportfoliorendite innerhalb eines vereinfachten Capital Asset Pricing Modells[197] vorgestellt. In Kapitel 3 wurden bereits die Grundlagen und die lineare Gleichung, die dem CAPM zu Grunde liegen, erläutert. Da ein solches Kapitalmarktmodell lediglich lineare Zusammenhänge zwischen Aktien und Marktrendite unterstellt, können neuronale Netze aufgrund ihrer nichtlinearen Charakteristika nutzbringend angewandt werden.

Ein Backpropagation-Netz kann man immer dann einsetzen, wenn ein neuronales Netz mit Beispielen trainiert werden soll, um eine unbekannte Funktion möglichst gut zu approximieren. Um dem Problem des Verharrens des BP-Algorithmus in lokalen Minima zu begegnen, wurde der BP-Algorithmus so modifiziert, um die Wahrscheinlichkeit des Verharrens in einem lokalen Minima zu minimieren. Dabei wurden zwei Varianten des BP-Algorithmus verwendet:

a) das Netz von Kushner[198]
b) der Levenberg-Marquardt-Algorithmus[199] wurde auf ein neuronales Netz angewandt.

Vielfach finden zur Bestimmung der "optimalen" Anzahl der Neuronen in der verborgenen Schicht heuristische Verfahren Anwendung. Ist die Anzahl der Neuronen zu gering, kann das Modell einen möglichen nicht-linearen Verlauf nicht ausreichend nachbilden. Ist die Anzahl der Neuronen zu groß, so kann dies zum Overfitting[200] führen, d.h. das Modell ist im statistischen Sinne überspezifiziert. In diesem Kapitel wird eine heuristische Möglichkeit zur Bestimmung der Anzahl der verborgenen Neuronen mit Hilfe das Bayes'sche-Informationkriterium (BIC)[201] vorgestellt.

Die in diesem Kapitel präsentierten Ansätze wurden in Freisleben, Ripper, (1995) und (1997b) publiziert.

---

[196] Rehkugler, Zimmermann, (1994).
[197] siehe dazu Kapitel 3.
[198] siehe Kushner, (1987).
[199] siehe Press, (1994).
[200] Hertz, (1991)
[201] Gallant, (1992)

6.2 Schätzung des Beta-Faktors

Die übliche Vorgehensweise zur Schätzung des Beta-Faktors bzw. der erwarteten Rendite einer Aktie ist die Anwendung der Regressionsanalyse, um so die Parameter des Marktmodells anhand der vorangegangenen Zeitperioden zu berechnen und diese zur Schätzung für zukünftige Perioden verwenden zu können. Als Substitut für das Marktportfolio, das nicht beobachtet werden kann, wird im allgemeinen ein breiter Marktindex verwendet, wie z.B. der Deutsche Aktienindex (DAX), der als hinreichend effizientes Portfolio angesehen wird.[202] Roll und Ross wiesen bereits auf die Schätzproblematik eines ineffizienten Marktportefeuilles hin. Der als Surrogat verwendete Aktienindex ist in aller Regel nicht ex ante risikoeffizient und führt somit zu Verzerrungen bei der Ordinary Least Squares (OLS) Schätzung der Koeffizienten.[203] Für den hier verwendeten Ansatz ist dies nicht von Bedeutung, da lediglich der nichtlineare Zusammenhang zwischen dem Markt und der Aktienrendite aufgezeigt werden soll.

Um Aussagen über den zukünftigen Beta-Faktor einer Aktie zu treffen, kann man im Rahmen einer ex-post Analyse einen historischen Beta-Faktor aus vorherigen Renditen mit Hilfe von den in der linearen Regression gebräuchlichen OLS-Schätzverfahren[204] gewinnen und diesen als naiven, stationären Schätzwert für den zukünftigen zu erwartenden Renditeverlauf in Abhängigkeit von der Marktrendite verwenden.[205]

$$b_i = \frac{\sum_{t-1}^{n} r_{it} r_{mt} - \frac{1}{n}\left(\sum_{t-1}^{n} r_{it}\right)\left(\sum_{t-1}^{n} r_{mt}\right)}{\sum_{t-1}^{n} r_{mt} - \frac{1}{n}\left(\sum_{t-1}^{n} r_{mt}\right)^2}$$

Für den Ordinatenschnittpunkt bestimmt sich a_i[206] zu:

$$a_i = \frac{\sum_{t-1}^{n} r_{mt} - b_i \sum_{t-1}^{n} r_{it}}{n}$$

Die stetige Rendite $r_i(t)$ einer Aktie i zum Zeitpunkt t (und dadurch auch $r_m(t)$) wird wie folgt berechnet:[207]

$$r_{it} = \ln\left(\frac{K_{it} + D_{it}}{K_{it-1}}\right)$$

wobei $K_i(t)$ der Kurs und $D_i(t)$ der Dividendenabschlag der Aktie i zum Zeitpunkt t ist.

Die Anwendung parametrischer statistischer Verfahren ist eng gekoppelt mit der Existenz von ökonomischen Modellen. Neuere statistische nicht-parametrische Verfahren und neuronale Netze können ohne die Existenz eines detaillierten ökonomischen Modells eingesetzt werden,

---

[202] Dziedzina, (1987) und Hielscher, (1990).
[203] Hamerle, (1996).
[204] Bates, (1988).
[205] Peran, (1994).
[206] siehe dazu Kapitel 3.5
[207] Bodie, (1993).

da sie anhand von repräsentativen Beispieldaten selbst einen funktionalen Zusammenhang innerhalb des Datenmaterials aufbauen. Wendet man ein solches nicht-parametrisches Verfahren, die Nadaraya-Watson-Regression[208], als bivariates Modell mit einer exogenen und einer endogenen Variable auf die wöchentlichen Aktien- bzw. Marktrendite von den Unternehmen Schering, Continental[209], Deutsche Bank und Volkswagen beginnend vom 31. Jan. 1984 bis 17. Okt. 1995 an und stellt die Zusammenhänge graphisch in Form eines Scatterplots dar, so wird die nicht-lineare Beziehung beider Variablen deutlich (siehe Abbildung 6.1). Da die Nadaraya-Watson-Regression lediglich den bedingten Erwartungswert über eine festgelegte Bandbreite schätzt, ist sie nur ein deskriptives statistisches Verfahren und eignet sich nicht für die Prognose über eine Vielzahl von Datenpunkten. Sie dient hier daher lediglich zur Visualisierung möglicher Nicht-Linearitäten. In Fan/Müller (1994) wurde dieses Verfahren erfolgreich angewandt, um einen Zusammenhang zwischen Nettoeinkommen und Lebensmittelausgaben in Großbritannien zu modellieren.

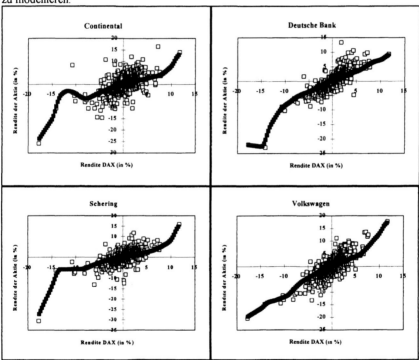

Abbildung 6.1: Ergebnis der Nadaraya-Watson Regression

Abbildung 6.1 verdeutlicht, daß die Renditen einem nichtlinearen Verlauf insbesondere für größere Marktrenditeveränderungen folgen. Ein lineares Modell zur Bestimmung der Unternehmensrendite aus der Marktrendite führt zur Fehlspezifikation, da nur für kleine Rendite-

---

[208] Härdle, (1995).
[209] Continental ist seit 1997 nicht mehr im DAX enthalten.

68

schwankungen des Marktes der Zusammenhang durch ein lineares Modell hinreichend erklärt wird. Für große Marktrenditeänderungen führt die lineare Modellierung für die Aktien der Deutschen Bank, Continental und Schering zur Fehlspezifikation des Modells. Die Marktteilnehmer haben in Phasen von großen Marktveränderungen eine von der "normalen" Erwartung stark abweichende Unternehmensrenditeerwartung. Die Grafiken verdeutlichen, daß ein nicht-linearer Verlauf vorliegt, und nicht-lineare Verfahren, wie sie neuronale Netze darstellen, daher einen umfassenderen Zusammenhang finden können. Für die Volkswagen-Aktie hingegen bleibt auch bei großen Marktveränderungen der weitgehend lineare Verlauf bestehen.

Wie bei allen Kernregressionsschätzern reagiert auch die Nadaraya-Watson-Regression relativ empfindlich gegenüber Ausreißern an den Datenrändern, da die Häufigkeit der Datenpunkte bei einer vordefinierten Bandbreite abnimmt (siehe Abbildung 6.1 für den Renditebereich von $R_m < -15\%$).

6.3 Modifikationen des BP-Algorithmus

Neben dem Standard-BP-Algorithmus wird eine Erweiterung des BP-Algorithmus durch Kushner[210] und ein neu entwickelter Ansatz basierend auf einem Vorschlag von White[211] verwendet, die im folgenden kurz erläutert werden. Um dem Problem des Verharrens des BP-Algorithmus in lokalen Minima zu begegnen, modifizierte Kushner den BP-Algorithmus so, daß er als eine Version des Simulated Annealing[212] angesehen werden kann. Die Iterationsvorschrift für die Aktualisierung der Gewichte der Schicht 1 weicht vom herkömmlichen BP-Algorithmus wie folgt ab:
$w_{ij}^{(l)}(t+1)= w_{ij}^{(l)}(t) + \alpha(t)(\delta_i^{(l)} y_j^{(l-1)}(t) + \zeta(t))$
Hierbei ist $\zeta(t)$ eine Sequenz von unabhängig identisch verteilten Zufallsvariablen und $\alpha(t)$ genügt der Bedingung $\alpha(t)=1/\log(t+1)$, d.h. daß zur Gewichtsveränderung additiv eine unabhängig identisch verteilte Zufallsvariable mit einer abnehmenden Amplitude hinzugegeben wird. In White (1989a) wurde gezeigt, daß obiges Verfahren sehr langsam konvergiert, aber qualitativ bessere Ergebnisse als der ursprüngliche BP-Algorithmus liefert. White (1989a,1989b) modifizierte diesen Algorithmus, indem er die von dem Algorithmus produzierten Gewichte als Anfangsinitialisierung eines globalen Newton-Raphson-Verfahrens[213] verwendete. Der in der vorliegenden Arbeit benutzte Algorithmus basiert auf der gleichen Idee, nur daß anstelle des Newton-Raphson-Algorithmus der Levenberg-Marquardt-Algorithmus[214] eingesetzt wird, da dieser robuster gegenüber Anfangsparameter ist, die relativ weit vom globalen Fehlerminimum entfernt sind.

Der Levenberg-Marquardt-Algorithmus ist ein nichtlineares Optimierungsverfahren zur Approximation einer unbekannten Funktion y=f(x). Im Gegensatz zum Backpropagation-Algorithmus werden die Gewichte w_{ij} als eindimensionaler Gewichtsvektor **w** zusammengefaßt. Der Algorithmus läßt sich in folgende Schritte unterteilen, wobei zur übersichtlichen Darstellung die Vektor- bzw. Matrizennomenklatur gewählt wurde.

1. Setze $\epsilon(t)$ und die Lernrate $\alpha(t)$ für t=0 auf einen kleinen positiven Wert.

[210] Kushner, (1987).
[211] White, (1989a), (1989b).
[212] Hertz, (1991).
[213] Lütkepohl, (1985).
[214] Flannery, (1989).

2. Initialisiere den Gewichtsvektor **w** mit zufälligen Startgewichten (hier die Gewichte aus dem Kushner-Netz)

3. Berechne für den Eingabevektor **x** den Ausgabevektor **y** des Netzes nach der Gleichung (5) des BP-Algorithmus.

4. Berechne den quadratischen Fehler $F=z^{(T)}z=(d-y)^{(T)}(d-y)$, wobei **d** der gewünschte Ausgabevektor ist.

5. Berechne numerisch die partielle Ableitung der Fehlerfunktion F bezüglich des Gewichtsvektors **w**, d.h. berechne die N x K Matrix $G=\partial F/\partial w$.

6. Berechne den Fehlervektor $\delta=-(G^{(T)}G+(1+\epsilon)\Psi G^{(T)})z$, wobei Ψ die Diagonalmatrix von $G^{(T)}G$ ist.

7. (a) Falls die Fehlerfunktion $F(w+\alpha(t)\delta(t))< F(w)$ ist, aktualisiere den Gewichtsvektor **w**(t) durch $w(t+1)=w(t)+\alpha(t)\delta(t)$ und $\epsilon(t+1)=0.4\cdot\epsilon(t)$.

(b) Falls die Fehlerfunktion $F(w(t)+\alpha(t)\delta(t)) > F(w(t))$ setze die Lernrate $\alpha(t+1)=0.5\cdot\alpha(t)$ und $\epsilon(t)=10\cdot\epsilon(t)$.

8. Starte wieder mit 3.bis alle partiellen Ableitungen bezüglich der Gewichte gleich Null sind.

Ähnlich dem Newton-Raphson-Algorithmus aktualisiert der Levenberg-Marquardt-Algorithmus den Gewichtsvektor **w** nur einmal pro Zyklus (sog. Batch-Lernen), d.h. der Gewichtsvektor wird nicht nach jedem Trainingsmuster korrigiert. Im Gegensatz zum BP-Algorithmus variiert die Lernrate $\alpha(t)$. In der Nähe des lokalen Minimums nimmt diese ab; nimmt der Fehler F zwischen zwei Iterationen zu, so wird die Lernrate halbiert, um ein "Überspringen" des lok. Minimums zu verhindern. Der Wert $\epsilon(t)$ steuert die "Genauigkeit" des Fehlervektors δ. Am Beginn der Iteration ist der Wert für $\epsilon(t)$ recht hoch, so daß der Wert der Diagonalmatrix Ψ dominant ist, d.h. nur der Gradient bestimmt den Fehlervektor δ. Je näher sich der Algorithmus dem lokalen Minimum nähert, desto kleiner wird $\epsilon(t)$ (und damit der Einfluß der Diagonalmatrix auf den Fehlervektor δ) und desto größer wird der Einfluß von $G^{(T)}G$.

6.4 Empirische Schätzung

Der empirischen Schätzung liegen 8 im DAX enthaltenen Aktien zugrunde, wobei die Auswahl anhand der Kapitalisierung im DAX erfolgte. Dabei wurden drei Aktien mit einer hohen, drei mit einer mittleren und zwei mit einer niedrigen Kapitalisierung gewählt (siehe Abbildung 6.2).

Aktie	Wertpapierkennnummer	Kapitalisierung im Dax per 29.02.1996
Deutsche Bank	804010	6.72%
Schering	717200	1 32%
Volkswagen	766400	3 47%
Continental	543900	0 43%
RWE	703700	6 00%
Commerzbank	803200	2 29%
Linde	648300	1 36%
Kaufhof	781900	1 10%

Abbildung 6.2 Untersuchte Aktien

Das Datenmaterial besteht aus den jeweiligen bereinigten Wochenkursen beginnend vom 31. Januar 1984 bis 17. Oktober 1995 und umfaßt insgesamt 611 Einzelwerte. Da Wochenwerte der Renditen im Vergleich zu Monatswerten tendenziell besser der bei der OLS-Schätzung geforderten Normalverteilung genügen, wurden diese verwendet. Es zeigte sich, daß die Verteilung eine leichte Kurtosis aufweist, d.h. die Verteilung ist stärker um den Mittelwert konzentriert und hat breitere Enden als die Normalverteilung. Dies sei hier aber vernachlässigt, so daß nicht von einer signifikanten Verzerrung des OLS-Schätzers ausgegangen wird. Für den Prognosezeitraum wurde die gleiche Verteilung der Renditen unterstellt wie im Trainings-zeitraum.

Die zur Verfügung stehenden Daten wurden in eine Trainingsmenge (559 Wochendaten beginnend mit dem 31. Januar 1984) und eine Prognosemenge (52 Wochendaten beginnend mit dem 25. Oktober 1994) unterteilt. Alle Datenwerte wurden auf das Intervall [0,1] skaliert.

Da es sich bei den untersuchten neuronalen Netzen um Netze mit drei Schichten handelt, die in der vorliegenden Anwendung jeweils über ein Eingabeneuron (für die Marktrendite) bzw. ein Ausgabeneuron (für die jeweilige Aktienrendite) verfügen, muß lediglich die Anzahl der Neuronen in der verborgenen Schicht bestimmt werden.

6.4.1 Netzwerkoptimierung mit Hilfe eines Informationskriteriums

Vielfach finden zur Bestimmung der "optimalen" Anzahl der Neuronen in der verborgenen Schicht heuristische Verfahren Anwendung. Ist die Anzahl der Neuronen zu gering, kann das Modell einen möglichen nicht-linearen Verlauf nicht ausreichend nachbilden. Ist die Anzahl der Neuronen zu groß, so kann dies zum Overfitting[215] führen, d.h. das Modell ist im statistischen Sinne überspezifiziert.

Eine mögliche Methode zur Bestimmung der Neuronenanzahl ist, daß aus den Trainings-daten eine kleine Menge von Daten zurückgehalten wird und die optimale Anzahl der verborge-nen Neuronen anhand der für diese Validierungsmenge erzielbaren Approximationsgüte bestimmt wird, in der Hoffnung, daß diese guten Approximationseigenschaften auch für die Prognose mit der gefunden Neuronenanzahl fortschreibbar sind. Es wird daher eine Zeitinvarianz unterstellt. Durch die Reduktion der Trainingsmenge wird hierbei allerdings auf mögliche Informationen verzichtet. Eine heuristische Möglichkeit zur Bestimmung der Anzahl der verborgenen Neuronen stellt das Bayes'sche-Informationkriterium (BIC).[216] Dabei muß die Trainingsmenge nicht reduziert werden, sondern die Anzahl der Neuronen wird in einem "Strafterm" abgebildet, so daß das BIC eine Funktion abhängig von der Anzahl P der Neuronen in der verborgenen Schicht und der Wurzel des mittleren quadratischen Fehlers (RMS) darstellt:

$$BIC = \tfrac{1}{2} \left(1 + \ln(2\pi) + 2\ln(RMS) + P\ln(n)/n \right)$$

Hierbei stellt n die Anzahl der Datenwerte dar. Der kleinste erzielbare BIC-Wert gibt einen guten Anhaltspunkt über die Anzahl der zu verwendenden Neuronen in der verborgenen Schicht. In dieser Arbeit wurde für die einzelnen Aktien jeweils von drei Testläufen der Mittelwert der drei BIC-Werte verwendet, um die "optimale" Anzahl der Neuronen unabhängig von der Anfangs-initialisierung zu bestimmen. Hieraus resultierte, daß für alle Netze lediglich 2 Neuronen in der verborgenen Schicht verwendet wurden, wobei das BIC auf die [0,1] Skalierung berechnet wurde.

---

[215] Hertz, (1991).
[216] Gallant, (1992).

6.4.2 OLS Schätzung

Als Vergleichskriterium für die Approximationsqualität in der Trainings- bzw. Prognosemenge wurden für alle untersuchten Verfahren das in der Statistik gebräuchliche Bestimmtheitsmaß[217] R^2 und die mittlere absolute Differenz (MAD)

$$MAD = \frac{1}{n} \sum_{t-1}^{n} | r_t(t) - \hat{r}_t(t) | \qquad mit \quad \hat{r}_t(t): \text{Schätzer für } r_t(t)$$

benutzt. Das Bestimmtheitsmaß R^2 gewichtet durch den quadratischen Term Ausreißer stärker als die MAD. Daher wurden beide Gütekriterien zur Beurteilung herangezogen.

Abbildung 6.3 faßt die Ergebnisse der OLS-Schätzung zusammen, wobei die letzte Spalte den Wert des Durbin-Watson-Tests (DW) zur Überprüfung der Autokorrelation der Ordnung 1 angibt.[218] Mit diesem Test werden die Autokorrelationen der Residuen der OLS- Schätzung auf Signifikanz überprüft; die Testgröße sollte einen Wert von 2 aufweisen, um die Existenz von Autokorrelationen ablehnen zu können.

Aktie	Training		Prognose		β_1	DW
	R^2	MAD	R^2	MAD		
Deutsche Bank	0.712	1.316	0.612	1.083	1.0656	1.803
Schering	0.433	1.842	0.266	1.805	0.8226	2.081
Volkswagen	0 646	1.952	0.674	1.675	1.2307	1.860
Continental	0.355	2.454	0.458	1.928	0.8948	2.083
RWE	0.389	3.365	0.604	2.950	0.6908	1.943
Commerzbank	0.635	3.140	0.684	2.294	1.0704	1.867
Linde	0.647	2.785	0.668	2.532	0.9616	2.074
Kaufhof	0.4190	4.317	0.485	3.893	0.8992	1.894

Abbildung 6.3: Ergebnisse der OLS-Schätzung

Aus obiger Abbildung kann anhand der β_i-Werte entnommen werden, daß die Volkswagen-Aktie ein höheres Risiko als der Markt aufweist, wohingegen das Risiko der Schering- und Continental-Aktie geringer als der Markt ist. Die Aktien der Deutschen Bank und der Commerzbank weisen fast einen Beta-Wert von 1 auf. Die Deutsche Bank Aktie hat von den betrachteten Aktien die höchste Marktkapitalisierung und hat damit eine hohe Korrelation mit dem DAX.

---

[217] zur Problematisierung des Bestimmtheitsmaßes siehe auch Kapitel 5.3.2
[218] Hartung, (1991).

6.5 Diskussion

Die neuronalen Netze wurden mit einer Lernrate von α= 0.8 über 5000 Zyklen trainiert. Abbildung 6.3 faßt die Ergebnisse prozentual in Relation zur OLS-Schätzung zusammen. Hierbei ist A1 der normale Backpropagation-Algorithmus, A2 die Erweiterung von Kushner und A3 der in Anlehnung an White mit dem Levenberg-Marquardt-Verfahren modifizierte BP-Algorithmus.

Aktie	Training		Prognose	
	$R^2[\%]$	MAD[%]	$R^2[\%]$	MAD[%]
Deutsche Bank (A1)	1.27	-1.83	5.31	-3.27
Deutsche Bank (A2)	1.02	-107	10.75	-6.56
Deutsche Bank (A3)	2.24	-1.82	8.16	-3.87
Schering (A1)	3.78	-0.72	9.73	-2.04
Schering (A2)	3.51	-0.04	9.62	-2.52
Schering (A3)	10.16	-2.28	9.77	-3.10
Volkswagen (A1)	-0.06	-0.03	3.11	-3.22
Volkswagen (A2)	-1.84	0.82	3.36	-4.31
Volkswagen (A3)	-0.15	0.10	5.19	-5.19
Continental (A1)	-3.94	0.80	7.90	-1.74
Continental (A2)	2.08	-0.19	8.25	-2.21
Continental (A3)	3.94	-0.52	9.82	-3.73
RWE (A1)	1.19	-0.60	5.43	-0.45
RWE (A2)	2.64	-1.30	6.01	-5.11
RWE (A3)	7.40	-1.23	7.61	-4.21
Commerzbank (A1)	1.39	-1.27	0.00	0.34
Commerzbank (A2)	1.69	-1.78	0.10	0.26
Commerzbank (A3)	2.17	-2.54	0.29	-0.10
Linde (A1)	0.00	1.10	1.32	-2.44
Linde (A2)	-0.04	1.00	3.29	-4.30
Linde (A3)	1.35	-0.60	3.40	-4.28
Kaufhof (A1)	1.19	-0.49	1.44	-1.56
Kaufhof (A2)	2.64	-2.69	4.84	-2.44
Kaufhof (A3)	3.57	-1.73	5.11	-2.47

Abbildung 6.4: Ergebnisse der Schätzungen

Für die neuronalen Netze zeigt sich, daß die Ergebnisse denen der linearen Regression überlegen sind, da in nahezu allen Fällen die durch R^2 repräsentierte Erklärungskraft der Modelle höher und der durch MAD dargestellte Fehler geringer ist. Die besten Ergebnisse werden von dem neu vorgeschlagenen Algorithmus (A3) erzielt; eine Verringerung der MAD um etwa 3 bis 5% in der Prognose kann insbesondere in Phasen großer Marktrenditeveränderungen zu einem signifikanten finanziellen Gewinn führen. Abbildung 6.5 stellt beispielhaft die mit A3 prognostizierten Renditen der jeweiligen Aktie (Kurve) in Relation zur Rendite des DAX dar.

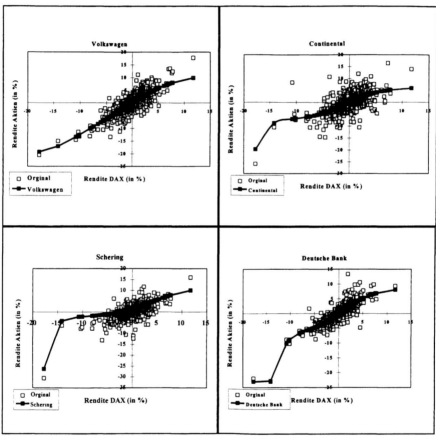

Abbildung 6 5: Nichtlinearer Renditezusammenhang

Hierbei wird deutlich, daß für die Deutsche Bank-Aktie die Nicht-Linearität vorwiegend für große Marktveränderungen zum Tragen kommt. Im mittleren Bereich (zwischen -4% und +4%) verhält sich die Deutsche Bank Aktie weitgehend linear, wohingegen sie für größere positive Marktveränderungen unterproportionales Risiko aufweist. Das Risiko der Aktie steigt bei großen negativen Marktveränderungen. Der Beta-Faktor der OLS-Schätzung überzeichnet daher für große positive Marktveränderungen das Risiko Die Schering-Aktie ist für negative

Marktveränderungen weitgehend unabhängig vom DAX (fast ein waagrechter Verlauf zwischen -13% und -4%) und wird mit zunehmend positiven Marktveränderungen sensibler gegenüber dem Index. Der Beta-Faktor gibt daher nur für positive Renditeänderungen den Verlauf hinreichend exakt wieder, für starke Marktverluste wird die Renditeveränderung der Schering-Aktie überzeichnet. Einen ähnlichen Verlauf weist die Continental-Aktie auf.

Die Volkswagen-Aktie weist nur leichte Nicht-Linearitäten auf, so daß die neuronalen Netze den Verlauf nicht exakter abbilden können als die lineare Regression. Dies zeigt sich auch anhand der Ergebnisse aus Abbildung 6.4. Die neuronalen Netze besitzen keine höhere Erklärungskraft als die lineare Regression. Es liegen, wie die Nadaraya-Watson-Regression schon zeigte, kaum Nicht-Linearitäten vor, so daß nichtlineare Verfahren ebenfalls nur einen linearen Verlauf der Volkswagen-Aktie nachzeichnen können.

6.6 Zusammenfassung

Bei den durchgeführten Untersuchungen zeigte sich, daß die von den verwendeten neuronalen Netzen erzielten Ergebnisse denen der linearen Regression überlegen sind, da sie die in den Daten enthaltenen nicht-linearen Strukturen adäquat modellieren können. Die von vielen Praktikern beobachteten nichtlinearen Zusammenhänge können mit Hilfe von neuronalen Netzen aufgezeigt werden. Liegt jedoch ein linearer Zusammenhang vor, so können neuronale Netze keine besseren Ergebnisse liefern als bekannte lineare Verfahren.

Kapitel 7

Schätzung der Volatilität mit neuronalen Netzen

7.1 Einleitung

In Kapitel 2 wurde beschrieben, daß mehrschichtige Netze dazu verwendet werden können, eine Funktion f: $R^N \rightarrow R^M$ zwischen einer gegebenen Menge von Ein-/Ausgabe-Paaren zu approximieren. In diesem Kapitel soll ein Ansatz zur Schätzung der Volatilität vorgestellt werden, mit dem die konditionale Varianz, d.h. der zeitliche Verlauf der Volatilität analysiert werden kann. Die Anwendungen in Kapitel 5 beschränken sich auf die Prognose des Funktionswertes bzw. des Erwartungswertes, d.h. das erste Moment der Verteilung wurde geschätzt. Da die Volatilität als zweites Moment der Verteilung aufgefaßt werden kann, eignen sich die im Kapitel 2 skizzierten Netze nicht, um die konditionale Varianz zu bestimmen. Es wurde daher ein Netz entwickelt, das über eine Verteilungsannahme der Grundgesamtheit der Daten die Volatilität bestimmen kann. Dazu wurde der Backpropagation-Algorithmus und die Regeln der Anpassung der Gewichte modifiziert.

Volatilität kann im Gegensatz zur Rendite nicht auf dem direkten Wege gemessen werden. Sie muß deshalb mit Hilfe geeigneter Methoden geschätzt werden.[219] Obwohl zahlreiche Ansätze der Investmenttheorie[220] eine konstante Volatilität annehmen, z.B. das Optionspreismodell von Black und Scholes, weisen empirische Untersuchungen von Finanzmärkten übereinstimmend auf zeitlich wechselnde Volatilitäten hin.[221] Die Präsenz von charakteristischen Mean Reverting[222] und Volatility Clustering Effekten auf Finanzmärkte wird in diesem Kapitel anhand von Beispielen belegt und dient als Basis für die Darstellung moderner Schätzverfahren.

Anhand einer exemplarischen Schätzungen - für den Renten- werden die Ergebnisse mit bekannten statistischen Verfahren analysiert, um eine quantitative Bewertung vornehmen zu können. Der Schätzung der Volatilität mit einem neuronalen Netz wurde eine bekannte Schätzmethode aus der Statistik gegenübergestellt, um einen Vergleich beider Verfahren durchführen zu können. Beide Ansätze erlauben es nicht nur, das dynamische Verhalten von Finanzmärkten empirisch zu erfassen, sondern ermöglichen darüber hinaus auch eine Prognose.

Für den Bundfuture konnten lediglich nur statistische Größen als Vergleich herangezogen werden. An der EUREX wird seit 1998 ein Finanzprodukt gehandelt, das als Grundlage die Volatilität des Aktienindex DAX® hat.

Da finanzwirtschaftliche Daten in der Regel nicht einer Normalverteilung unterliegen, soll in Kapitel 7.2 näher auf die Verteilung von Finanzdaten eingegangen werden, wobei dies exemplarisch anhand von DAX®-Optionen verdeutlicht wird. Das in der statistischen Literatur[223] bekannte AITKEN-Schätzverfahren wurde modifiziert, so daß es möglich ist, einen Volatilitätsfaktor zu bestimmen. Mit Hilfe dieses Faktors ist es möglich, das Black/Scholes-Modell zu

---

[219] Beckers, (1983)
[220] Black, (1973), und Tompkins, (1994)
[221] siehe Ripper, (1997c)
[222] siehe Ripper, (1998a).
[223] Rinne, (1976).

modifizieren. Die Schätzmethode kann auf alle europäische Optionen[224] übertragen werden. Um die Ergebnisse der Schätzungen der Volatilität anhand von neuronalen Netzen einordnen zu können, wird das Produkt VOLAX® in Kapitel 7.3 vorgestellt werden.

Die in diesem Kapitel präsentierten Ansätze zur Schätzung der Volatilität wurden in Freisleben, Ripper, (1996), (1997c) publiziert. Die Eigenschaften des VOLAX® wurden in Ripper, (1998a) und die Verteilungsproblematik von DAX®-Optionen in Ripper, (1997b), (1997c) veröffentlicht.

7. 2 Volatilität und Finanzprodukte

Kurse von Finanzinstrumenten unterliegen ständigen Preisschwankungen. Seit den Anfängen der modernen Portfoliotheorie von Markowitz ist man es gewohnt, in zwei Dimensionen zu denken. Zum einen betrachtet der Anleger die Rendite-, und zum anderen beschäftigt er sich mit der Risikokomponente. Die Volatilität ist eine Größe, welche die Preisschwankungen über einen bestimmten Zeitraum hinweg mißt. Je höher die Preisschwankungen und damit die Volatilität eines Finanzinstrumentes, desto höher ist das Risiko eines solchen Titels. Die Ursachen schwankender Volatilität auf den Finanzmärkten sind vielschichtig. So lassen sich extreme Kursausschläge in eine Richtung meist bestimmten Schlüsselereignissen zuordnen, die zu einer grundsätzlichen Neubewertung der aktuellen ökonomischen Situation und somit zu Umschichtungen bei vielen Finanzakteuren führen.[225] Wenn auf einen markanten Kursausschlag weiter Ausschläge mit wechselndem Vorzeichen folgen, ist dies ein Hinweis auf eine Überreaktion der Marktteilnehmer (z.B. die Aktienentwicklung im Oktober 1987).

Einer der Begründer der Chaostheorie, Benoit Mandelbrot,[226] hat bereits schon vor mehr als 30 Jahren auf eine inhärente Struktur des Marktgeschehens aufmerksam gemacht: Großen Veränderungen folgen meist weiter große Veränderungen, während kleinen Veränderungen überwiegend kleine Veränderungen vorangegangen sind. Dieses Phänomen wird gemeinhin als Volatility Clustering bezeichnet.

Im Zusammenhang mit der Begründung von Volatilitätsentwicklungen sind die sogenannten "Spill-over-Effekte", d.h. wechselseitige Abhängigkeiten der Volatilitätsentwicklung auf den Finanzmärkten zu beobachten. Insbesondere in unruhigen Phasen führen Turbulenzen an einem Markt zu einer allgemeinen Verunsicherung der Akteure an anderen Märkten. Diese Koppelung der Märkte ist beispielsweise anhand der Korrelation zwischen Aktien- und Rentenmarktturbulenzen im Jahr 1994 zu beobachten, die bis auf einen Wert von 90 % angestiegen ist.[227]

7.2.1 Verteilungsannahmen bei Kurszeitreihen

Seit der Veröffentlichung des Optionspreismodelles von Black und Scholes für europäische Optionen auf Aktien ist bekannt, daß der Wert einer Option von der Volatilität abhängig ist. Bei der Berechnung von Preisen für Standardoptionen an der EUREX spielt neben

---

[224] zur Unterscheidung von europäischen und amerikanischen Optionen siehe Tompkins, (1994).

[225] vgl. Bodie, (1993).

[226] "... large changes tend to be followed by large changes - of either sign - and small changes tend to be followed by small changes ...", Mandelbrot, (1963).

[227] vgl. Deutsche Bundesbank (1996).

den bekannten Parametern wie Restlaufzeit, Basispreis, Kurs des Basiswertes und dem Zinssatz für die Laufzeit der Option die Volatilität eine entscheidende Rolle. Diese ist ein Maß für die Schwankungen des Basiswertes in einer festgelegten Zeit. Je höher die Schwankungen, desto höher ist die Volatilität. Mit steigender Volatilität steigt auch die Prämie der Option, da die Wahrscheinlichkeit zunimmt, daß die Option "ins Geld läuft".[228] Für den Optionsstillhalter steigt daher das Risiko, daß die Option einen inneren Wert erhält und er seinen Zahlungsverpflichtungen nachkommen muß. Er verlangt somit eine höhere Prämie. Zwischen dem Optionspreis und der Volatilität besteht somit ein positiver Zusammenhang. Darüber hinaus gilt, daß je länger die Restlaufzeit einer Option, desto stärker ist der Einfluß der Volatilität auf den Optionspreis. Optionen am Geld werden stärker von Volatilitätsänderungen beeinflußt als Optionen im und aus dem Geld.

Eine in der Praxis häufig verwendete Formel zur Bestimmung von Optionspreisen ist die Formel von Black und Scholes (BS-Formel).[229]

$$C = S\ N(d1) - Xe^{-r(T-t)}\ N(d2) \quad mit:$$

$$d1 = \frac{\ln(S/X) + (r + \sigma^2/2)\ (T-t)}{\sigma\sqrt{T-t}} \quad und \quad d2 = d1 - \sigma\sqrt{T-t}$$

C: Preis des Calls X: Strike-Preis der Option r: risikoloser Zinssatz
$N(.)$: Wert der Verteilungsfunktion der Standardnormalverteilung an der Stelle $(.)$
S: Preis des zugrundeliegenden Kassamarktinstrumentes
σ: Volatilität des Kassamarktinstrumentes
T: Fälligkeit der Option   und $(T-t)$: Restlaufzeit der Option

Hinsichtlich des Kursverlaufs des Underlying basiert das Black-Scholes-Modell auf der Annahme, daß der Kurs des Basiswertes einem geometrischen Wiener-Prozeß folgt.[230] Bei diesem Prozeß sind die kurzfristigen Renditen normalverteilt. Ihre Volatilität wird bei BLACK und SCHOLES (1973) pro Zeitintervall und im Zeitablauf als konstant vorausgesetzt. Somit unterstellt die BS-Formel als Ergebnis eine symmetrische logarithmische Normalverteilung, kurz Lognormalverteilung, der Kurse des Basiswertes. Die Einflußfaktoren Laufzeit, Basispreis und Zinssatz sind am Markt direkt zu beobachten und daher einfach zu quantifizieren. Die Bestimmung der Volatilität ist aufwendiger. Im allgemeinen unterscheidet man zwei Ansätze: die implizite und die empirisch geschätzte Volatilität. Unter letzterer subsumiert man die historische Volatilität sowie die mit Hilfe von statistischen Modellen, z.B. aus der Familie der GARCH-Modelle/Neuronale Netze[231], geschätzte Volatilität. Gemeinsam ist beiden, daß sie aus der Zeitreihe der historischen Kurse des zugrundeliegenden Kassamarktinstrumentes berechnet werden. Im Unterschied zur historischen ist die implizite Volatilität am Markt beobachtbar. Sie entspricht derjenigen Volatilität, die bei einem unterstellten Optionspreismodell bei gegebenem Basispreis, Preis des Underlyings, Laufzeit und Zinssatz den theoretischen Preis der Option mit dem gehandelten Preis

---

[228] vgl Leippold, (1997).
[229] Vgl. Black, Scholes, (1973).
[230] Die Prämissen der Black-Scholes-Formel werden bei Hull, (1993) ausführlich erlautert.
[231] Ein umfangreicher Uberblick findet sich bei Enders, (1995), Zagst, (1996) sowie Engle, (1982). Anwendungen finden sich bei Rock, (1997).

in Übereinstimmung bringt. In diesem Beitrag wird zur Berechnung der impliziten Volatilitäten das BS-Modell unterstellt. Aus ihr kann die implizite Volatilität nicht durch algebraische Auflösung gewonnen werden, sondern nur mit Hilfe von numerischen Algorithmen kann eine Lösung gefunden werden.[232]

Während das BS-Modell von einer bekannten und zudem über die Laufzeit hinweg konstanten Volatilität des zugrundeliegenden Prozesses ausgeht, weicht die Praxis jedoch erheblich von dieser Theorie ab. Für eine Optionsgattung, d.h. Optionen auf den gleichen Basiswert, wird im allgemeinen von den Marktteilnehmern für jeden Basispreis und für jede Laufzeit eine unterschiedliche implizite Volatilität angenommen.[233] Dieser Sachverhalt existiert nicht nur bei DAX®-Optionen. Auch für amerikanische und andere europäische Optionsmärkte konnten vergleichbare systematische Abweichungen der impliziten Volatilitäten von Optionen unterschiedlicher Basispreise beobachtet werden.[234]

7.3. Empirische Schätzung des Volatilitäts-Smile

Zur Untersuchung dieser Anomalie wurde auf die Daten der 1, 2 und 3-Monats DAX®-Optionen an der EUREX zurückgegriffen. Die Historie umfaßte die Jahre 1995 und 1996. Es standen jeweils für Calls und Puts ca. 15000 Settlement-Preise der Optionen zur Verfügung. Für jeden Handelstag wurde zunächst eine at-the-money Option[235] bestimmt. Diese definiert sich als diejenige Option einer vorgegebenen Laufzeit, deren Strike-Preis[236] dem Schlußkurs des IBIS-DAX® des gleichen Tages am nächsten lag.[237] In die Untersuchung werden für jede Laufzeit alle gehandelten Kontrakte einbezogen, mit den drei jeweils höheren und niedrigeren Strike-Preisen.[238] Daher ergeben sich pro Handelstag 3 Datensätze für Puts und Calls mit je 7 Optionen, eine at-the-money, drei out-of-the money und drei in-the-money. Die Optionsdaten werden anschließend, jeweils für Puts und Calls nach der Restlaufzeit in Klassen eingeteilt. Mit dieser Vorgehensweise ist sichergestellt, daß einerseits in jeder Klasse nur gleichartige Optionsdaten vorhanden sind, andererseits in jeder Klasse genügend Daten zur Durchführung

---

[232] Approximationsformeln zur Berechnung der impliziten Volatilität zeigt Corrado, Miller (1996). Zur numerischen Berechnung der impliziten Volatilität wird sehr häufig das Näherungsverfahren von NEWTON/RAPHSON verwendet. In diesem Kapitel wurde jedoch der VAN WIJNGAARDEN-DEKKER-BRENT Algorithmus verwendet, da dieser die partielle Ableitung der Optionspreisformel nach der Volatilität nicht benötigt.

[233] Zur Fristenstruktur der impliziten Volatilität siehe Werner, (1997). In diesem Kapitel wird dieser Sachverhalt nicht weiter problematisiert.

[234] Für einen knappen Überblick über die von verschiedenen Autoren durchgeführten Studien siehe Mayhew, (1995).

[235] Der Preis des Basisinstrumentes liegt sehr nahe am Basispreis.

[236] Der Strike-Preis ist der Basispreis der Option. siehe dazu Tompkins, (1994).

[237] Der Schlußkurs des IBIS-DAX® wird börsentäglich um 17:00 festgestellt. An diesem Kurs orientiert sich auch der Settlement-Preis der DAX®-Optionen an der EUREX, die ebenfalls bis 17:00 gehandelt werden.

[238] An der EUREX werden die Basispreise der DAX®-Optionen in einer festen Abstufung von 25 Basispunkten festgelegt. Die Einführung neuer Basispreise folgt einem Reglement in Abhängigkeit vom jeweiligen DAX®-Schlußkurs. Da dadurch jedoch nicht sichergestellt ist, daß zu jedem Zeitpunkt drei Optionen existieren, deren Basispreis über bzw. unter dem der at-the-money-Option liegt, werden fehlende Optionen nicht berücksichtigt.

einer Schätzung existieren.

Abbildung 7.1 veranschaulicht den Smile-Effekt exemplarisch für an der EUREX gehandelte Call-Optionen mit einer Restlaufzeit zwischen 10 und 6 Tagen. Auf der Abszisse ist das Verhältnis des Basispreises der Option zum Schlußkurs des IBIS-DAX® abgetragen. Ist der Wert größer als eins, bedeutet dies, daß die Option aus dem Geld ist, d.h. keinen inneren Wert hat. Ist der Wert kleiner als eins, so ist die Option in-the-money und weist demnach einen inneren Wert auf. Je kleiner dieses Zahlenverhältnis ist, desto weiter ist die Option "im Geld". Auf der Ordinate ist das Verhältnis der impliziten Volatilität der Call-Option zu der impliziten Volatilität der at-the-money Call-Option abgetragen.

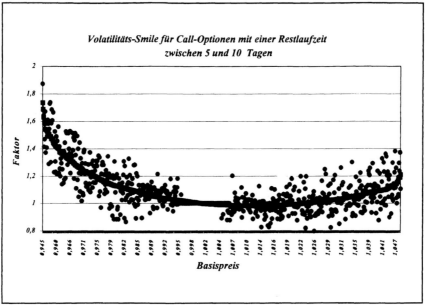

Abbildung 7.1: Scatterplot des Volatilitäts-Smile

Wie aus Abbildung 7.1 ersichtlich, weist der Scatterplot eine leichte Krümmung auf. Daher nennt man die Struktur der impliziten Volatilitäten über die Basispreise von Optionen in der Praxis kurz "Smile" oder "Volatilitäts-Smile".

Zur Schätzung des Volatilitäts-Smiles bevorzugt Tompkins (1994) eine Mittelwertbildung über vordefinierte Klassen. Dabei bestimmt sich eine Klasse sowohl durch einen Laufzeitbereich als auch durch einen Bereich der normierten Basispreise.[239] Wie bei Klassenbildung üblich, stößt diese Methode an ihre Grenzen bei schwach besetzten Klassen und in dem Grenzbereich zweier Klassen. Daneben sind, im Gegensatz zu Schätzverfahren, nur eingeschränkt Teststatistiken anwendbar, so daß Verzerrungen unvermeidlich sind.

Im Gegensatz zur Bildung des Mittelwertes innerhalb einer Klasse wird in diesem

---

[239] Tompkins, (1994) verwendet 8 Restlaufzeitklassen (96 bis 5 Tage) und 21 Basispreise. Daher ergeben sich 168 Klassen.

Beitrag ein Schätzverfahren präferiert. Aus Abbildung 7.1 ist schon visuell zu erkennen, daß auf Grund der eingeführten Normierung die Varianz der Störvariablen für in und out-of-the-money Optionen stark zunimmt. Um die Hypothese der Heteroskedastizität zu stützen, wurde ein BREUSCH-PAGAN-Test implementiert.[240] Dieser Lagrange-Test zeichnet sich durch eine hohe Robustheit gegenüber möglichen Heteroskedastizitätsformen aus.[241] Unter der Nullhypothese ist die Teststatistik asymptotisch χ^2-verteilt. Für die normierten Optionspreise mit einer Restlaufzeit von 10 bis 6 Tagen (Abbildung 7.1) ergibt sich eine χ^2-Teststatistik von 600. Der tabellierte Wert ist $\chi^2(0,99)=9,21$, so daß die Hypothese der Homoskedastizität abgelehnt werden muß.[242]

Diese Heteroskedastizität muß bei einer adäquaten Schätzung berücksichtigt werden[243]. Um diesem Sachverhalt gerecht zu werden, wurde eine restringierte, verallgemeinerte Methode der kleinsten Quadrate nach AITKEN verwendet.[244] Das verwendete Verfahren erlaubt auch bei Zunahme der Varianz der Störvariablen einen erwartungstreuen Schätzer. Herkömmliche OLS-Schätzer sind bei heteroskedastischen Störvariablen weniger effizient.[245]

Formal basiert die Schätzung auf folgender Gleichung für den Parametervektor $\beta=(\beta_1,..\beta_K)$:

$$\beta = (X'H'HX)^{-1} X'H'Hy$$

mit **X** als Matrix der exogenen Variablen und dem endogenen Vektor $\mathbf{y}=(y_1,..y_T)$.

Die Transformationsmatrix **H** stellt sicher, daß im Falle heteroskedastischer Störvariablen die GLS[246] zu einem linearen und unverzerrten Schätzer führt. Zur Bestimmung dieser Transformationsmatrix wird jedoch eine a priori Information über die Struktur der Varianzen der Störvariablen vorausgesetzt. Sind diese nicht bekannt, so müssen aus der Stichprobe im Umfang T neben den K Regressionskoeffizienten noch T Varianzen, also T + K Unbekannte, geschätzt werden.

Daß dies ohne stark vereinfachende Annahmen für die Struktur der Varianzen nicht möglich ist, bedarf hier keiner weiteren Problematisierung. Gewöhnlich unterstellt man einen linearen Zusammenhang zwischen der Varianz der Störvariablen und dem Niveau der Exogenen. Aus der visuellen Inspektion kann dieser Zusammenhang jedoch nicht unterstellt werden, da auf Grund der Normierung die Varianz der Störvariablen bei at-the-money Optionen sehr gering ist und für deep out- und in-the-money Optionen ansteigt. Es wurde daher ein quadratischer Zusammenhang der Varianz formuliert, wobei der Scheitelpunkt der Parabel stets der at-the-money Punkt ist.

---

[240] Siehe Breusch, Pagan, (1979).

[241] Da die Varianz auf Grund der Normierung jeweils symmetrisch um die at-the-money Option ist, eignet sich der GOLDFELD-QUANDT Test weniger. Da dieser Test den Datensatz in zwei Gruppen unterteilt, eignet sich der Test vorwiegend bei einer einseitigen Zunahme der Varianz.

[242] Für alle Restlaufzeitklassen (Abbildung 7.3) muß die Nullhypothese mit einem Signifikanzniveau von 1% abgelehnt werden.

[243] siehe Rinne, (1976).

[244] Für eine ausführliche Darstellung siehe Judge, (1985).

[245] vgl. Assenmacher, (1984).

[246] Eine ausführliche Beschreibung des Algorithmus findet sich bei Press, (1994).

$$\sigma_t^2 = c \cdot t^2 \quad mit: \ t \in [-1, 1]$$

Um die out/in-the-money Optionen anhand der at-the-money Option bewerten zu können, muß die Schätzung auf einen Bezugspunkt normiert werden. Daher ist neben obiger Formulierung noch sicher zu stellen, daß die Schätzung für die at-the-money Option stets für den Abszissenwert von 1 einen Ordinatenwert von 1 aufweist. Folgende Restriktion stellt diese notwendige Bedingung sicher:

$$\sum_{i=1}^{A} \beta_i = 1$$

Exemplarisch sind die Koeffizienten für den Volatilitäts-Smile für Call-Optionen mit einer Restlaufzeit von 64 bis 47 Tagen angeführt bei einer quadratischen Spezifikation mit c=1 und einer unterstellten quadratischen Abhängigkeit der Varianzen.

	Koeffizienten	Standardfehler	oberes Konfidenz-intervall	unteres Konfidenz-intervall
Konstante	22,677	0,636	21,428	23,925
Linear	-39,74	1,272	-42,244	-37,253
Quadratisch	18,07	0,636	16,824	19,319

Tabelle 7.2: Geschätzte Koeffizienten

Für diese Restlaufzeitklasse wurde das Bestimmtheitsmaß R^2 berechnet. Das relativ hohe Bestimmtheitsmaß von 0,89 und die Signifikanz der einzelnen Parameter sind ein Maß für die Güte der Schätzung.

Anhand der Koeffizienten der GLS-Schätzung kann für vordefinierte Basis-preisrelationen[247] und Restlaufzeiten eine Volatilitätsmatrix bestimmt werden. Für jede Restlaufzeit und jedes Verhältnis zwischen Basispreis der Option und Schlußkurs des IBIS-DAX® ergibt sich in Relation zur at-the-money Call-Option der geschätzte Volatilitätsfaktor der out/in-the money Option aus der Abbildung 7.3. Für jeden Faktor ist das 95% Konfidenzintervall der Schätzung aus der Abbildung 7.3 zu entnehmen.

---

[247] Die Basispreisrelationen von 0,95 bis 1,05 wurde in Anlehnung an Tompkins, (1994) gewählt Prinzipiell können die Abstufungen auf Grund der Schätzung beliebig fein gewählt werden

82

	95-81 Tage	80-65 Tage	64-47 Tage	46-33 Tage	32-19 Tage	18-11 Tage	10 - 6 Tage	5-1 Tage
0,95	1,185 ±0,0037	1,194 ±0,0038	1,225 ±0,0068	1,253 ±0,0105	1,329 ±0,020	1,466 ±0,043	1,733 ±0,112	2,734 ±0,804
0,96	1,114 ±0,0027	1,150 ±0,0028	1,174 ±0,0049	1,194 ±0,0077	1,248 ±0,014	1,343 ±0,031	1,525 ±0,082	2,199 ±0,590
0,97	1,104 ±0,0018	1,109 ±0,0019	1,125 ±0,0033	1,139 ±0,0052	1,173 ±0,0099	1,233 ±0,021	1,343 ±0,055	1,745 ±0,399
0,98	1,067 ±0,001	1,070 ±0,0011	1,080 ±0,0020	1,088 ±0,0031	1,107 ±0,0059	1,138 ±0,012	1,193 ±0,033	1,387 ±0,237
0,99	1,032 ±0,0005	1,033 ±0,0005	1,038 ±0,0009	1,041 ±0,0014	1,049 ±0,0027	1,060 ±0,0058	1,078 ±0,015	1,136 ±0,107
1	1	1	1	1	1	1	1	1
1,01	0,970 ±0,0005	0,969 ±0,0053	0,965 ±0,0009	0,963 ±0,0014	0,960 ±0,0027	0,958 ±0,0057	0,960 ±0,014	0,982 ±0,103
1,02	0,943 ±0,0010	0,941 ±0,0011	0,935 ±0,0020	0,935 ±0,0032	0,930 ±0,0059	0,934 ±0,012	0,958 ±0,032	1,078 ±0,225
1,03	0,918 ±0,0018	0,916 ±0,0019	0,908 ±0,0033	0,904 ±0,0053	0,908 ±0,0098	0,927 ±0,020	0,992 ±0,054	1,284 ±0,376
1,04	0,895 ±0,0027	0,893 ±0,0028	0,884 ±0,0049	0,881 ±0,0079	0,894 ±0,014	0,936 ±0,030	1,057 ±0,080	1,585 ±0,557
1,05	0,874 ±0,0036	0,871 ±0,0039	0,862 ±0,0067	0,861 ±0,010	0,886 ±0,020	0,957 ±0,042	1,149 ±0,109	1,969 ±0,762

Abbildung 7.3: Geschätzte Volatilitätsfaktoren inkl. 95% Konfidenzintervall von Call-Optionen für den Zeitraum 1995-1996.

Aus der Abbildung 7.3 ist ersichtlich, daß die geschätzte implizite Volatilität für out-of-the-money Calls mit einer Restlaufzeit von 5 bis 1 Tagen bis zum Faktor 2 höher ist als die implizite Volatilität der at-the-money Optionen. Für kurze Restlaufzeiten (geringer als 10 Tage) wird im statistischen Mittel eine Prämie für Call- und Put-Optionen (Abbildung 7.4), die deep out-of-the-money und deep in-the-money sind, verlangt. Für Optionen mit einer Restlaufzeit von mehr als 18 Tagen sind die out-of-the-money DAX®-Optionen hingegen preiswerter als die in-the-money Optionen. Der Smile ist umso ausgeprägter, je kürzer die Restlaufzeit einer Option ist.

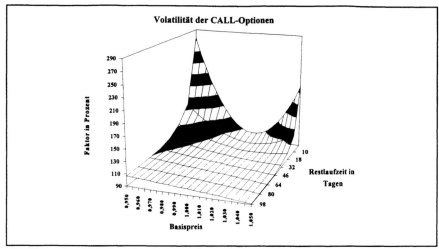

Volatilität der CALL-Optionen

Abbildung 7.4: Volatilitätsfaktor der Call-Option in Abhängigkeit des Basispreises und der Restlaufzeit

7.3.1 Mögliche Erklärungsansätze für den Smile

Die Ursachen des Smile-Effektes können vielfältiger Natur sein.[248] Aus Abbildung 7.4 ist zu entnehmen, daß mit Abnahme der Restlaufzeit der Smile-Effekt zunimmt. Kurzlaufende Optionen besitzen einen geringen Zeitwert. Andererseits können jedoch nur ganzzahlige Kurse gestellt werden. Unter Berücksichtigung des Preisbildungsprozesses führt diese "Rundungsproblematik"[249] bezogen auf den Zeitwertanteil zu einer erheblichen Verzerrung der impliziten Volatilität für dieses Laufzeitsegment.[250] Die Preisänderung um volle Einheiten führt zu erheblichen Sprüngen in der impliziten Volatilität. Dies wird aufgrund der im Verhältnis zum Kurs hohen Transaktionskosten begünstigt, da mögliche Arbitrageure nur bei sehr starken Verzerrungen am Markt agieren können.

Eine modelltheoretisch fundierte Erklärung für das Smile-Phänomen ist, daß die Marktteilnehmer bezüglich des Preisverhaltens des DAX® keine normalverteilten Renditen und somit keine Lognormalverteilung der Kurse unterstellen.[251] Die Wahrscheinlichkeit des Auftretens hoher Kursausschläge ist deutlich größer als bei der von BLACK und SCHOLES unterstellten Verteilung. Im Vergleich zur Lognormalverteilung ist die reale Verteilung der Renditen daher stark leptokurtisch.[252] Dies würde jedoch unmittelbar zu einem symmetrischen Smile führen. Aus Abbildung 7.3 ist jedoch eine Asymmetrie der Preisfaktoren zu entnehmen. Dies bedeutet, daß

---

[248] Einen systematischen Literaturüberblick über die implizite Volatilität und den Smile-Effekt findet sich bei Mayhew, (1995).

[249] Siehe auch Herrmann, (1997).

[250] Dies ist auch unter dem Begriff "Ganzzahlenproblematik" bekannt. Siehe Tompkins, (1994) und Herrmann, (1997).

[251] siehe Tompkins, (1994) und Paulson, (1997)

[252] Zur Schätzung der Leptokurtosis siehe Sachs, (1992).

der Markt zusätzlich zur Leptokurtosis eine schiefe Verteilung unterstellt.[253] Die Wahrscheinlichkeit extremer täglicher Kursverluste ist größer als die von extremen Kursgewinnen. Beispielsweise bewerten die Marktteilnehmer die Wahrscheinlichkeit einer 20%igen Kurskorrektur
innerhalb eines Tages höher als diejenige für einen 20%igen Kursanstieg. Der Markt könnte noch
heute ein "Gedächtnis" bezüglich der Crashs von 1987 und 1989 aufweisen und daher eine
asymmetrische Verteilung unterstellen, die sich in der Strukur der Volatilität widerspiegelt. Die
Wahrscheinlichkeit eines Aktiencrashs schlägt sich in der impliziten Volatilitätsstruktur nieder,
und vom Käufer wird daher eine Prämie für deep out-of-the-money Put-Optionen verlangt. Die
implizite Volatilität einer Optionsgattung ist im Gegensatz zu den Annahmen des BS-Modells
daher nicht identisch für verschiedene Basispreise.

Für langlaufende DAX®-Optionen unterstellt der Markt hingegen eher eine dem
theoretischen Bewertungsmodell entsprechende Lognormalverteilung der Renditen. Der nur leicht
geneigte Verlauf der Kurve für langlaufende Optionen in Abbildung 7.3 unterstreicht diesen
Effekt. Für diese kann daher die BS-Formel zur Kalkulation des Optionspreises Verwendung
finden. In der Praxis wird jedoch noch häufig die BS-Formel zur Bewertung kurzlaufender
Optionen verwendet, da sich dieses Modell etabliert hat.

7.3.2 Implikationen des Volatilitäts-Smile

Eine mögliche Handelsstrategie, stets Optionen mit der geringsten impliziten Volatilität
zu kaufen und die mit der höchsten zu verkaufen, wird nicht entlohnt. Vielmehr sollten die
Optionen in Bezug zum Smile bewertet werden, um als preiswert oder teuer klassifiziert werden
zu können.

Implikationen hat der Smile für die Spezifikation des VOLAX®-Futures auf die implizite
Volatilität von DAX®-Optionen.[254] Aufgrund der Smile-Struktur der impliziten Volatilität ergibt
sich keine einheitliche implizite Volatilität für Optionen mit gleicher Restlaufzeit. Zur Lösung
der Smile-Problematik wird als Underlying für den Future die implizite Volatilität am at-the-
money-Punkt verwendet. Daher werden jeweils zwei Puts und zwei Calls am at-the-money-Punkt
zur Berechnung des VOLAX®-Futures herangezogen. Die implizite Volatilität bestimmt sich für
den VOLAX®-Future als der gewogene Durchschnitt der impliziten Volatilität dieser vier um den
at-the-money-Punkt liegenden Optionen mit gleicher Restlaufzeit.[255]

7.4 Der VOLAX

Da die Volatilität bisher nicht direkt handelbar war, hat die EUREX einen Future auf die
implizite Volatilität von DAX®-Optionen entwickelt. Bisher war es zwar über den Kauf und
Verkauf von Straddels[256] möglich, Volatilitäten zu handeln, doch aufgrund der Veränderung des
Basiswertes mußten die Optionen stets am at-the-money-Punkt adjustiert werden, um nicht
systematisch durch den Smile-Effekt verzerrt zu werden. Neben der hohen Umschlagshäufigkeit
dieser Volatilitätsstrategie, hat dies noch den Nachteil, daß sich die Restlaufzeit der Optionen
täglich verringert, und dadurch eine Veränderung der Volatilität verursacht wird. Um etwaige

---

[253] siehe Paulson, (1997).
[254] siehe Produkt und Konzeptbeschreibung VOLAX®-Future (1998).
[255] vgl. Werner, (1997).
[256] zu den einzelnen Optionen und den Kombinationen siehe Tompkins, (1994).

Prognosemodelle (GARCH-Modelle und neuronale Netze) auf ihre Güte zu validieren, eignete sich diese Handelsstrategie daher nicht. Der VOLAX®-Future erlaubt daher erstmals eine dirkete Validierung von Volatilitätsmodellen.

Der Future auf die impilizite Volatilität von DAX®-Optionen der EUREX berechnet sich aus der Gleichung:

$$\sigma_F = \sqrt{\frac{(T_i - T_n)\sigma_i^2 - (T_s - T_n)\sigma_s^2}{T_i - T_s}}$$

mit σ_s als implizite Volatilität des Volatilitätsindex mit der Restlaufzeit T_s, σ_i als implizite Volatilitätindex mit der Restlaufzeit T_i. Theoretisch ist die so berechnete Forward-Volatilität σ_F der theoretisch faire Kurs[257] für den Volatilitätsfuture mit einer Restlaufzeit von T_s.

Die Eigenschaften des VOLAX® lassen sich anhand von zwei Maßen charakterisieren, der Leptokurtosis und der Skewness. Die Leptokurtosis LT:

$$LT = \frac{\frac{1}{T}\sum_{t=1}^{T}(\ r(t) - \overline{r(t)}\ )^4}{\left(\frac{1}{T}\sum_{t=1}^{T}(\ r(t) - \overline{r(t)}\ )^2\right)^2} \qquad mit$$

$$r(t) = Ertrag\ ;\ \overline{r(t)} = Mittelwert\ von\ r(t);\qquad T = Anzahl\ der\ Datenwerte$$

kommt in einer stärkeren Konzentration der Realisationen um den Mittelwert und einer höheren Wahrscheinlichkeit für extreme Kursausschläge zum Ausdruck. Neben dieser Leptokurtosis ist die Verteilung bei finanzwirtschaftlichen Zeitreihen meist nicht symmetrisch um den Mittelwert, d.h. sie weisen eine Schiefe (Skewness) SK auf:

$$SK = \frac{\frac{1}{T}\sum_{t=1}^{T}(\ r(t) - \overline{r(t)}\ )^3}{\sqrt{\left(\frac{1}{T}\sum_{t=1}^{T}(\ r(t) - \overline{r(t)}\ )^2\right)^3}}$$

Für die von der EUREX für diese Arbeit zur Verfügung gestellten theoretischen Futurepreise für den Zeitraum von 1995 bis 1996 gibt die Abbildung 7.5 Aufschluß über die Verteilung der gehandelten Volatilität.

Mittelwert	16,41	Kurtosis	13,99
Skewness	0,855	Autokorrelationskoeffizient (t-1)	-18[258]

Abbildung 7.5 Ergebnisse der Schätzung

Die Eigenschaften des VOLAX® können zusammengefaßt werden:

---

[257] Der gehandelte Kurs kann jedoch temporär von dem fairen Kurs abweichen
[258] bei einem 1% Niveau statistisch signifikant.

a) Die Hypothese einer Normalverteilung der Volatilität muß aufgrund der hohen Skewness und Kurtosis abgelehnt werden.

b) Die täglichen Volatilitätsänderungen weisen im allgemeinen eine negative Autokorrelation auf, d.h. positiven Bewegungen der Volatilität folgen in der Regel negative Bewegungen derselben und umgekehrt.

7.5 Meßgröße der Volatilität

Die beobachtbaren Fluktuationen auf den Finanzmärkten, d.h. die Streuung der Kursveränderung, werden allgemein als Volatilität bezeichnet. Die Verwendung des Begriffs verdeckt allerdings, wie Volatilität in der Finanzwirtschaft zu bestimmen ist. Wird das Augenmerk auf die prozentuale Veränderung des Vermögenswertes, also den Return einer Anlage gerichtet, läßt sich damit allein die Stärke der Änderung auf verschiedenen Märkten direkt miteinander vergleichen. Um das generelle Ausmaß der dahinter stehenden Variabilität eines Marktes einzuschätzen, benötigt man jedoch eine zusätzliche Kennzahl für diese Variabilität, d.h. eine Maßzahl der Volatilität. Je nachdem, mit welchem Ansatz und mit welcher Berechnungsvorschrift die Streuung der Renditen beschrieben wird, kann sich daraus eine deutlich voneinander abweichende Darstellung der beobachteten Schwankungen ergeben. Generell betrachtet, handelt es sich um verschiedene Abschätzungen bzw. Kennzahlen, weil keine allgemeingültige Definition postuliert werden kann.[259] Im Gegensatz zu einer direkten Messung läßt sich eine ungleichmäßige Schwankung von Veränderungen über einen bestimmten Zeitraum hinweg nicht in einer einheitlichen Form fassen. Dementsprechend werden speziell auf dem Gebiet der Finanzanalyse unterschiedliche Konzepte verwendet. Eine Beschreibung und Einschätzung der Volatilität erfordert Verfahren, mit denen typische Fluktuationsprozesse akkurat erfaßt werden können. Weil sich aber keine direkte Meßvorschrift anbietet, müssen stattdessen geeignete Schätzverfahren verwendet werden bzw. es muß auf die implizite Volatilität zurückgegriffen werden.

7.5.1 Historische Volatilität

Die über einen längeren Zeitraum berechnete Standardabweichung für die Renditen gibt das Ausmaß an, in dem sich die Renditen über einen längeren Zeitraum hinweg bewegt haben. Aufgrund von Veränderungen im Zeitablauf kann die aktuelle Volatilität deutlich von einem längerfristigen Niveau abweichen. Um die Stärke der laufenden Variabilität besser erfassen zu können, wird daher die Länge des Beobachtungszeitraumes gekürzt. Anstelle einer übergreifenden Kalkulation errechnet man die Standardabweichung rollierend für einen fixe Zeitspanne. Die verkürzte historische Berechnungsbasis wird dabei stets zum aktuellen Beobachtungsrand hin verschoben. Formal basiert die historische Volatilität auf der Gleichung:

$$\sigma_t = \sqrt{\frac{1}{n} \sum_{t=t-n-1}^{t} (r(t) - \bar{r}(t))^2} \quad mit:$$

n = Anzahl der Beobachtungen für das gleitende Fenster
$\bar{r}(t)$ = Mittelwert der Rendite über das gleitende Fenster ; r(t) = Rendite

Eine Verwendung der über einen längeren Zeitraum deutlich schwankenden historischen

---

[259] vgl. Enders, (1995).

Volatilität ist für eine grundsätzliche strategische Allokationsentscheidung angemessen. Taktische Fragestellungen des aktiven Managements erfordern dagegen eine stärkere Orientierung am aktuellen Volatilitätsniveau. In Phasen kräftiger Marktbewegungen steigt die kurzfristige Volatilität weit über die längerfristige historische Volatilität, während bei Perioden gleichmäßiger Marktentwicklung die kurzfristige Volatilität unter dem längerfristigen Niveau liegt. Dieses charakteristische Verlaufsbild bezeichnet man auch als Mean-Reversion Eigenschaft der Volatilität. Damit wird konstatiert, daß für einen kurzen Betrachtungszeitraum die Volatilität zwar um ein längerfristiges Niveau schwankt, sich tendenziell jedoch immer wieder auf die langfristige Durchschnittshöhe hin zubewegt. Eine etwaige Extrapolation der historischen Volatilität zu Prognosezwecken ist aus diesem Grunde problematisch. Die Ursache der Verzerrung ist das durch die Zeitspanne festgelegte "Gedächtnis" der Durchschnittsbildung. Durch einen kurzfristigen starken Anstieg der Renditen ergibt sich für die historische Volatilität jedoch ein abrupter Anstieg, der in den nachfolgenden Perioden anhält. Erst wenn das Berechnungsintervall den Schock nicht mehr einschließt, folgt eine abrupte Reduktion der historischen Volatilität. Diese Persistenz läßt sich als "Echoeffekt" charakterisieren. Um diesen Effekt zu mildern, wurde in der Praxis ein Ansatz entwickelt, um die aktuellen Beobachtungen mit einem größeren Gewicht zu versehen. Eine bevorzugte Methode ist der exponentiell gewichtete gleitende Durchschnitt der Volatilität.[260] Die exponentiell gewichtete historische Volatilität σ_t ergibt sich aus:

$$\sigma_t = \sqrt{\sum_{i=1}^{\infty} w_i \, r(t-i)^2} \quad mit :$$

$$w = (1 - \mu) \, \mu^i \quad und \quad 0 \le \mu < 1$$

Aus der Größe des Parameter μ folgt direkt das Ausmaß der Bedeutung weiter zurückliegender Datenwerte. Für $\mu=0$ wird nur der aktuelle Wert berücksichtigt, und je größer der Wert gewählt wird, umso mehr werden vergangene Beobachtungswerte berücksichtigt[261]. Der fixe Zusammenhang zwischen den Koeffizienten begrenzt die dynamische Struktur des Modells. Daher ist es vom Grundsatz her eine deterministische Rechenvorschrift. Durch die Auswahl des Koeffizienten ist die Strukur zwar denkbar einfach, die Festlegung des Parameters birgt allerdings eine gewisse Willkür seitens des Anwenders.

7.5.2 ARCH- und GARCH-Spezifikation

Viele finanzmarktanalytische Modelle beruhen auf der Annahme konstanter statistischer Maßzahlen zur Quantifizierung des Risikos. Zahlreiche Untersuchungen[262] haben jedoch gezeigt, daß eine zeitabhängige Modellierung der Volatilität (Varianz) von stetigen Renditen (R(t)=ln(S(t))-ln(S(t-1) mit S(t)= Kurs zum Zeitpunkt t) unerläßlich ist. In den achtziger Jahren wurde, ausgehend von Engle (1982) und Bollerslev (1986), eine Klasse ökonometrischer Schätzmodelle für zeitvariable Varianzen entwickelt, deren Grundstruktur es erlaubt, eine

---

[260] Zur Popularität dieser Vorgehensweise hat auch J.M. Morgan mit der RiskMetrics genannten Methodologie beigetragen vgl. RiskMetrics, (1995).

[261] Die Diskussion nach dem geeigneten Parameter μ soll im Rahmen der Arbeit nicht weiter problematisiert werden, da dies hier von nachgeordnetem Interesse ist. Es sei lediglich erwähnt, daß J.P. Morgan einen Wert von 0,94 verwendet. vgl. RiskMetrics, (1995).

[262] Geyer, (1994) und Zagst, (1996).

88

Vielzahl empirisch beobachtbarer Volatilitätsphänomene abzubilden.

Engle (1982) entwickelte das statistische autoregressive conditional heteroskedasticity (ARCH[p])-Modell mit der Ordnung p. Als Heteroskedastizität wird im allgemeinen eine im Zeitablauf variierende Varianz bezeichnet. Die spezifische Entwicklung der Volatilität wird als autoregressiver Prozeß beschrieben, d.h. ein hohes (niedriges) Volatilitätsniveau in der Vergangenheit induziert eine hohe (niedrige) Volatilität in der Gegenwart. Wie lange dieser Effekt nachwirkt, und mit welcher Stärke, hängt von der konkreten Modellformulierung und von der Ordnung p des Prozesses ab. Bedingt bzw. konditional bedeutet, daß zur Bestimmung der tatsächlichen Realisation der Volatilität die vorgehende Volatilität bekannt sein muß.

Im wesentlichen bestimmen zwei Einflußfaktoren die Renditevarianz: Das Niveau der Varianz und die Höhe der Rendite in den Vorperioden. Im einfachsten Fall wird nur die vorhergehende Periode einbezogen, d.h. p=1. Grundlage der Schätzung bildet die Streuung der Renditen r(t) um den Erwartungswert E(r(t)), d.h. die aktuelle Volatilität der Renditen resultiert aus der Varianz der Residuen u(t). Das ARCH[p]- Modell unterstellt zur Formulierung der Maximum-Likelihood-Schätzung[263] normalverteilte Residuen u(t) der Renditen R(t) (u(t)=r(t)-E[r(t)]=y(t)-ŷ(t)) mit dem Erwartungswert Null (E(u(t)=0) und der bedingten Varianz h(t):

$$h(t) = \kappa + \sum_{i=1}^{p} \alpha(i) \cdot u(t-i)^2 \quad mit :$$

$p = $ Anzahl der maximalen Ordnung bzw. lags

$\kappa \geq 0 : \alpha(i) \geq 0$

Das ARCH-Modell greift dabei auf die Normalverteilungsfunktion zurück. Diese hat den Vorteil, daß mit dem Mittelwert und der Standardabweichung die Lage und die Varianz der Verteilung vollständig und eindeutig beschrieben wird. Außerdem läßt sich die Annahme einer Normalverteilung der Renditen auch mit wahrscheinlichkeitstheoretischen Argumenten begründen. Nach dem zentralen Grenzwertsatz der Statistik[264] ist eine Summe von vielen unabhängig verteilten Zufallsvariablen gleicher Größenordnung annähernd normalverteilt.

Ausgangspunkt dieses Modells ist zum einen die Beobachtung der zeitlichen Häufung von starken bzw. geringen Kursausschlägen (sog. Volatilitätscluster), und zum anderen weicht die Verteilung der Renditen meist in Form einer starken Wölbung (Leptokurtosis) von der Normalverteilung ab (siehe Abbildung 7.6).[265] Verteilungen, bei denen die Extrembereiche vergleichsweise stark ausgeprägt sind, nennt man leptokurtische Verteilung, bzw. steilgipflige Dichtefunktion.

Viele empirische Anwendungen[266] von ARCH[p]-Modellen auf finanzwirtschaftliche Zeitreihen führten zu dem Ergebnis, daß zur adäquaten Modellierung der Volatilität eine hohe Ordnung p der Modelle erforderlich ist.

---

[263] Enders, (1995).
[264] Sachs, (1992).
[265] Geyer, (1994) siehe dazu auch Kapitel 7.4.
[266] Enders, (1995).

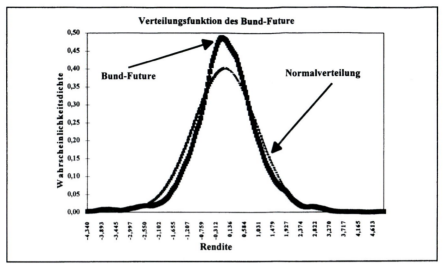

Abbildung 7.6: Verteilung des Bund-Future

Um dem Prinzip der sparsamen Parametrisierung gerecht zu werden, führte Bollerslev (1986) das generalized-ARCH[p]-Modell (GARCH[p,q]-Modell) ein, bei dem die Volatilität neben den quadrierten Residuen auch von der Volatilität der Vorperioden abhängt:

$$h(t) = \kappa + \sum_{i=1}^{p}\alpha(i) \cdot u(t\text{-}i)^2 + \sum_{j=1}^{q}\delta(j) \cdot h(t\text{-}j) \quad mit:$$

$$\kappa > 0; \quad \alpha(i) \geq 0; \quad \delta(j) \geq 0$$

P gibt die Anzahl der verwendeten lags der Residuen und q die Anzahl der Lags der Volatilität an. Die Höhe der aktuellen Volatilität ergibt sich aus der mit dem Koeffizienten $\delta(j)$ gewichteten Varianz der Vorperiode h(t-j) und den mit dem Koeffizienten $\alpha(i)$ gewichteten quadrierten Residuen u(t-i)² sowie der Konstanten κ. Die Varianz reagiert auf die Abweichung der aktuellen Rendite R(t) vom E(r(t)). Der Bedeutung der Modellparameter entsprechend, läßt sich $\alpha(i)$ als Impuls-Koeffizient und $\delta(j)$ als Lag-Koeffizient deuten. Die Konstante κ bildet für den GARCH-Prozeß die Untergrenze der Volatilität. Bei einem GARCH (1,1)-Modell bestimmt $\alpha(i)$ das Ausmaß der unmittelbaren Reaktion auf neue Marktereignisse (u(t)), und $\delta(j)$ beschreibt die Dauer des Abklingens auf die unbedingte Varianz. Das langfristige Volatilitätsniveau σ, um daß h(t) schwankt, läßt sich aus folgender Gleichung bestimmen:

$$\sigma = \sqrt{\frac{\kappa}{1 - \alpha - \delta}}$$

Die exponentiell gewichtete Volatilität läßt sich unter dem GARCH-Modell subsumieren. Die Konstante κ wird dabei per Definition auf Null gesetzt $\delta=\mu$ und $\alpha=1\text{-}\mu$.

Für die Bestimmung der Parameter ist die Maximum-Likelihood-Gleichung (ML-

90

Gleichung) zu minimieren[267], d.h.

$$\min\ (C)\ =\ P(\hat{y}(t)\ |\ y(t\text{-}1),\ y(t\text{-}2),\ y(t\text{-}3)...)\ =\ -\ \frac{1}{\sqrt{2\pi h(t)}}\ \exp\left(\frac{-(\ y(t)\text{-}\hat{y}(t)\ )^2}{2\ h(t)}\right)$$

$$mit\ \hat{y}(t)\ =\ E(y(t))$$

7.6 Neuronales Netz zur Minimierung der Maximum-Log-Likelihood-Funktion

Weigend und Nix (1995) verwendeten ebenfalls obige ML-Gleichung und zeigten, daß ein neuronales Netz diese minimieren kann, wobei die Gewichte des Netzes als Parameter angesehen werden können. Der Ansatzpunkt der vorliegenden Arbeit ist der, die von Weigend und Nix vorgeschlagene Netzwerktopologie so zu verändern, daß neben dem bedingten Erwartungwert ŷ(t) die zeitabhängige Varianz, d.h. die bedingte Varianz h(t) mit einem neuronalen Netz bestimmt werden kann. Das Netz soll also neben dem dem ersten das zweite Moment der Normalverteilung erlernen. Dabei wird jedoch unterstellt, daß die Eingangsgrößen einer Normalverteilung unterliegen.

Der Aufbau des Netzes und der im obigen Ansatz als Lernregel verwendete Backpropagation-Algorithmus[268] müssen für die Schätzung der bedingten Varianz modifiziert werden. Das Netzwerk benötigt zwei Ausgangsneuronen - ein Neuron für die Bestimmung des bedingten Erwartungswertes ŷ(t) und ein Neuron für die bedingte Varianz h(t) (siehe Abbildung 7.7).

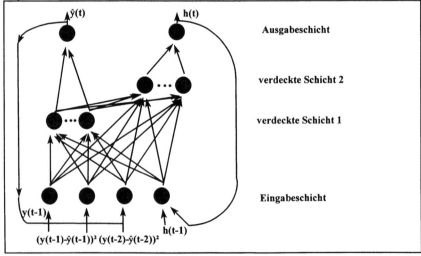

Abbildung 7.7: Aufbau des Netzes

Aus den partiellen Ableitungen der logarithmierten ML-Gleichung[269] ergeben sich für die

---

[267] Bollerslev, (1986).

[268] Hertz, (1991).

[269] Enders, (1982) und Weigend, (1994).

Fehlerkorrekturwerte für den Lernalgorithmus in der Ausgabeschicht. Für die Ermittlung von
ŷ(t) in der Ausgabeschicht L wird folgender Korrekturterm verwendet:

$$\delta_t^{(L)} = g'(s_t^{(L)}) \cdot (y(t) - \hat{y}(t)) \cdot \frac{1}{h(t)}$$

und zur Ermittlung der bedingten Varianz h(t) kommt folgender Korrekturterm zur Anwendung:

$$\delta_t^{(L)} = g'(s_t^{(L)}) \cdot \frac{1}{2\,h(t)} \cdot \left(\frac{(y(t) - \hat{y}(t))^2}{h(t)} - 1 \right)$$

Für die verdeckten Schichten des Netzwerkes wird die Lernregel des Backpropagation-
Algorithmus beibehalten. Da das Netz die zeitabhängige Varianz, d.h. die Volatilitätscluster
modellieren soll, kann die von Weigend und Nix vorgeschlagene Unterteilung des Lernalgorithmus in drei Phasen nicht verwendet werden. Als Eingangsgrößen werden im Unterschied zu
Weigend und Nix und in Anlehnung an obiges GARCH-Modell neben den Renditen mit
verschiedenen Lags die quadrierten Residuen mit den Lags p ($(u(t-i)^2=(y(t-i)-\hat{y}(t-i))^2$) und die
bedingte Varianz der Vorperioden h(t-j) zur Schätzung von h(t) dem Netz zugeführt, so daß das
Netz rekurrente Strukturen aufweist.

Als Anfangsinitialisierung von h(t-1) kann die unbedingte Varianz als erste Näherungslösung verwendet werden und für ŷ(t-1) der unbedingte Erwartungswert, d.h. der Mittelwert von
y(t).

7.7 TEST auf GARCH-Effekte

Die grundsätzliche Regelmäßigkeit von zeitlich aufeinanderfolgenden Häufungen von
starken Kursschwankungen bei Finanzmarktdaten betrifft allerdings allein die Größenordnung
der Renditen und selten auch deren Richtung. Dieser systematische Zusammenhang zwischen
nacheinanderfolgenden Werten einer Zeitreihe wird als Autokorrelation bzw. serielle Korrelation
bezeichnet. Um die Existenz der Korrelation einer Zeitreihe mit ihren zurückliegenden Werten
zu testen, berechnet man die empirische Autokorrelationsfunktion (ACF). Überschreitet ein
Autokorrelationskoeffizient für einen bestimmten Zeitabstand den ermittelten kritischen Wert
(das Konfidenzniveau liegt üblicherweise bei 95 bzw. 99%), sind die entsprechenden Beobachtungen nicht voneinander unabhängig. Zahlreiche empirische Studien belegen, daß
Volatilität autokorreliert ist[270], d.h. zwischen der Volatilität von gestern und der Volatilität von
heute besteht ein systematischer Zusammenhang.

Der numerisch aufwendigen Schätzung von GARCH-Modellen sollten einige Tests auf
GARCH-Effekte, d.h. Autokorrelationen in den quadrierten Residuen ($u(t)^2$), vorangestellt
werden, da Zeitreihen, die keine GARCH-Effekte enthalten, weder adäquat mit GARCH-
Modellen noch mit neuronalen Netzen erklärt werden können. Zu diesem Zweck sind die
Autokorrelationskoeffizienten[271] der quadrierten Residuen zu analysieren. Dabei weisen
Zeitreihen mit GARCH-Effekten typische Strukturen in der ACF über verschiedenen Lags l auf.
Die χ^2 verteilte Ljung-Box-Teststatistik[272] gibt über die Signifikanz der ACF Aufschluß:

---

[270] Produktbeschreibung VOLAX®, (1998).
[271] Hartung, (1991).
[272] Enders, (1995).

$$LB = T \ (T{\cdot}2) \ \sum_{l=1}^{l} \frac{\rho^2}{T-i} \quad mit \ :$$

T = *Anzahl der Datenwerte*; l = *Anzahl der Lags*
und ρ = *als Autokorrelationskoeffizienten*

Überschreiten für die einzelnen Lags l die LB-Werte die tabellierten kritischen χ^2-Werte für ein vorgegebenes Signifikanzniveau[273], so muß von einer signifikanten Autokorrelation ausgegangen werden.

    Neben dem Ljung-Box-Test stellt der Lagrange-Muliplikatoren Test (LM) ein geeignetes Instrument zur Aufdeckung von GARCH-Effekten dar. Bei diesem Test entspricht die Prüfgröße dem Produkt aus der Anzahl der Beobachtungen und dem Bestimmtheitsmaß einer Regression von den zeitlich verzögerten auf die aktuellen quadrierten Residuen. Überschreitet diese χ^2-verteilte Prüfgröße den kritischen Wert, so kann die Hypothese nicht-signifikanter GARCH Effekte verworfen werden.

    Statistische Tests der Schätzergebnisse betreffen u.a. die Fähigkeit der Modelle die Leptokurtosis der Ausgangsdaten wiederzugeben. Zur Evaluierung des GARCH- und des neuronalen Modells und zur Abschätzung der Güte der geschätzten zeitlichen Volatilität können diese Teststatistiken ebenfalls angewendet werden. Bei der Evaluierung der Modelle ist eine zentrale Frage, inwieweit die Schätzergebnisse in der Lage sind, die Leptokurtosis abzubilden. Die starke Wölbung der Renditen R(t) spiegelt sich in der Verteilung der aus der Schätzung resultierenden Residuen u(t) wider. Aufgrund der Annahme der Verteilung der standardisierten Residuen können statistische Tests, die auf der Normalverteilungsannahmen basieren, angewendet werden. Die standardisierten Residuen v(t) sind durch die geschätzte Volatilität zu standardisieren:

$$v(t) = \frac{u(t)}{\sqrt{h(t)}}$$

Die standardisierten Residuen bilden ein sogenannntes weißes Rauschen, d.h. man trifft die Annahme einer Standardnormalverteilung bei stochastisch unabhängigen Realisationen. Die Zeitreihe v(t) sollte daher annähernd normalverteilt sein, d.h. die Leptokurtosis und die Skewness müssen annähernd der Normalverteilung entsprechen, und sie darf keine GARCH-Effekte mehr aufweisen. Gelingt es, die beobachtete Leptokurtosis mit der Schätzung zu erfassen, werden die standardisierten Residuen v(t) mit der unterstellten Verteilungsannahme verträglich sein. Verbleibt jedoch eine zu starke Wölbung in den aus der Schätzung resultierenden Residuen, kann die theoretische Verteilungsprämisse empirisch nicht bestätigt werden. Eine Möglichkeit ist eine andere Verteilungsannahme zu unterlegen, z.B. eine Student-T-Verteilung.[274]

    Der in diesem Kapitel durchgeführten empirischen Untersuchung liegt die tägliche Zeitreihe des Bund-Futures von 1.10.1990 bis 29.12.1995 zugrunde. Es wurden die Schlußkurse der an der EUREX gehandelten Futurekontrakte gewählt.

---

[273] Bronstein, Semendjajew, (1987).
[274] Das entsprechende Schätzverfahren wird als T-GARCH Modell bezeichnet. siehe Enders, (1995).

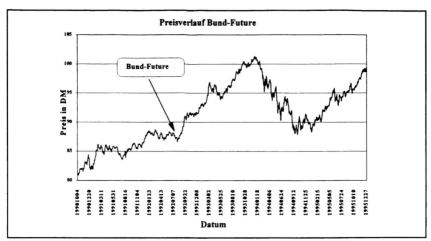

Abbildung 7.8: Verlauf des Bund-Future

Aus den Kursen wurde die stetige Rendite ermittelt und die täglichen quadrierten Renditen dem Ljung-Box- und dem Lagrange-Multiplikatoren Test unterzogen. Die Abbildung zeigt das Ergebnis dieser Tests.

Skewness (Bund-Future)	-0.1649	Skewness (Normalverteilung)		0,0
Leptokurtosis (Bund-Future)	5.2424	Leptokurtosis (Normalverteilung)		3.0
Ljung-Box-Statisik	LB-Wert	kritische Werte 1% Niveau	kritische Werte 5% Niveau	kritische Werte 10% Niveau
Lag = 1	11.0806	6.6349	3.8415	2.7055
Lag = 5	136.776	15.0863	11.0705	9.2364
Lag = 10	285.125	23.2093	18.3070	15.9872
Lagrange-Multiplier Test	LM-Wert	kritische Werte 1% Niveau	kritische Werte 5% Niveau	kritische Werte 10% Niveau
bis einschließlich lag 5	92.7710	15.0863	11.0705	9.2364

Abbildung 7 9: Teststatistiken

Für die Renditen ist aus der Abbildung zu entnehmen, daß diese deutlich von der Normalverteilung abweichen, d.h. die Leptokurtosis und die Skewness entsprechen nicht denen der Normalverteilung.

Die Ljung-Box-Statistik zeigt mit relativ hohen Werten die Autokorrelation für verschiedene Lags p der quadrierten Residuen an. Die LB-Werte liegen deutlich über den tabellierten kritischen Werten von 10%, so daß die Hypothese - keine Autokorrelationen in den quadrierten Residuen - verworfen werden muß.

94

Der Lagrange-Multiplier-Test mit einem Wert von über 92,77 für die ersten 5 Lags liegt deutlich über den kritischen Werten der χ^2-Statistik[275], so daß mit GARCH-Effekten für die Bund-Futures-Renditen auszugehen ist.

Um die GARCH-Effekte eliminieren zu können, wurde zunächst ein GARCH(1,1) als minimales Modell in Betracht gezogen. Die Parameter der GARCH (1,1)-Schätzung und die Konfidenzintervalle können aus der Abbildung 7.10 entnommen werden.

GARCH(1,1)	Werte	Lower Limit	Upper Limit
κ	0.0000001584	.	.
δ	0.9270	0.9000	0.9540
α	0.0582	0.0348	0.0816
Anzahl der Iterationen 48			

Abbildung 7.10: Koeffizienten der GARCH-Schätzung

Der bezüglich des α-Wertes relativ hohe δ-Wert zeigt, daß das Abklingverhalten der Volatilität recht lange anhält und die Sensitivität gegenüber neuen Marktereignissen gering ist.

Das zur GARCH-Schätzung verwendete neuronale Netz hatte jeweils 5 Neuronen (empirisch ermittelt) in den beiden verdeckten Schichten. Als Lernrate wurde 0.5 und in den verdeckten Schichten bzw. der Ausgabeschicht jeweils die sigmoide Aktivierungsfunktion gewählt. Als Eingabe standen die Renditen mit dem lag1, die quadrierten Residuen mit einem lag bis p=3und die vom neuronalen Netz geschätzte bedingte Varianz h(t-1) zur Verfügung. Das Netz wurde mit 3000 Zyklen trainiert.

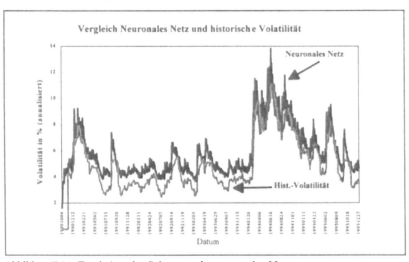

Abbildung7.11: Ergebnisse der Schätzung des neuronalen Netzes

---

[275] Hartung, (1991).

Abbildung 7.11 zeigt die Schätzung der anualisierten Volatilität in Prozent des neuronalen Netzes, und die 30 Tage historische Volatilität.[276] Anhand der Abbildung 7.12 ist die geschätzte Volatilität des GARCH(1,1)-Prozesses im Vergleich zur historischen Volatilität zu erkennen.

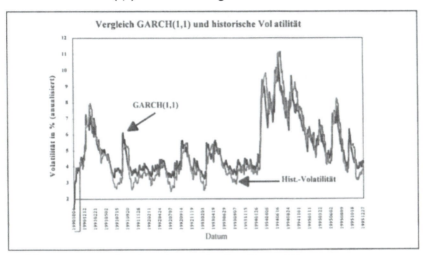

Abbildung 7.12: Ergebnisse der Schätzung des GARCH-Modells

Im Vergleich zu den beiden Schätzverfahren weist die historische Volatilität eine erhebliche Zeitverzögerung auf und eignet sich daher für die Beschreibung der aktuellen Volatilität nicht. Die Zeitreihe des neuronalen Netzes verläuft ähnlich der GARCH-Schätzung, wobei die des neuronalen Netzes stärkere Schwankungen aufweist.

Skewness (GARCH)	-0.1121	Skewness (Neuronales Netz)		-0,101
Leptokurtosis (GARCH)	4.4215	Leptokurtosis (Neuronales Netz)		3.945
Ljung-Box-Statisik	LB-Wert GARCH(1,1)		LB-Wert NN	
Lag = 1	0.0675		0.0779	
Lag = 5	1.5556		1.0921	
Lag = 10	3.7373		3.5659	
Lagrange-Multiplier Test	LM-Wert GARCH(1,1)		LM-Wert NN	
bis einschließlich lag 5	2.3720		1.9931	

Abbildung 7.13: Ergebnisse der Teststatistiken

---

[276] Beckers, (1983) und Garman, (1980).

Abbildung 7.13 ist zu entnehmen, daß die standardisierten Residuen v(t) für das neuronale Netz und für die GARCH-Schätzung eine Verringerung der Skewness und der Leptokurtosis aufweisen, wobei das neuronale Netz für die Zeitreihe des Bund-Futures die GARCH-Effekte etwas besser modellieren konnte als das GARCH(1,1)-Modell. Die Ljung-Box-Statistik und der Lagrange-Multiplier Test zeigen an, daß die GARCH-Effekte gut mit beiden Modellen erklärt werden können.

Für die Datenreihe des Bund-Futures zeigte sich, daß die GARCH-Effekte mit Hilfe von neuronalen Netzen gut modelliert werden können. Die verbleibende unerklärte Restgröße (Residuen) weisen keine GARCH-Effekte mehr auf, und die Verteilung der Residuen ist annähernd normalverteilt.

7.8 Zusammenfassung

In diesem Kapitel wurde untersucht, inwieweit neuronale Netze die konditionale Varianz schätzen können. Dazu wurde ein neuer "Lernalgorithmus" entwickelt unter der Annahme, daß die Daten einer Normalverteilung unterliegen. Am Beispiel der Schätzung der Volatilität des Bundfutures wurden die Schätzergebnisse mit neueren statistischen Verfahren verglichen. Dabei wurde aus der Vielzahl der in der Statistik entwickelten Modelle zur Schätzung der konditionalen Varianz lediglich ein GARCH-Modell gewählt. Neben der Schätzung standen die Eigenschaften von Finanzzeitreihen und die Beschreibung des ersten Finanzproduktes, das lediglich die Volatilität als Basis hat, im Vordergrund.

Kapitel 8

Statistische Analyse des Zinsprozeßrisikos von Anleihen und zinsderivativen Wertpapieren

8.1 Einleitung

Die deutsche Zinsentwicklung spielt in zunehmenden Maße eine dominante Rolle für den europäischen Markt. Neben der breiten Diskussion um die Europäische Währungsunion und die einhergehenden Implikationen für das Portfoliomanagement nimmt die Diskussion über die Zinsprozeßrisiken[277] einen breiten Raum ein. Seit Beginn der 70er Jahre sind vor allem aufgrund der Deregulierung im Kapitalmarktsektor die Zinssätze am deutschen Rentenmarkt stärker in Bewegung geraten. Während die Besitzer von Anleihen üblicherweise glauben, eine vermeintlich sichere Kapitalanlage gewählt zu haben, führte der Kapitalmarkt im Jahr 1994 aufgrund der negativen Entwicklung der Rentenperformanceindizes (BHF-BANK- und REX-Performanceindex) der breiten Schicht der Bondportfoliomanager vor, daß dieses Instrument doch ein erhebliches Risiko birgt. In diesem Kapitel sollen folgenden Fragen nachgegangen werden:

a) Kann das Risiko auf wenige Faktoren abgebildet werden?
b) Ist es möglich, die Veränderung der Zinsstrukturkurve im Zeitablauf auf einige Risikoquellen zu reduzieren, d.h. kann die Dimension[278] des Zinsprozeßrisikos reduziert werden?
c) Wie lassen sich die Faktoren als Risikoquelle der Zinsstrukturkurve erklären?
d) Welche Schlußfolgerung lassen sich daraus für das Portfoliomanagemt ziehen und welche Risikomaße lassen sich daraus ableiten?

Die Fragestellungen sind sehr komplex. Diese können jedoch in 4 sachlogische Abschnitte unterteilt werden:

a) Empirische Analyse des Zinsprozeßrisikos
b) Interpretation der Ergebnisse
c) Auswirkung für die Wahl der Risikokennziffern im Portfoliomanagement
d) Berücksichtigung von zeitlich variierenden Bonitätsrisikoprämien

Da der Zahlungsstrom und der Rückzahlungskurs bei festverzinslichen Anleihen i.d. R. schon bekannt ist, wurde im modernen Portfoliomanagement eine Vielzahl von Risikokennziffern für die Erfassung des Zinsprozeßrisikos entwickelt. Im allgemeinen ist der Ansatz von deterministischer Natur, d.h. wenn sich die Renditen um x-Prozent ändern, um wieviel Prozent ändert sich der Wert des Anleihportfolios. Der Zusammenhang wird in einem Gleichungssystem fixiert. Dieser deterministische Ansatz entspricht nur unzureichend dem stochastischen Prozeß, der den Zeitreihen zu Grund liegt. Daher wird in diesem Kapitel der Versuch unternommen aus

---

[277] Bonitätsrisiken, d.h. die Risiken, die aufgrund unterschiedlicher Bonität der Emittenten bestehen, werden in Kapitel 8.8 vertieft.
[278] siehe dazu auch Kapitel 2.

wahrscheinlichkeitslogischen Überlegungen[279] beide Ansätze zu vereinen und ein "erweitertes" Risikomodell zu entwickeln.

In diesem Kapitel wird mit Hilfe der Hauptkomponentenanalyse das Zinsprozeßrisiko anhand eines ausgewählten historischen Datenmaterials in einzelne Risikokomponenten zerlegt, wobei mit einem GARCH-Prozeß der Zusammenhang zwischen den Hauptkomponenten und der Volatilität aufgezeigt wird. LITTERMAN/SCHEINKMAN (1991a) ermittelten bereits für den US-Markt und DAHL (1993) für den dänischen Markt, daß das Risiko auf drei wesentliche Faktoren reduziert werden kann. Die empirischen Ergebnisse von LITTERMAN/SCHEINKMAN wurden von SINGH (1995), BARBER (1995), GOLUB(1997) und FALKENSTEIN (1997) für den US-Rentenmarkt bestätigt. Basierend auf diesen empirischen Ergebnissen wird gezeigt, daß für den deutschen Markt ähnliche Muster gelten. Im Gegensatz zu BÜHLER/ZIMMERMANN (1996), die ebenfalls den deutschen Markt untersuchten, wurden in der vorliegenden Untersuchung statt wöchentlicher monatliche Daten verwendet, und der Umfang der Datenhistorie wurde deutlich erweitert, um mehrere Zins- und Konjunkturzyklen zu berücksichtigen und ein repräsentatives Ergebnis zu erhalten. Daher unterscheiden sich die empirischen Ergebnisse der vorliegenden Studie deutlich von den Ergebnissen der obigen Autoren.

Bezüglich einer adäquaten Auswahl geeigneter Risikokennziffern wird in der durchgeführten empirischen Analyse gezeigt, daß für die überwiegende Zahl der Rentenportfolios als Risikokennziffer die Fisher-Weil-Duration[280] ausreichend ist. Für Portfolios mit zinsderivaten Produkten kann die von HO (1992) entwickelte Key-Rate-Duration Verwendung finden. Die Vorzüge des Key-Rate-Durationskonzeptes werden durch die Entwicklung geeigneter Durationmaße in Einklang mit den empirischen Ergebnissen der Hauptkomponentenanalyse gebracht.

Neben dem Zinsprozeßrisiko sollte noch das Bonitätsrisiko erfaßt werden, d.h. das zeitlich variierende Ausfallrisiko. In diesem Kapitel wird untersucht, inwieweit das Risiko in einem Modell erfaßt werden kann. Die steuerlichen Besonderheiten im deutschen Recht führen dazu, daß in der Regel Anleihen mit einem hohen Kupon eine niedrigere Rendite haben als Anleihen mit einem niedrigen Kupon. Dieser "Kuponeffekt" ist jedoch nicht zeitstabil und birgt daher ein zusätzliches Risiko. Ob dieses Risiko im Bondportfoliomanagement zu berücksichtigen ist, wird in Abschnitt 8.10 behandelt.

Die in diesem Kapitel vorgestellten Ansätze wurden in Freisleben, Ripper, (1998), Ripper, (1997a), (1998b) und (1998d) veröffentlicht.

8.2 Korrelationsmatrix und Hauptkomponentenanalyse[281]

In Abbildung 8.1 wird die zeitliche Entwicklung der Zinsstruktur in Abhängigkeit von der Laufzeit der Anleihen gezeigt. Als Datenquelle dienten die monatlichen BHF-BANK-Rentenindizes[282] im Zeitraum Dez. 1967 bis Nov. 1996, zu deren Berechnung alle deutschen Anleihen der öffentlichen Hand, der Post, Bahn und des ERPs[283] herangezogen werden.[284] Der

---

[279] Eine umfangreiche Problematisierung dieses Begriffs findet sich bei Popper, (1989).

[280] siehe Fabozzi, (1995).

[281] In diesem Kapitel seien lediglich "Probleme" bei der praktischen Anwendung der Hauptkomponentenanalyse erläutert. Eine Darstellung der Hauptkomponentenanalyse und die Definition findet sich in Kapitel 2.

[282] Eine Umfangreiche Darstellung des BHF-BANK-Rentenmarktindex und des REX findet sich bei Ripper, (1998b).

[283] Anleihen des European Recovery Program.

visuelle Eindruck verdeutlicht, daß die Variabilität der Zinsstrukturkurve beträchtliche Dimensionen annehmen kann. Das zentrale Problem für die Erfassung des Zinsprozeßrisikos ist jedoch die Aufspaltung dieser Variabilität in ihre einzelnen Bestandteile.

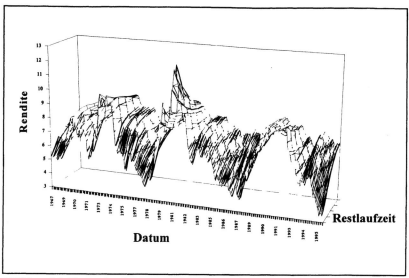

Abbildung 8.1: Zinsstrukturkurve von 1967 bis 1996 in Abhängigkeit von der Restlaufzeit

Der deutsche Kapitalmarkt wurde in den letzten Jahren durch eine Reihe bedeutender wirtschaftlicher und politischer Ereignisse beeinflußt. Wichtige Einflußfaktoren waren die deutsche Wiedervereinigung und die damit verbundene deutsche Währungsunion sowie der Start der EWU. Das Zauberwort der Konvergenz prägte den deutschen, aber auch den europäischen Rentenmarkt. Im Laufe der zurückliegenden Jahre ist der Abstand zwischen den Renditen der einzelnen Laufzeitsegmente der einzelnen Teilnehmerstaaten geschrumpft. Mit dem Wegfall des Wechselkursrisikos und der einheitlichen Denominierung von Zinstiteln in Euro wird die Unterscheidung von nationalen Märkten innerhalb des Euro-Währungsgebietes schrumpfen. In der Währungsunion wird man ebenso von Euro-Zinssätzen sprechen, wie heute von DM- und Pfandbrief-Zinssätzen. Bonitäts- und/oder Liquiditätsunterschiede zwischen den einzelnen Märkten und Marktsegmenten führen natürlich auch weiterhin zu unterschiedlichen Zinsdifferenzen, d.h. der Bonitätsspread wird weiterhin Bestand haben. Das Anlageuniversum im Portfoliomanagement wird sich auf Grund der gemeinsamen Währung erweitern, aber die Diversifikationsmöglichkeiten werden auf Grund des Fehlens von Wechselkursdiversifikationsmöglichkeiten abnehmen. Um weiterhin eine Diversifikation des Portfolios zu erreichen, wird man in zunehmenden Maße auf andere Märkte bzw. andere Marktsegmente ausweichen.

Die politischen und wirtschaftlichen Ereignisse spiegeln sich auch in der Entwicklung der langfristigen Renditen für Bundesanleihen wider. Der Crash der Aktienmärkte im Oktober 1987 veranlaßte die Deutsche Bundesbank zu einer großzügigen Geldversorgung der Wirtschaft im Jahre 1988. Die damit stark ansteigende Fristenstruktur der Zinssatze zeigen sich in dem hohen

---

[284] siehe Wertschulte, (1985) und Ripper, K. (1998b).

100

Spread zwischen den langen und mittleren Laufzeitsegmenten. Die starke Kapitalnachfrage, ausgelöst durch die Wiedervereinigung und die monetäre Unsicherheit führte in den Jahren 1989 bis 1992 zu einer inversen Zinsstrukturkurve. Seit 1995 fielen die Renditen mit einigen Unterbrechungen auf ein niedriges Niveau. Die niedrigen Zinsen gingen einher mit einer sehr steilen Zinsstrukturkurve in den Jahren 1996 und 1997, die zunehmend im Jahr 1998 flacher wurde.

Die Dynamik der Zinsstrukturkurve wird für die Renditen von einjährigen und neunjährigen Anleihen anhand der Abbildung 8.2 deutlich. Diese zeigt die mit Hilfe eines Kerndichteschätzverfahrens[285] ermittelte Dichtefunktion der Renditen. Die Breite der Verteilung ist ein Maß für die Dynamik der Zinsstrukturkurvenbewegung. Je kürzer die Restlaufzeit einer Anleihe, desto breiter ist die Verteilung der Renditen, d.h. desto größer ist die Varianz und damit das Zinsprozeßrisiko.[286]

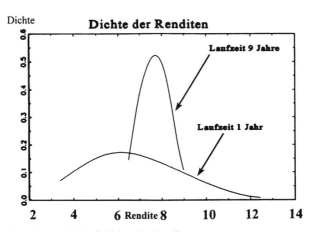

Abbildung 8.2: Geschätzte Dichtefunktion der Renditen

Eine hohe Korrelation[287] zwischen den einzelnen Laufzeiten kann den Gesamtzusammenhang innerhalb der einzelnen Laufzeiten wohl beschreiben, doch ob diese Korrelation durch eine Parallelverschiebung oder durch eine Drehung der Zinsstrukturkurve zu erklären ist, kann durch die Korrelationsmatrix nicht erfaßt werden. Die Korrelation $k(x,y)$ zweier Zeitreihen $x=(x_1,x_2,...x_N)$ und $y=(y_1,y_2,...y_N)$ bestimmt sich zu:

---

[285] siehe Härdle, (1995).

[286] Das Zinsprozeßrisiko ist nicht gleichbedeutend mit dem Kursrisiko, da eine Renditeveränderung auf Grund der Duration eine unterschiedliche Kursveränderung verursacht.

[287] Die Korrelation ist ein Erklärungsmaß für den linearen Zusammenhang zwischen zwei Ausprägungen, siehe Hartung, (1991). Je näher der Korrelationskoeffizient bei eins liegt, desto stärker ist der lineare Zusammenhang.

$$k(x,y) = \frac{\sum\limits_{i=1}^{N}((x_i-\bar{x}) \cdot (y_i-\bar{y}))}{\sqrt{\sum\limits_{i=1}^{N}(x_i-\bar{x})^2 \cdot \sum\limits_{i=1}^{N}(y_i-\bar{y})^2}}$$

mit: $\bar{x}$ *und* $\bar{y}$ *als Mittelwert der jeweiligen Datenreihe*

Abbildung 8.3 zeigt die berechnete historische Korrelationsmatrix der Renditen der BHF-BANK-Rentenindizes auf Monatsbasis von 1967 bis 1996. Der Korrelationskoeffizient zwischen den ein- und neunjährigen Renditen liegt lediglich bei 0,6771 und der zwischen der fünf- und neunjährigen bei 0,9222. Der lineare Zusammenhang ist umso stärker, je geringer die betrachtete Restlaufzeitdifferenz der einzelnen Renditen ist.

Restlaufzeit	1 Jahr	3 Jahre	5 Jahre	7 Jahre	9 Jahre
1 Jahr	1	-	-	-	-
3 Jahre	0,8866	1	-	-	-
5 Jahre	0,7942	0,9778	1	-	-
7 Jahre	0,7299	0,9291	0,9777	1	-
9 Jahre	0,6771	0,8563	0,9222	0,9765	1

Abbildung 8.3: Korrelationsmatrix der einzelnen Restlaufzeitklassen

Die Frage ist: Wie kann aus der gegebenen Zinszeitreihen das Charaketeristische erkannt und extrahiert werden? Etwas genauer formuliert: Welche Merkmale kennzeichnen diese Zeitreihen am besten und welche sind davon die wichtigsten?

Die in der quantitativen Analyse von ökonomischen Daten weitverbreitete Methode der Hauptkomponentenanalyse kann eine Antwort auf die ogibe Fragestellung liefern. Für eine Definition der Hauptkomponenten sei an dieser Stelle auf die Ausführungen in Kapitel 2 hingewiesen. An dieser Stelle sollen nur kurz die Fragestellung erörtert werden. Die an Zinszeitreihen beobachteten Merkmale sind in der Regel miteinander korreliert und lassen sich auf latente, "künstliche" Merkmale bzw. Faktoren zurückführen, die selbst nicht unmittelbar beobachtet werden können. In der Hauptkomponentenanalyse[288] werden orthogonale, unkorrelierte Faktoren derart bestimmt, daß durch sie ein möglichst großer Teil der Korrelation der Merkmale erklärt wird. Es wurde der in Kapitel 2 skizzierte neuronale Algorithmus zur Bestimmung der Hauptkomponenten in Betracht gezogen. Für diese Anwendung ist die Dimension der Korrelationsmatrix relativ klein, so daß die Verwendung von neuronalen Netzen recht aufwendig ist, da der Algorithmus erst implementiert werden muß. Die Eigenwerte lassen sich daher mit herkömmlichen Algorithmen unter dem Aufwand- und Ergebnisgesichtspunkt leichter bestimmen. Daher wurden die Eigenwerte mit Hilfe der Statistiksoftware GAUSS berechnet.

---

[288] Für eine weiterführende Darstellung der Hauptkomponentenanalyse siehe Arminger, (1989)

Die finanzwirtschaftliche Theorie[289] für Zinsreihen mit unterschiedlichen Restlaufzeiten unterstellt keine Eigendynamik der einzelnen Laufzeitklassen. Es gibt daher keine spezifischen Faktoren, die jeweils nur auf eine Restlaufzeitklasse wirken und die übrigen nicht beeinflussen würden. Daher fordert man, daß die Faktoren orthogonal, also unkorreliert sind. Die Hauptkomponentenanalyse dient zur Erkennung der Struktur der nicht beobachtbaren Merkmale (Hauptkomponenten). Diese Hauptkomponenten (HK) sind linear unabhängig und bilden über die Ladungsmatrix mit den zu erklärenden Größen ein Gleichungssystem, wobei die Ladungsmatrix F die nach der Größe der zugehörigen Eigenwerte geordneten Eigenvektoren der Korrelationsmatrix der zu erklärenden Größen ist. Die Renditen **R** lassen sich daher als Gleichung formulieren:

$$R = F \cdot L + T$$

Hierbei ist F die Faktorladungsmatrix, L die unbeobachtete Hauptkomponentenmatrix und T der Residualvektor. Die Hauptkomponentenanalyse liefert entsprechend der Dimension der Kovarianzmatrix n Eigenwerte und n Eigenvektoren. Die Anzahl der zu berücksichtigenden Eigenvektoren in der Hauptkomponentenmatrix ist von der jeweiligen Analyse abhängig und von der Höhe der erklärten Variation an der Gesamtvariation, die durch die ersten n Eigenvektoren erreicht werden. Die Hauptkomponentenanalyse dient zum Erkennen der wesentlichen Struktur der Merkmale. Die Zuordnung der Hauptkomponenten auf ökonomisch plausible Faktoren stellt das eigentlich schwierige Unterfangen der Hauptkomponentenanalyse dar. Bei der linearen Regression werden die exogenen Variablen vom Anwender bzw. von der Modellspezifikation vorgegeben. Die exogenen Variablen sollen die endogenen Variablen (Renditen bzw. Spot-Rates) bestmöglichst erklären. Die Hauptkomponente bildet lediglich die n endogenen Variablen auf n lineare unabhängige Eigenvektoren ab, wobei diese nicht näher spezifiziert sind. Die Zuordnung der Eigenvektoren zu ökonomisch plausiblen Einflußfaktoren obliegt dem Anwender. Daher ist für die Hauptkomponentenanalyse der Zeitraum und die Datenhistorie bedeutend und sollte möglichst repräsentativ gewählt werden.[290]

8.3 Hauptkomponentenanalyse versus Zustandsraummodelle

Die Hauptkomponentenanalyse unterscheidet sich von den in der Finanzwirtschaft entwickelten Zustandsraummodellen[291], da weder Arbitragefreiheit noch ein ökonomisches Gleichgewicht unterstellt wird.[292] Die Faktormodelle von VASICEK (1977), COX/INGERSOLL/ROSS (1985) (CIR-Modell) unterstellen

- eine explizite Annahme der Faktoren
- daß die Realisation der Kursbewegungen einem geometrischen Brownschen Prozeß unterliegt.[293]

---

[289] vgl. Litterman, (1991b).

[290] Für Zinszeitreihen sollten daher die verwendeten Zeitreihen eine möglichst lange Historie aufweisen, da nur so viele repräsentative Konjunkturzyklen berücksichtigt werden können.

[291] Einen Überblick über die Vielzahl der Faktormodelle findet sich bei Ho, (1995).

[292] vgl. Ball, (1996) und Duan, (1995).

[293] Eine leicht verständliche Übersicht des Wiener-Prozesses und der Brownschen Bewegung findet sich bei Spremann, (1996).

- die ökonomische Eigenschaft der Arbitragefreiheit.[294]
- eine perfekte Korrelation der Renditen der Zinsstrukturkurve für jede Restlaufzeit.[295]

Vor allem die letztere Annahme führte auf Grund der restriktiven Voraussetzung zur Entwicklung des zwei Faktoren-Modells von BRENNAN und SCHWARZ (1979) und des Gleichgewichtsmodells von LONGSTAFF/SCHWARZ (1992). Das Multifaktorenmodell von LONGSTAFF/SCHWARZ (1992) erklärt das Niveau und die Dynamik der Zinsstrukturkurve anhand der Geldmarktzinssätze und deren Volatilität.

Eine Weiterentwicklung der Hauptkomponentenanalyse zu einem Gleichgewichtsmodell würde den Rahmen dieses Kapitels übersteigen. Der Ansatz unterscheidet sich methodisch von dem von CHEN/SCOTT (1993), die das Zinsprozeßrisiko anhand eines Kalman-Filters in die einzelnen Faktoren zerlegten.

8.4 Empirische Analyse

In der Literatur[296] wird die Bewegung der Zinsstruktur auf drei mögliche Einzelbewegungen zurückgeführt.

1. Parallelverschiebung oder Niveaufaktor (Shift)
2. Drehung oder Neigungsfaktor (Steepness bzw. Tilt)
3. Krümmungsfaktor (Curvature)

Eine Parallelverschiebung der Zinsstrukturkurve kann u.a. auf Grund einer allgemeinen Veränderung der Inflationserwartung der Marktteilnehmer verursacht werden. Die Drehung kann u.a. durch eine unterschiedliche Inflationserwartung für verschiedene zukünftige Zeitpunkte hervorgerufen werden. Dies führt unmittelbar zu einer Veränderung der Risikoprämie zwischen den langen und dem kurzen Laufzeitsegment.[297]

Die empirische Analyse[298] basiert auf den geschätzten monatlichen Renditen der BHF-BANK-Subindizes mit einer Restlaufzeit von 1, 3, 5, 7 und 9 Jahren von 1967 bis 1996. Der lange Zeitraum von 29 Jahren ist für die Bestimmung der Hauptkomponenten nötig, da möglichst viele Zinszyklen eine Verzerrung der Ladungsmatrix verhindern und damit erst eine Interpretation ermöglicht. Im Gegensatz zu BÜHLER/ZIMMERMANN (1996) wurden die kurzfristigen Zinssätze mit einer Restlaufzeit von unter einem Jahr (Geldmarkt) nicht verwendet, da sie eine zu starke Eigendynamik aufweisen, so daß diese für die Hauptkomponenten des Kapitalmarktes nicht von Interesse sind. Dies würde gleichfalls zu einer Verzerrung der Ladungen führen und die Möglichkeit einer Interpretation der Faktoren verwischen,[299] da die Variation der kurz-

---

[294] vgl. Pearson, (1994) bzw Geyer, (1996).

[295] Eine Annahme, die inkonsistent zur Realität ist; siehe Longstaff, (1992).

[296] vgl. Singh, (1995) und Fabozzi, (1995).

[297] In diesem Kapitel wird jedoch auf eine ökonomische Erklärung über den zeitlichen Verlauf der Zinsstruktur verzichtet, da der Schwerpunkt des Kapitels lediglich auf der Methode bzw. der Implikationen liegt.

[298] Softwaretechnisch wurde die Hauptkomponentenanalyse und die beschriebene GARCH-Schätzung mit der Statistiksoftware GAUSS der Firma APTECH Systems (1994) umgesetzt.

[299] zu ähnlichen Schlußfolgerungen kommen Singh, (1995) und Litterman, (1994) für den US-Markt

laufenden Anleihen so groß ist, daß sich dies drastisch auf das Ergebnis auswirkt. Im ungünstigsten Fall würden die Anleihen des Geldmarktes eine eigene Hauptkomponente erhalten, die zu dem größten Eigenwert gehört.[300]

So zeigen die Ergebnisse von BÜHLER/ZIMMERMANN (1996), daß die Hinzunahme der kurzfristigen Zinssätze eine klare und eindeutige Interpretation des ersten Faktors erschwert. Aus der Renditestrukturkurve wurde mit Hilfe der iterativen "Bootstrapping"-Methode[301] die jeweiligen Zinssätze für Nullkuponanleihen mit einer Restlaufzeit von 1, 3, 5, 7, und 9 Jahren berechnet. Diese Spotratekurve[302] hat gegenüber der Renditestrukturkurve den Vorteil, daß es nicht zu einer Verzerrung bei der Ermittlung der abdiskontierten Cash-Flows bei nicht zu par notierten Anleihen kommt. Die Ladungsmatrix bzw. die Gewichte des neuronalen Netzes geben Aufschluß darüber, inwieweit eine Veränderung der drei Faktoren zu einer Veränderung der Zinsstrukturkurve führt. Die höchste Erklärungskraft wird der ersten Hauptkomponente, die zweithöchste der zweiten usw. zugeordnet. Das Zinsprozeßrisiko kann in drei unabhängige Komponenten zerlegt werden, wobei die ersten drei Hauptkomponenten 99% der Variation der Bewegung der Spotratekurve erklären. Für die empirische Bestimmung der Ladungsmatrix wurden die Renditen standardisiert, d.h. ihr Mittelwert ist null und die Varianz weist einen Wert von eins auf.

8.4.1 Interpretation der Ladungsmatrix

In Abbildung 8.4 werden die einzelnen Gewichte über die Restlaufzeit der Ladungsmatrix aller drei Hauptkomponenten für den deutschen Markt gezeigt. Die Ladung der ersten Hauptkomponente zeigt einen flachen Verlauf, so daß dieser Faktor auf alle Restlaufzeiten in gleicher Weise wirkt. Die visuelle Inspektion führt daher zu der These, daß die erste Hauptkomponente einer Parallelverschiebung der Zinsstrukturkurve (Niveaufaktor) entspricht.

Die zweite Hauptkomponente wirkt unterschiedlich stark auf die einzelnen Laufzeitsegmente und weist eine positive Steigung auf. Eine Veränderung des zweiten Faktors dreht die Spotratekurve - die Spotrates für die langen Laufzeiten steigen, die mit kurzer Restlaufzeit sinken. Da die zweite Hauptkomponente im Zeitablauf negative Werte annimmt, können auch inverse Zinsphasen modelliert werden, so daß mit der zweiten Hauptkomponente die Steilheit der Spotratekurve, d.h. die Neigung erklärt wird.

Der "Drehpunkt" der gesamten Zinsstrukturkurve liegt bei einer Restlaufzeit von ca. 4,5 Jahren, da der Einfluß des Neigungsfaktors für diese Restlaufzeitklasse sehr gering ist. Dies verdeutlicht den überaus wichtigen Einfluß des mittleren Laufzeitsegmentes auf das Zinsprozeßrisiko und Abbildung 8.5 zeigt die Spotratekurve und die mit der ersten Hauptkomponente

---

[300] Eine Emprirische Analyse der Risikoquellen im Aktienmarkt findet sich bei Ripper, (1998c).

[301] Der Begriff "Bootstrapping" hat nichts mit dem in der Statistik unter gleichen Namen verwendeten Begriff gemein. Dort wird er als Synonym für das Urnenmodell mit Zurücklegen verwendet. Eine ausführliche Darstellung mit Beispielen der "Bootstrapping"-Methode in der Finanzwirtschaft findet sich bei Kaweller, (1996).

[302] weiterführende Darstellung und Berechnung der Spotratekurve mit Beispielen findet sich bei Fabozzi, (1995) und bei Ripper, (1997a).

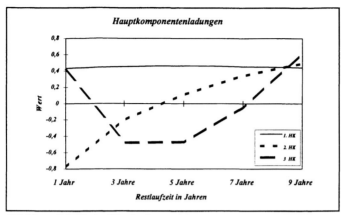

Abbildung 8.4: Verlauf der Ladungen

geschätzte Spotratekurve für die Restlaufzeit von 5 Jahren.

Die dritte Hauptkomponente wirkt auf die einzelnen Laufzeitsegmente unterschiedlich und kann aufgrund ihres Verlaufes als Krümmungsfaktor interpretiert werden, d.h. dieser Faktor zeigt, inwieweit die Spotratekurve einen gekrümmten Verlauf hat.

8.4.2 Erkärung der Hauptkomponenten als 3-Faktorenmodell

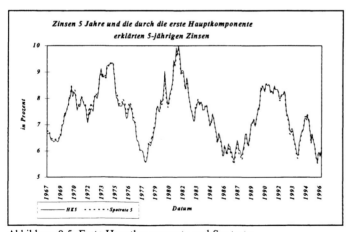

Abbildung 8.5: Erste Hauptkomponente und Spotrate

Um obige Thesen zu erharten, wurden die drei Hauptkomponenten anhand einer Regressionsschätzung näher untersucht. Es wurden zunächst die einzelnen Spotrates standardisiert[303], d.h. der Erwartungswert ist Null und die Varianz weist für jede Spotrate einen

---

[303] siehe Sachs, (1992).

Wert von eins auf. Um den Niveaufaktor zu identifizieren, wurden die drei Hauptkomponenten jeweils einzeln auf die 5-jährige Spotrate mit Hilfe einer OLS-Regression geschätzt, um anhand des Bestimmtheitsmaßes R^2 und der t-Werte der Regressionskoeffizienten die Hauptkomponenten zuzuordnen. Aus der visuellen Inspektion der Ladungsmatrix ist der Einfluß der Drehung auf die 5-jährige Spotrate sehr gering, so daß sich diese als endogene Variable für die OLS-Schätzung zur Identifikation des Zinsniveaus eignet. Um die Drehung zu identifizieren, wurde die endogene Variable aus der Differenz zwischen der 9-jährigen und der 1-jährigen standardisierten Spotrate gebildet. Dies entspricht dem Zinsspread und kann als Approximation der Steilheit der Spotratekurve dienen. Diese wurde ebenfalls obiger Regressionsmodalität unterzogen. Da die Zeitreihen mittelwertbereinigt sind, erfolgte die OLS-Spezifikation[304] ohne eine Konstante. Anhand der Abbildung 8.6 ist der sehr hohe t-Wert von 234 und das hohe R^2 für die erste Hauptkomponente, die Niveaukomponente, zu erkennen. Die Steilheit der Zinsstrukturkurve wird fast vollständig durch die zweite Hauptkomponente, dem Neigungsfaktor, erklärt.

	erste HK (t-Wert)	zweite HK (t-Wert)	dritte HK (t-Wert)	erste HK (R^2)	zweite HK (R^2)	dritte HK (R^2)
Niveau [305]	234	0,90	-1,12	0,993	0,002	0,004
Drehung	1,08	217	0,84	0,003	0,993	0,002

Abbildung 8.6: t-Statistik und Bestimmtheitsmaß

Die dritte Hauptkomponente läßt sich anhand einer OLS-Schätzung nicht unmittelbar identifizieren, da die Krümmung einer Zinsstrukturkurvenbewegung aus den fünf Spotrates nicht eindeutig auf eine einzige endogene Variable abgebildet werden kann. Die Zuordnung kann nur über die Bildung von synthetischen Portfolios, die sensitiv gegenüber der Krümmung der Zinsstrukturkurve sind, abgeleitet werden.[306] In diesem Beitrag wird jedoch dieser Ansatz nicht weiter verfolgt, da die Zuordnung der dritten Hauptkomponente anhand eines GARCH-Prozesses erfolgt.

Die hohe Erklärungskraft der ersten Hauptkomponente wird anhand der Abbildung 8.5 deutlich. Sie zeigt die Spotratekurve und die mit der ersten Hauptkomponente geschätzte Spotratekurve. Der berechnete Verlauf der 5-jährigen Spotratekurve weist mit der tatsächlichen 5-jährigen Spotrate einen Korrelationskoeffizient von 0,993 auf, d.h. durch den Niveaufaktor wird die 5-jährige Spotrate fast vollständig erklärt.

Die Hauptkomponentenanalyse kann den Zinsprozeß visuell in drei Komponenten[307] zerlegen:

• Die erste HK bestimmt das Niveau der Zinsstrukturkurve
• Die zweite HK beschreibt die Drehung der Zinsstrukturkurve um das mittlere Laufzeitsegment
• Die dritte HK beschreibt die Krümmung der Zinsstrukturkurve

---

[304] Allgemeine Ausführungen zur OLS-Schätzung finden sich bei Sachs, (1992).
[305] Die tabellierten kritischen t-Werte für ein Signifikanzniveau von 1% liegen bei 2,32.
[306] Dieser Ansatz wird von Litterman, (1991a) verfolgt.
[307] siehe Litterman, (1991a).

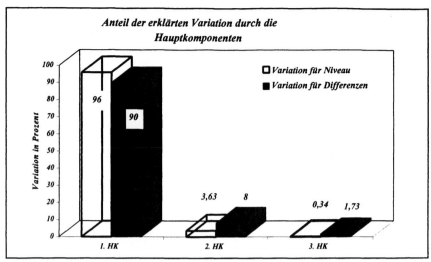

Abbildung 8.7: Variation der Hauptkomponenten

Die erklärte Variation für die Niveaubewegung der Zinsstrukturkurve (Abbildung 8.7), sowie für die monatlichen Veränderungsraten der Spotrates ist für die erste Hauptkomponente, d.h. dem Niveaufaktor, mit 96% bzw. 90% recht hoch. Die sehr hohe Erklärungskraft der ersten drei Hauptkomponenten der Zinstrukturkurve verdeutlicht, daß das Zinsprozeßrisiko auf drei Faktoren extrahiert werden kann. Ein zusätzlicher Faktor, d.h. eine 4te Hauptkomponente, würde die Erklärungskraft des Modelle minimal erhöhen, und lediglich das "Rauschen" in den Daten modellieren.

Die einzelne Laufzeitsegmente besitzen daher kein "Eigenleben", d.h. eine Veränderung des 5-jährigen Zinses führt auf Monatssicht auch zu einer Veränderung der anderen Laufzeitsegmente. Daher können linear unabhängige Zinsverläufe im allgemeinen für eine Risikoanalyse nicht unterstellt werden. Da der "Drehpunkt" der zweiten HK bei einer Restlaufzeit von ca. 4,5 Jahren liegt, verdeutlicht dies den überaus wichtigen Einfluß des "mittleren" Laufzeitsegmentes. Dieser Einfluß auf das Zinsprozeßrisiko spiegelt sich auch in der durchschnittlichen Restlaufzeit der meisten Rentenindizes (BHF-BANK-Rentenmarktindex, REX-Index usw.) wider. Ordnet man die Variation den einzelnen Laufzeiten zu, so werden diese durch Niveauverschiebung weitgehend erklärt. Abbildung 8.8 faßt die berechneten Bestimmtheitsmaße[308] für die einzelnen Spotrates zusammen, wobei die Werte in Klammern die Bestimmtheitsmaße für die monatlichen Veränderungsraten der Spotrates zeigen. Das Bestimmtheitsmaß des Niveaufaktors an der Bewegung der Spotratekurve liegt - je nach Restlaufzeit - bei 88% bis 99%. Das Zinsprozeßrisiko, welches nicht durch die erste Hauptkomponente erklärt wird, nimmt für sehr kurze und sehr lange Restlaufzeiten ab. Für diese gewinnt der Neigungsfaktor zunehmend an Bedeutung. Für Kurzläufer (ein Jahr) und für Langläufer (neun Jahre) besitzt der Krümmungs-

---

[308] zur Berechnung der Bestimmtheitsmaße siehe Hartung, (1991).

faktor noch eine nennenswerte Erklärung.[309]

Bestimmtheitsmaße	1 Jahr	3 Jahre	5 Jahre	7 Jahre	9 Jahre
erste HK (Niveaufaktor)	0,889 (0,734)	0,988 (0,961)	0,993 (0,974)	0,978 (0,952)	0,950 (0,879)
erste + zweite HK (Niveau- u. Neigungsfaktor)	0,996 (0,984)	0,995 (0,978)	0,996 (0,979)	0,999 (0,997)	0,993 (0,966)
erste bis dritte HK (Niveau-, Neigungs-, und Krümmungsfaktor)	0,999 (0,999)	0,999 (0,998)	0,999 (0,998)	0,999 (0,997)	0,999 (0,999)

Abbildung 8.8: Bestimmtheitsmaße für die einzelnen Spotrates, sowie die monatlichen Veränderungsraten (Werte in Klammern)

8.5 Hauptkomponenten und Volatilität

Die einzelnen Faktoren sind nicht direkt am Markt beobachtbar. Es können jedoch Bondportfolios so zusammengestellt werden, daß diese sensitiv bezüglich eines Faktors sind. Durch den Kauf eines Bund-Futures und den durationgewichteten Verkauf von Bundesobligations-Futures kann ein einfaches Portfolio aufgebaut werden, das gegenüber der zweiten HK eine hohe Sensitivität aufweist. Ein Portfolio, welches gegenüber der dritten HK sensitiv ist, kann nicht unmittelbar abgeleitet werden. LITTERMAN/SCHEINKMAN (1991a) wiesen für die Bildung eines Optionsportfolios nach, daß für den US-Markt dieses Portfolio eine sehr hohe Sensitivität bezüglich der dritten HK aufweist. Da Optionen gegenüber der Volatilität sensitiv sind, weist die dritte HK für den US-Markt eine hohe Korrelation mit der Volatilität auf. Um diesen Zusammenhang der dritten HK mit der Volatilität aufzuzeigen, wurde in diesem Beitrag für den deutschen Markt ein statistischer Ansatz zur Beschreibung der bedingten Varianz bzw. Volatilität gewählt. Aus zahlreichen empirischen Analysen ist bekannt, daß starke Zinsänderungen nicht isoliert auftreten.[310] Es gibt Tendenzen, daß große Zinsänderungen von weiteren großen Zinsänderungen mit identischen oder umgekehrten Vorzeichen gefolgt werden. Dieser Effekt wird vielfach mit dem Begriff "Volatility Clustering" bezeichnet.[311] Daher wurde zur Identifikation des Zusammenhangs zwischen der 3ten Hauptkomponente und der Volatiltität ein GARCH-Modell spezifiziert. Auf die Problematik zur Schätzung der Volatilität sei an dieser Stelle sei auf Kapitel 7 verwiesen. In zahlreichen empirischen Anwendungen[312] von GARCH-Modellen zeigte sich, daß

• GARCH[1,1]-Modelle zur Modellierung der Varianz ausreichend sind
• $\delta(j)$ deutlich größer als $\alpha(i)$ ist, d.h. das "Marktgedächtnis" ist bezüglich der Volatilität relativ groß

---

[309] Für den dänischen Markt zeigte Dahl, (1993), daß 99,6% der Variation durch die ersten drei Faktoren erklärt wird.
[310] vgl. dazu Litterman, (1991b).
[311] vgl. Engle, (1982).
[312] vgl. Freisleben, Ripper, (1996), Freisleben, Ripper, (1997) und Enders, W. (1995).

• GARCH-Parameter meist hoch signifikant sind

Anhand der Abbildung 8.9 sind die Parameter und die Konfidenzintervalle für die GARCH[1,1] Schätzung der Volatilität der Spotrates von 1967 bis 1996 aufgeführt.

GARCH(1,1)	Koeffizienten	Unteres Konfidenzintervall (95%)	Oberes Konfidenzintervall (95%)
κ	0,000036	-	-
δ	0,9107	0,7951	0,9626
α	0,0373	0,001	0,0892

Abbildung 8.9: Koeffizienten der GARCH[1,1]-Schätzung

Der bezüglich des α-Wertes relativ hohe δ-Wert zeigt, daß das Abklingverhalten der Volatilität recht lange anhält und die Sensitivität gegenüber neuen Zinsänderungen gering ist. Die Volatilität sinkt im Durchschnitt in 7,4 Monaten auf die Hälfte des Ursprungwertes, d.h. nach dieser Zeit fällt ein Volatilitätsschock auf die Hälfte des ursprünglichen Niveaus ab[313].

Korrelationen	erste Hauptkomp.	zweite Hauptkomp.	dritte Hauptkomp.
Volatilität	0,1078	-0,036	0,5386

Abbildung 8.10: Korrelation zwischen den Hauptkomponenten und der Volatilität

Abbildung 8.10 zeigt die Korrelation zwischen der berechneten Volatilität des GARCH(1,1) Prozesses und den drei Hauptkomponenten. Die im Vergleich hohe Korrelation zwischen der dritten HK und der Volatilität zeigt, daß der Krümmungsfaktor sehr sensitiv gegenüber der Volatilität ist, d.h. ein Optionsportfolio bzw. ein Portfolio bestehend aus Anleihen mit Kündigungsrechten ist sensitiv gegenüber der dritten HK. Ein Portfolio, welches gegenüber der dritten Hauptkomponente eine hohe Sensitivität aufweist, ist daher sehr stark von der Volatilität der Spotrates abhängig.

8.6 Hauptkomponenten und Risikomaße

Für das Portfoliomanagement ist das Zinsprozeßrisiko von entscheidender Bedeutung. Für die Risikobegrenzung, d.h. die Reduktion des Marktwertrisikos, können im Portfoliomanagement Hedge-Strategien verfolgt werden. Das Ziel der Hedge-Strategie im Bondmanagement ist es, die Duration eines Rentenportfolios zu minimieren, um im Idealfall das Marktwertrisiko zu eliminieren. Schon 1938 stellte MACAULAY[314] ein Konzept vor, mit dessen Hilfe das Zinsänderungsrisiko von zinsabhängigen Wertpapieren erfaßt werden kann. Mathematisch wird die Macaulay-Duration nach Formel[315] berechnet:

---

[313] ln(0,5)/(ln δ) = x ; x kann als Halbwertszeit interpretiert werden
[314] siehe Macaulay, (1938).
[315] weiterführende Problematisierung der Durationmaße findet sich bei Hielscher, (1990) und Ilmanen, (1992).

$$D = \frac{1}{P} \cdot \sum_{i=1}^{N} \frac{i \cdot CF(i)}{(1 + r(i))^i} \quad mit:$$

$r(i)$: *konstanter Zinssatz für alle Restlaufzeiten i*
$CF(i)$: *Cash Flow zum Zeitpunkt i ; P : Preis der Anleihe*

Die mathematische Maßeinheit der Duration ist Jahre. Die partielle Ableitung des Preises einer Anleihe nach dem Zinssatz bezogen auf den Marktpreis der Anleihe ergibt die *Modified Duration*, die die Sensitivität der Anleihe bezüglich einer Zinsänderung angibt.

$$\textit{Modified Duration} = - \frac{1}{P} \cdot \sum_{i=1}^{N} \frac{i \cdot CF(i)}{(1 + r(i))^i \, (1 + r(i))}$$

Je höher die Duration bzw. die Modified Duration eines Portfolios, desto höher ist die Zinssensitivität des Bondportfolios bezüglich des Marktwertrisikos. Die Modified Duration setzt eine horizontale Fristenstruktur der Zinsstrukturkurve voraus[316]. Werden daher in obiger Formel die jeweilige Marktrendite, bzw. zur Vermeidung von Verzerrungen für nicht par Bonds die Zero- oder Spotrates für die jeweiligen Restlaufzeiten ersetzt, so erhält man die Fisher-Weil-Duration[317]. Diese Kennziffer gibt die Sensitivität eines Bonds bei einer Parallelverschiebung einer gekrümmten Spotrate- bzw. Zinsstrukturkurve wieder. Sie ist daher ein Ein-Faktoren-Sensitivitätsmaß. Ein Hedge eines Bonds, der mit Hilfe der Fisher-Weil-Duration erfolgt, ist ein Hedge auf Parallelverschiebung bzw. auf die erste Hauptkomponente. Da die erste HK 96% bzw. 90% der Variation der Zinsstrukturkurve erklärt, kann mit der Fisher-Weil-Duration der überwiegende Anteil des Zinsprozeßrisikos einer Anleihe erfaßt werden. Die Hauptkomponentenanalyse zeigt, daß lediglich die nicht von der ersten Hauptkomponente erklärte Variation von 4% bzw. 10% über weiterführende Risikomaße erfaßt werden können.

8.6.1 Deterministische Risikomaße

Von HO (1992) ist eine auf dem Durationkonzept basierende Methode entwickelt worden, die zusätzlich diese unerklärte Variation berücksichtigt. Diese Erweiterung der altbewährten Durationsanalyse, die Key-Rate-Duration[318], zeichnet sich durch ihre Einfachheit und die Popularität[319] aus. Es wird lediglich ein zeitlich linear unabhängiger Verlauf der einzelnen Key-Rates unterstellt, d.h. vorbehaltlich aller ökonomischer Plausibilität können sich die einzelnen Key-Rates völlig unabhängig voneinander verändern. Das Konzept trifft daher die Annahme, daß eine Zinsänderung im zeitlichen Mittel für z. B. die 5-jährige Spotrate linear unabhängig von der Entwicklung des Zinssatzes für 10-jährigen Anleihen ist, so daß von einer Eigendynamik der Key-Rates und somit der Spotrates ausgegangen wird. Somit vernachlässigt dieses Verfahren die Kovarianzen zwischen den einzelnen Restlaufzeiten, so daß die Verwendung ihre Grenzen bei der Ermittlung der Risikostruktur für derivate Produkte, deren Preischarakteristik pfadabhängig

---

[316] weiterführende Problematisierung der Modified Duration findet sich bei Barber, (1995) und Chance, (1996)

[317] In der Literatur findet man auch den Begriff "Effektive Duration", siehe Fabozzi, (1995) bzw. Dattareya, (1995).

[318] einige Beispiele zur Berechnung der Key-Rates von Anleihen finden sich bei Bühler, (1995) und Leithner, (1992).

[319] vgl. Golub, (1997).

ist, erfährt.[320]

Der Ansatz von HO (1992) verwendet den Term Key-Rate-Duration (KRD), da er die Preisreaktion eines Wertpapieres auf die Änderung von einzelnen Spotrates bestimmter Restlaufzeiten, den Key-Rates, untersucht. Die Key-Rate-Duration kann man formal aus der Fisher-Weil-Duration entwickeln, denn sie stellt eine lineare Dekomposition dieser dar.[321] In der Fisher-Weil-Duration werden die einzelnen Key-Rates aufsummiert, so daß die Summe aller Key-Rates wieder eine Parallelverschiebung der Zinsstrukturkurve abbildet.[322] Die einzelnen Key-Rates können anhand folgender Formel ermittelt werden:

$$KRD(i) = \frac{\frac{\partial P}{P}}{\partial r(i)} = \frac{1}{P \cdot (1 + r(i))} \cdot \frac{i \cdot CF(i)}{(1 + r(i))^i} \quad \textit{mit:}$$

$r(i)$: *Spotrates für die Laufzeit i*
$CF(i)$: *Cash Flow zum Zeitpunkt i (Kupon)*
P : *Preis der Anleihe*

Die jeweiligen Key-Rates $KRD(i)$ stellen eine Punktelastizität bezüglich einer Spotrate dar In diesem Sinne ist die Key-Rate-Duration ein n-Faktoren-Modell. Zwischen den einzelnen Key-Rates wird ein linearer Verlauf der Spot-Rate-Kurve angenommen, so daß eine Zinszahlung einer Anleihe, deren Zeitpunkt zwischen zwei benachbarten Key-Rates liegt, anteilsmäßig auf diese aufgeteilt wird. Die Preisänderung ΔP einer Anleihe bestimmt sich zu:

$$\Delta P = - \sum_{i=1}^{N} KRD(i) \; \Delta r(i) \quad \textit{mit:}$$

$\Delta r(i)$: *unterstellte Spotrateänderung für die Laufzeit i*
ΔP : *relative Preisveränderung der Anleihe*

Werden für die einzelnen Key-Rates jeweils unterschiedliche Spotrateänderungen unterstellt, d.h. $\Delta r(i) \neq \Delta r(i-1)$, so weicht die Summe der Key-Rates von der Fisher-Weil-Duration ab. Die Key-Rates, die nicht mit der Fälligkeit der Anleihe zusammenfallen, nehmen mit abnehmenden Kupons überproportional ab. Je geringer der Kupon einer Anleihe, desto geringer leistet das Key-Rate-Konzept einen signifikanten Erklärungsbeitrag, der über dem der Fisher-Weil-Duration liegt. In der praktischen Bewertung von nicht kündbaren Bondportfolios besteht daher ein Trade-off zwischen den höheren Kosten der Implementierung des Key-Rate- und des traditionellen Fisher-Weil-Konzeptes.

Die Veränderung der i-ten Key-Rate führt zu einer Unstetigkeit in der Spotratekurve, so daß diese an dieser Stelle nicht differenzierbar ist. Bei der Berechnung der Forward-Rate-Kurve[323] führt dies ebenfalls zu Unstetigkeit, und es kann zu ökonomisch nicht plausiblen negativen Forward-Rates führen. Daher kann die Risikoeigenschaft derivater Produkte, deren Preisermittlung auf Forward-Rates beruhen, nicht unmittelbar mit Key-Rates erfolgen.[324] Anhand der

---

[320] vgl. Golub, (1997).
[321] vgl. dazu Ho, (1992).
[322] vgl Bühler, (1994).
[323] siehe Ripper, (1997).
[324] vgl. Golub, (1997).

112

Abbildung 8.11 wird dies deutlich. Die 7-jährige Key-Rate wurde um 1% verändert. Die sich daraus ergebende Forward-Rate-Kurve für eine Restlaufzeit von einem Jahr weist Unstetigkeitsstellen mit zum Teil negativer Steigung (Bereich zwischen 6 und 7 Jahren) auf.

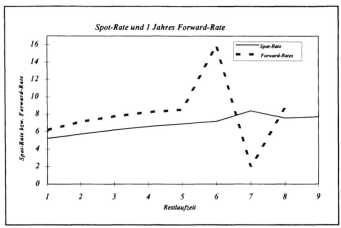

Abbildung 8.11: Spot-Rate und Forward-Rate

Bei Portfolios, die eine sehr starke Häufung auf einzelne Laufzeitsegmente aufweisen, z.B. Barbell-Portfolios[325], hat das Key-Rate-Profil einen erhöhten Erklärungsbeitrag gegenüber der traditionellen Fisher-Weil-Duration. Wie HO (1992) bereits zeigte, liegt die "Stärke" der KRDs bei derivativen Produkten (Swaps,Calls und Caps usw.). Da die Key-Rate-Duration aus dem ersten Term einer Taylorreihenentwicklung[326] der Barwertformel einer Anleihe abgeleitet werden kann, stellt sie daher ein lineares Risikomaß dar. Für Optionen, deren Risikostruktur im Gegensatz zu Anleihen erhebliche nichtlineare Strukturen aufweisen[327], kann das konvexe Preisverhalten nicht mehr vernachlässigt werden. Der zweite Term der Taylorreihenentwicklung mißt diese Nichtlinearität, d.h. die Konvexität. HO (1996) entwickelte daher analog zur KRD die Key-Rate-Konvexität (KRK).[328]

Das Key-Rate-Konzept unterstellt linear unabhängige Spotrateveränderungen. Da die Hauptkomponentenanalyse die Bewegung der Zinsstrukturkurve in drei unabhängige Faktoren unterteilt, stellt eine Unterteilung der Spotrates in n Key-Rates für n>3 im statistischen Sinne ein "überspezifiziertes" Modell dar, da das Risiko auf drei wesentliche Faktoren zurückzuführen ist. Die einzelnen Key-Rates können nicht mehr linear unabhängig sein. Um die Kovarianzen mit der Key-Rate-Duration zu verbinden, entwickelte FALKENSTEIN (1996) den Kovarianz-Key-Rate-Hedge. Mit Hilfe einer OLS-Schätzung wird ein Hedge-Vektor geschätzt, so daß auch nichtlineare Zinsstrukturkurvenänderungen berücksichtigt werden können. Die von FALKEN-STEIN (1996) entwickelte Kovarianz-Key-Rate-Hedge reduziert die Dimension a priori nicht,

[325] Portfolios bestehend aus kurz- und langlaufenden Anleihen.
[326] siehe Ho, (1996).
[327] Für Anleihen mit einer sehr langen Restlaufzeit können diese Nichtlinearitäten nicht mehr vernachlässigt werden.
[328] Berechnungsbeispiele der KRK anhand eines Cap finden sich bei Ho, (1996).

da der aus der OLS-Schätzung ermittelte Hedge-Vektor abhängig von der Anzahl der verwendeten Hedge-Instrumente ist. Dieser kann daher weiterhin überspezifiziert sein. In der Praxis wird
jedoch mit zwei bzw. drei derivaten Hedge-Instrumenten gearbeitet, so daß sich das n-Faktoren-
Modell der Key-Rates in der Praxis auf ein zwei- bzw. drei-Faktoren Modell reduziert.

8.6.2 Hauptkomponentenanalyse und Deterministische Risikomaße

Die Key-Rate-Duration und die Hauptkomponenten können jedoch so zusammengefaßt
werden, daß eine linear unabhängige Niveau-, Neigungs- und Krümmungsduration bestimmt
werden kann. Die Multiplikation des Key-Rate-Vektors mit der Ladungsmatrix ergibt drei
Durationmaße:

$$D = \begin{bmatrix} D_1 \\ D_2 \\ D_3 \end{bmatrix} = \left((KRD)^T \cdot L \right)^T \quad mit:$$

$(KRD)^T:$ *transponierter Key-Rate-Vektor*
$L \; :$ *Ladungsmatrix*

wobei D1 die Niveau-, D2 die Neigungs- und D3 die Krümmungsduration darstellt. Dabei müssen
die zur Hauptkomponentenanalyse verwendeten Spotrates r(i) mit denen der Key-Rates KRD(i)
übereinstimmen. Diese linear unabhängigen Risikokennziffern leiten sich aus der historischen
Spotratekurve ab und sind daher sensitiv gegenüber

- der Datenqualität
- der Samplegröße, d.h. der Datenhistorie
- der zeitlichen Stabilität der Varianz-Kovarianz bzw. der Korrelationsmatrix der
  Hauptkomponentenanalyse.[329]

Weisen die Märkte starke zeitliche Schwankungen der Korrelationsmatrix auf, so
unterliegt die Ladungsmatrix starken Schwankungen, da die Korrelationsmatrix der Hauptkomponentenanalyse nur eine historische Korrelationsmatrix darstellt. Die Risikokennziffern
spiegeln daher nicht vollständig das aktuelle Zinsprozeßrisiko wider. Werden die Varianzen
jedoch mit einem GARCH-Prozeß und die Korrelationen mit einem bivariaten-GARCH-Prozeß
zeitnah modelliert[330], so kann das aktuelle Zinsprozeßrisiko zeitpunktgetreu erfaßt werden.

8. 7 Dynamik zwischen Bundes- und Pfandbriefanleihen als Risikoquelle

Eine weitere Risikoquelle für das Bondportfoliomanagement stellt die zeitlich variierende
Risikoprämie zwischen den Pfandbrief- und Bundesanleihenmarkt dar. Obwohl der
Staatsanleihen- und der Pfandbriefmarkt in das gleiche makroökonomische Umfeld eingebettet

---

[329] In einer empirischen Analyse zeigt Falkenstein (1997) für den US-Markt, daß ein Hedge
mit Hilfe der Hauptkomponentenanalyse ähnlich gute Ergebnisse wie die Kovarianz-Key-Rate-
Hedge liefert. Lediglich bei der Verwendung der dritten HK verschlechterten sich die
Ergebnisse zu Gunsten der Kovarianz-Key-Rate-Hedge. Die Autoren führen dies auf die
zeitliche Instabilität der dritten HK zurück. siehe Falkenstein, (1997)
[330] zu bivariaten GARCH vgl. Zagst, (1996).

114

sind, unterliegen die Renditedifferenzen (Spread) zwischen diesen Marktsegmenten Schwankungen, die je nach Marktphasen positiv, aber auch negativ ausfallen können.

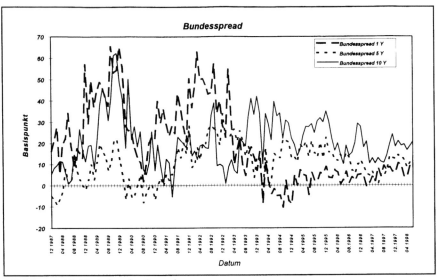

Abbildung 8.12: Variation des Spreads

    In der Abbildung 8.12 sind die Spreads zwischen den Bundesanleihen und dem Pfandbriefmarkt für die Restlaufzeiten von 1, 5 und 10 Jahren wiedergegeben. Es handelt sich bei den Spreads um Wochenwerte. Beim 10jährigen Bundesspread sind die hohen Extremwerte von bis zu 60 Basispunkte (Bp) Ende 1989 auffallend. Der 1jährigen Bundesspread erreichen in diesen Zeiträumen ähnlich hohe Werte. Seit 1997 steigen die Bundesspreads in den drei Laufzeitsegmenten kontinuierlich an. Anhand der Abbildung 8.12 ist schon aus dem Verlauf der Spreadreihen zu erkennen, daß das Restlaufzeitsegment von 1 Jahr den höchsten Schwankungen unterworfen ist.

    Die Variation in den Zeitreihen läßt sich damit erklären, daß bei einem Anstieg der Bundesspreads die Pfandbriefe im Vergleich zu Staatsanleihen für den Portfoliomanager attraktiv werden. Dies führt zu einer verstärkten Nachfrage nach Pfandbriefen und senkt die Pfandbriefrenditen. Ist der Spread relativ gering, so ist traditionell der Pfandbriefmarkt auf Grund der geringeren Liquidität wenig attraktiv. Dies führt auf Seiten der Pfandbriefemittenten zu einer Erhöhung der Kupons, da Pfandbriefe zu par begeben werden. Diese Wechselwirkung läßt die Vermutung zu, daß die Spreads stabil um ein langfristiges Mittel pendeln. Diese Eigenschaft wird auch als Stationarität bezeichnet.

    Unterstellt man, daß der Zinsspread einem stochastischen Prozeß unterliegt, so kann die Wechselwirkung zwischen den Renditen von Bundesanleihen und Pfandbriefen als Mean-Reversion-Prozeß aufgefaßt werden. Der Spread schwankt dabei stets um ein langfristiges Mittel, und Ausschläge nach oben oder unten werden stets durch Anpassungsmechanismen nach einer bestimmten Zeit korrigiert. Ein solcher Mean-Reversion-Spread kann am einfachsten durch zwei Kennzahlen charakterisiert werden. Einerseits handelt es sich dabei um das Niveau der Mean-Reversion, d.h. denjenigen Wert, gegen den der Spread stets konvergiert. Dieses Niveau kann man auch als langfristigen Mittelwert interpretieren. Die zweite Kennzahl beschreibt die Geschwindigkeit der Mean-Reversion. Unter der Geschwindigkeit eines solchen Prozesses versteht man im allgemeinen die Zeitspannne, die nach einem Ausschlag im Mittel verstreicht, bis der Spread wieder auf sein langfristiges Mittel zurückkehrt. Unterstellt man eine symmetrische Anpassung des Prozesses, d.h. ein Ausschlag des Spreads nach unten, benötigt im Mittel die gleiche Zeitspanne wie einer nach oben, so kann am einfachsten folgendes Modell diesen Prozeß beschreiben:

$$s(t) - s(t-1) = \lambda \ (\delta - s(t-1))$$

Dabei ist s(t)-s(t-1) die Differenz des Spreads zweier aufeinanderfolgender Werte. Der Parameter δ steht für das langfristige Mean-Reversion Niveau.[331] Die Interpretation des Mean-Reversion-Niveaus ist einfach. Der Parameter λ ist jedoch schwieriger zu interpretieren. Er beschreibt die Geschwindigkeit des Anpassungsprozesses. Damit ist die Zeitspanne gemeint, die nach einem Ausschlag im Mittel verstreicht, bis der Spread wieder auf seinem langfristigen Mittelwert zurückkehrt. Um die Dynamik diese Anpassungsprozesses zu schätzen, wurden die Renditen von Bundes- und Pfandbriefanleihen, d.h. die REX- und PEX-Renditen von 1987-1998 verwendet.[332] Die Schätzergebnisse für die einzelnen Bundesspreads sind in der Abbildung 8.13 zusammengefaßt.

	Mittelwert in Basispunkten [Bp]	Anpassungs-geschwindigkeit [in Wochen]	historische Standard-abweichung [in Bp p.a]
Bundesspread 1 Jahr	17,54	14,93	18,95
Bundesspread 5 Jahre	11,43	7,13	14,20
Bundesspread 10 Jahre	21,01	5,21	21,24

Abbildung 8.13: Geschätzte Parameter der Dynamik

Über den analysierten Zeitraum weist der Bundesspread für 10jährige Anleihen den höchsten Durchschnittswert von ca. 21 Basispunkten [Bp] auf. Auffallend ist jedoch, daß die Anpassungsgeschwindigkeit der Marktteilnehmer mit zunehmender Restlaufzeit fällt. Das mag zunächst überraschend sein, daß der Anpassungsprozeß für kurzlaufende Papiere die dreifache Zeit benötigt, wie der für langlaufenden Anleihen. Dies mag darin begründet sein, daß die Transaktionskosten für einen Wechsel von Bundes- zu Pfandbriefanleihen auf Grund der im Durchschnitt geringeren Renditen im kurzlaufenden Bereich relativ hoch sind, so daß ein Wechsel erst erfolgt, wenn der Spread eine deutliche Ausweitung erfahren hat. Dies mag auch die relativ hohen absoluten Beträge des 1jährigen Bundesspreads erklären. Die Anpassungsgeschwindigkeit zwischen den langlaufenden Segmenten unterscheiden sich nicht gravierend, so daß die Investoren auf Renditedifferenzen zwischen dem Staatsanleihenmarkt und dem Pfandbriefmarkt im 5Jahres-Bereich etwa gleich schnell reagieren wie auf Renditedifferenzen im 10Jahres-Bereich.

---

[331] siehe auch Kapitel 7
[332] vgl. Ripper, (1998d):

8.8 Renditespread zwischen Bundes- und Pfandbriefanleihen als Risikoquelle

Der Pfandbrief ist mit einer über 200jährigen Geschichte das festverzinsliche Wertpapier mit der längsten Tradition am deutschen Rentenmarkt. Ausländische Marktbeobachter, die sich erstmals mit dem Pfandbriefmarkt beschäftigen, sind oftmals über die Größe dieses Marktes erstaunt. Mit einem Umlaufvolumen von ca. 1500 Mrd. DM (Mitte 1998) bildet der Pfandbriefmarkt eines der größten Segmente am deutschen Rentenmarkt. Der Pfandbriefanteil am Gesamtmarkt liegt im langfristigen Mittel bei ca. 50% und ist neben dem Segment der öffentlichen Anleihen einer der wichtigsten Märkte.

Neben dem Spread als Risikoquelle spielt die Bonität der Schuldner eine Rolle. Dem ursprünglichen Wunsch, allen Pfandbriefen, quasi als Systemrating automatisch das Triple-A-Prädikat zu verleihen, wollten die Rating-Agenturen nicht folgen. Gleichwohl ist die Pfandbrief-Ratingskala, die lediglich von Double-A bis Triple-A reicht, recht kurz. Mit der zunehmend stärker umworbenen internationalen Anlegerklientel bestand zum einen die Nachfrage nach einer Bonitätskatalogisierung der einzelnen Anleihen, und zum anderen wurde mit der Schaffung eines Jumbo-Pfandbriefmarktes eine Standardisierung und Vereinheitlichung erforderlich.

Neben den Bonitätsrisiken und dem Zinsprozeßrisiko spielt für die Risikoanalyse von Pfandbriefen der Spread (Rendite der Pfandbriefanleihen minus Rendite der Bundesanleihen) eine wichtige Rolle. Dieser variiert im Zeitablauf und ist von der Restlaufzeit der Anleihen abhängig.

Um die Höhe des Spreadrisiko erfassen zu können, kann

a) der Spread in Abhängigkeit von der Restlaufzeit der Anleihen modelliert werden (Mehr faktorenmodell)

b) oder lediglich zu den Renditen der Bundesanleihen ein konstanter Spread über alle Restlaufzeiten addiert werden (Einfaktorenmodell).

Ein Einfaktorenmodell für den Pfandbriefmarkt kann geschrieben werden als:

$$i_t(\text{Pfandbriefmarkt}) = i_t(\text{Bundesanleihen}) + \Delta i$$

wobei t die Restlaufzeit der Anleihe ist. In obiger Gleichung werden die Renditen des Pfandbriefmarktes durch die Renditen der Bundesanleihen und einen additiven Zinsauf/abschlag, der für alle Restlaufzeiten gleich ist, erklärt. In einem Mehrfaktorenmodell ist diese additive Komponente von der Restlaufzeit abhängig. Das Mehrfaktorenmodell kann daher als eine Verallgemeinerung des Einfaktorenmodells interpretiert werden.

Ein Mehrfaktorenmodell ist wesentlich aufwendiger, da ein adäquates Modell für den Spread in Abhängigkeit von der Restlaufzeit formuliert werden muß. Die Einfachheit des Einfaktorenmodell wird durch einen Verlust an Genauigkeit erkauft. Abbildung 8.14 verdeutlicht exemplarisch den Approximationsfehler zwischen den Pfandbriefrenditen und den Renditen für Bundesanleihen mit einem linearen Renditeaufschlag.

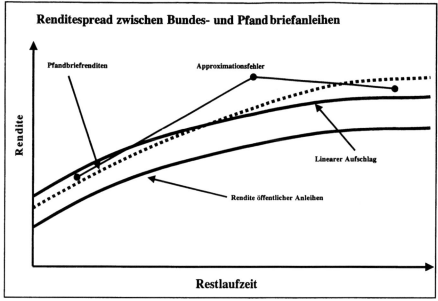

Renditespread zwischen Bundes- und Pfandbriefanleihen

Abbildung 8.14: Renditeverlauf und Approximationsfehler

Um die Risikoquellen des Spread abschließend abschätzen zu können und zu entscheiden ob einem der obigen Modelle unter Aufwands / Ertragsgesichtpunkten den Vorrang zu geben ist, wurden die Renditen des REX auf die Renditen des PEX regressiert. Um den Einfluß des Spreads zu quantifizieren, wurde ein Regressionsgleichung gewählt, die zum aktuellen Renditeniveau zusätzlich noch den Renditspread modelliert. Als Erklärungskraft des Regressionsmodelles wurde das in der Statistik gebräuchliche Bestimmtheitsmaß R^2 gewählt. Als Schätzgleichung wurde folgende Spezifikation gewählt:

$$PEX(t) - REX(t) = \alpha + \beta(PEX(5) - REX(5))$$
$$mit \ t = 1, 2, 3 \ ... \ 10$$

wobei t die Restlaufzeit der Rentenindices ist. Der Renditespread wird als Differenz zwischen dem PEX und dem REX mit einer jweiligen Restlaufzeit von 5 Jahren berechnet, so daß das Modell eine Parallelverschiebung der Zinsstrukturkurve des REX erfaßt. Der Einfluß der Variable β gibt Aufschluß darüber inwieweit es möglich ist, den Renditespread zwischen Bundes- und Pfandbriefanleihen mit einem einfachen "Renditeaufschlag" zu erfassen.

Abbildung 8.15 gibt die geschätzten Bestimmtheitsmaße und die t-Werte für die wöchentlichen Daten für den Zeitraum von 1987 bis 1997 wieder.

	t-Werte für Spread	Bestimmtheitsmaß
REX 1 Jahre Restlaufzeit ohne Spread	--	0,89
REX 1 Jahre Restlaufzeit mit Spread	4,45	0,89
REX 10 Jahre Restlaufzeit ohne Spread	--	0,99
REX 10 Jahre Restlaufzeit mit Spread	8,70	0,99

Abbildung 8.15: Bestimmtheitsmaße und t-Werte

Die wesentliche Einflußgröße ist die Rendite der jeweiligen Bundesanleihen, d.h. das Zinsprozeßrisiko ist die dominante Größe. Dies ist auch nicht verwunderlich, denn beide Größen werden von gemeinsamen makroökonomischen Faktoren beeinflußt. Wie die t-Werte aus der Abbildung 8.16 zeigen, ist das Spreadrisiko statistisch signifikant, d.h. im langfristigen Mittel kann die Pfandbriefkurve als Parallelverschiebung der Zinsstrukturkurve der Bundesanleihen modelliert werden. Das Bestimmtheitsmaß erhöht sich dadurch nicht wesentlich.

Temporär kann das Spreadrisiko jedoch einen höheren Einfluß haben, da die Spreads, wie in Abbildung 8.12 ersichtlich, einer erheblichen Variation unterliegen. Wird dagegen das Zinsänderungsrisiko weitgehend mit Futurespositititionen kompensiert, so wird dementsprechend das Spreadrisiko für ein Portfolio bestehend aus Pfandbriefen erhöht. Eine Immunisierungsstrategie gegenüber Zinsänderungen setzt jedoch voraus, daß der Schwerpunkt auf der Prognose der Veränderung des Spreads liegt. An dieser Stelle sei jedoch zu betonen, daß die anfallenden Transaktionskosten für derivate Produkte erst durch eine hohe Prognosegüte aufgefangen werden müssen.

Für die Risikobetrachtung im Portfoliomanagement ist daher ein linearer "Spreadaufschlag", d.h. ein über alle Laufzeiten einheitlicher Aufschlag/Abschlag der Bundesrendite, unter dem Aufwand/Ertragsaspekt durchaus akzeptabel. Eine Erfassung des Spreadrisikos für die einzelnen Laufzeiten ist nur nötig, wenn der überwiegende Teil des Zinsrisikos durch Futuresbzw. Swappositionen kompensiert wird.

8.9 Der Kuponeffekt als Risikoquelle

Der Kuponeffekt besagt, daß festverzinsliche Papiere unterschiedliche Renditen für gleiche Restlaufzeiten aber verschiedene Kuponhöhen mit sich bringen. Der Kuponeffekt ist am deutschen Rentenmarkt zu beobachten, da Privatanleger aufgrund steuerrechtlichen Regelungen nur den Nominalzins versteuern müssen. Deshalb bevorzugen Privatanleger mit einer hohen Steuerprogression Anleihen mit einem niedrigen Kupon. Denn: Je niedriger der Kupon, desto geringer sind die steuerpflichtigen Zinseinkünfte. Diese Papiere haben trotz der höheren Duration und dem höheren Kursrisiko bei gleicher Restlaufzeit in der Regel eine etwas geringere Rendite vor Steuern. Dies bedeutet konkret: Bei gleicher Laufzeit wird das Papier mit dem geringeren Nominalzins auch eine etwas geringere Rendite haben. Da sich der private Anleger aber an den Renditen nach Steuern orientiert, ist für ihn nur die Nettorendite von Interesse. Abbildung 8.16 verdeutlicht diesen Effekt, der in Hochzinsphasen wesentlich ausgeprägter ist.

Der Kuponspread zwischen Niedrigkuponanleihen und Hochkuponanleihen ist in der Regel positiv und variiert im Zeitablauf. Um der Frage nachzugehen, ob eine explizite Berücksichtigung des Kuponeffektes in einem Risikomodell nötig ist, wurde eine Regressiongleichung formuliert, die diesen Effekt quantifiziert.

Für alle 10 Restlaufzeitklassen des REX wurde dabei eine Regression geschätzt, die den Einfluß des Kupons auf die Renditen einer Anleihe quantifiziert. Formal wurde folgendes Modell unterstellt:

$$Rendite(Hoch\text{-}/Niedrigkupon) = \alpha_1 + DUMMY \cdot \alpha_2 + \beta \cdot Rendite(Mittelkupon)$$

119

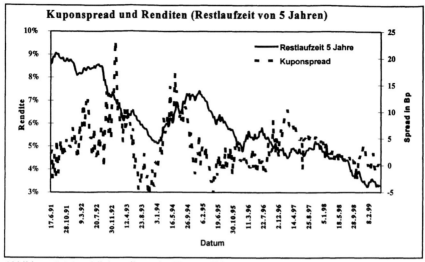

Abbildung 8.16: zeitlich variierender Kuponeffekt

Die Indikatorvariable "DUMMY" wurde so kodiert, daß alle Hochkuponrenditen mit einer 1 und alle Niedrigkuponrenditen mit einer 0 belegt wurden. Ist daher die Variable statistisch signifikant und positiv, so kann die Hypothese des statischen "Kuponeffektes" am deutschen Rentenmarkt nicht verworfen werden. Anhand dieser Schätzung mit der Indikatorvariable kann der durchschnittliche Einfluß des Kuponeffektes quantifiziert werden. Abbildung 8.17 gibt Aufschluß über die Schätzergebnisse der wöchentlichen Renditen des REX von 1991 bis 1998.

Restlaufzeit	t-Wert für die Indikatorvariable	Bestimmtheitsmaß mit Indikatorvariable	Bestimmtheitsmaß ohne Indikatorvariable
1 Jahr	12,98	0,999	0,999
2 Jahre	13,14	0,999	0,999
3 Jahre	13,43	0,999	0,999
4 Jahre	12,74	0,999	0,999
5 Jahre	11,86	0,998	0,998
6 Jahre	13,46	0,998	0,998
7 Jahre	13,25	0,998	0,998
8 Jahre	13,18	0,998	0,998
9 Jahre	12,96	0,998	0,997
10 Jahre	12,96	0,998	0,997

Abbildung 8.17: Schätzergebnisse des Kuponeffektes

Aus der Abbildung 8.17 ist ersichtlich, daß der Kuponeffekt am deutschen Rentenmarkt beobachtbar ist. Daher wird er explizit in einigen Rentenindices erfaßt. Der BHF-BANK-Rentenmarktindex und der REX berücksichtigt diesen Effekt und unterteilt die Restlaufzeiten in je 3 Kuponklassen, Hoch, Mittel und Niedrigkupon.

Die t-Werte sind für alle Restlaufzeitklassen noch statistisch signifikant. Die zusätzliche

Erklärungskraft, die auf den Kuponeffekt zurückzuführen ist, ist jedoch kaum zu verifizieren. Das Bestimmtheitmaß ändert sich nur marginal durch die Modellierung des Kuponeffektes, so daß für eine Risikobetrachtung eine Vernachlässigung des Kuponeffektes nicht von Bedeutung ist. Eine Berücksichtigung des Kuponrisikos erfordert ein Erklärungsansatz bzw. ein separates Risikomodell. Die Analyse und Prognose des Kuponsspreads würde daher in keinem Verhältnis zum möglichen Mehrertrag stehen.

Für die Performance ist es jedoch für den steuerunempfindlichen Anleger interessant Hochkuponanleihen in ein Portfolio aufzunehmen, da dies durch die zusätzliche Rendite, den Kuponeffekt, honoriert wird.

8.10 Zusammenfassung

In diesem Kapitel wurde anhand der Hauptkomponentenanalyse gezeigt, daß das Zinsprozeßrisiko am Kapitalmarkt für Deutschland auf drei latente Faktoren zurückgeführt werden kann. Die höchste Variation zeigt der Niveaufaktor, mit weitem Abstand gefolgt von dem Neigungs- und dem Krümmungsfaktor. Letzterer weist eine hohe Korrelation mit der Volatilität auf, so daß ein Portfolio bestehend aus Anleihen mit Optionsrechten bzw. Optionen bezüglich der dritten HK sensitiv ist.

Neben der Fisher-Weil-Duration - einem Ein-Faktoren-Sensitivitätsmaß - kann das Zinsprozeßrisiko für ein Bondportfolio mit der Key-Rate-Duration (KRD) genauer erfaßt werden. Die Key-Rate-Duration ist ein n-Faktoren-Sensitivitätsmaß, wobei bei einer zu großen Wahl des Freiheitsgrades n das Konzept im statistischen Sinne überspezifiziert ist, da, wie die Ergebnisse der Hauptkomponentenanalyse zeigen, n Key-Rates nicht mehr linear unabhängig voneinander sein können.

Die Gegenüberstellung der KRD mit der Fisher-Weil-Duration legt den Schluß nahe, daß ein Einsatz der insgesamt aufwendiger zu ermittelnden KRD nur dann vielversprechend ist, wenn die Fisher-Weil-Duration an ihre Grenzen stößt, d.h. bei Portfolios, die zum überwiegenden Teil aus Zinsderivaten bestehen, bzw. wenn die gesamte Variation der Zinsstrukturkurve erfaßt werden soll. Für eine praxisnahe Portfolioanalyse im Rentenmanagement eignet sich die Niveau-, Neigungs- und Krümmungsduration, die das gesamte Zinsprozeßrisiko auf nur drei unabhängige Faktoren reduziert.

Die empirischen Ergebnisse zeigen, daß der Kuponeffekt als Risikoquelle nicht explizit berücksichtigt werden muß. Das zeitlich variierende Bonitätsrisiko spielt für das Gesamtrisiko eine untergeordnete Rolle im Vergleich mit dem Zinsprozeßrisiko. Da das Zinsprozeßrisiko durch derivate Produkte zum Teil kompensiert werden kann und damit das Bonitätsrisiko zunimmt, sollte es im Portfoliomanagement berücksichtigt werden. Die empirischen Ergebnisse zeigen, daß ein einfacher "Bonitätsaufschlag" genügt, um das Risiko zu erfassen.

Kapitel 9

Zusammenfassung und Ausblick

Der Einsatz neuronaler Netze im Portfoliomanagement eröffnet völlig neue Perspektiven für das Erkennen komplexer wirtschaftlicher Entwicklungen. Die Fähigkeit, Entwicklungen zu prognostizieren, ist eine zentrale Voraussetzung zur rationalen Entscheidungsfindung, da der Wert von Handlungsanweisungen stets auch an den Konsequenzen dieser Handlungen gemessen wird. Dies gilt insbesondere für den Finanzsektor. Im Gegensatz zur Physik ist es im ökonomischen Bereich nicht möglich, ein Laborexperiment aufzubauen, in dem fast alle Variablen konstant gehalten und einige wenige in ihrem Wechselspiel zueinander beobachtet werden. Ebenso wenig läßt sich ein Experiment unter denselben Rahmenbedingungen wiederholen. Daher ist die Datenhistorie in der Ökonomie begrenzt und eine sparsame Parametrisierung der Modelle sehr wichtig, um ein robustes und zeitstabiles Modell zu erhalten. Neben der Sparsamkeit der Parametrisierung spielen neuronale Netze vor allem dort ihre wesentlichen Eigenschaften aus, wo ein "unbekannter" Funktionsverlauf nichtlinear modelliert werden soll. Für wichtige Fragestellungen aus dem Portfoliomanagement wurden Lösungen mit neuronalen Netzen erarbeitet. Neben den neuronalen Netzen wurde für jede Anwendung bekannte Verfahren aus der Statistik gegenübergestellt, um die Ergebnisse vergleichen und einordnen zu können.

In Kapitel zwei wurden die wichtigsten Grundlagen zu neuronalen Netzen skizziert. Darin enthalten waren sowohl eine allgemeine theoretische Betrachtung von neuronalen Netzen als auch praktische Aspekte. Hierbei wurde auf die Funktionalität der elementaren Verarbeitungseinheiten, die Funktion der Verbindungen und die Form der von einem neuronalen Netz verarbeiteten Daten eingegangen und anschließend wurden die unterschiedlichen Netztopologien der gebräuchlichen Modelle für das Portfoliomanagement vorgestellt.

In dem darauffolgenden Kapitel wurden die Gleichgewichtsmodelle der Finanzwirtschaft skizziert. Dabei bildete der Schwerpunkt des Kapitels der umfassende Überblick über die theoretischen Modelle. Hierfür wurden lediglich die Grundlagen erörtert, die für spätere Ausführungen in der Arbeit verlangt werden. Die Thematik wird daher aufgegriffen, um in den folgenden Kapiteln darauf aufbauen zu können.

Da die Entwicklung neuronaler Netze und der historische Ursprung aus der Informatik stammt, wurde dieses Gebiet lange Zeit von der Statistik vernachlässigt. Die Überschneidungen zwischen den neuronalen Netzen und der Statistik sind sehr vielfältig und werden daher in Kapitel 4 näher dargestellt. Funktionapproximation ist ein essentieller Bestandteil der Statistik, so daß beide Gebiete sehr verwandt sind. Neben den unterschiedlichen Bezeichnungen, die sich auf Grund der unterschiedlichen historischen Entwicklung ergeben haben, war vor allem der Backpropagation-Algorithmus Zentrum der Betrachtung, da er vielfach Verwendung im modernen Portfoliomanagement findet.

In den verbleibenden Kapiteln wurden die Einsatzmöglichkeiten neuronaler Netze in den verschiedenen Anwendungsbereichen des Portfoliomanagements untersucht. Dabei wurde besonderer Wert auf die Ertrag- und Risikobetrachtung gelegt. Neben den beiden Dimensionen sollte jeweils eine Anwendung aus dem Aktien- und eine aus dem Bondportfoliomanagement stammen. Da im Bondportfoliomanagement, im Gegensatz zu Aktienmanagement, die zukunftigen Zahlungsströme bekannt sind, ist die Verknüpfung der deterministischen

122

Risikokomponente mit der stochastischen ein wesentlicher Aspekt der Arbeit.

Der Inhalt von Kapitel 5 galt der Betrachtung von neuronalen Netzen zur Schätzung von volkswirtschaftlichen Daten. Dabei wurde neben den neuronalen Netzen auch ein statistischer und ein ökonometrischer Ansatz formuliert. Neben einer kurzen Skizze der bekannten Schätzverfahren der Statistik wurden zwei neuronale Netze verwendet, um die Prognosen der Verfahren zu evaluieren. Zusammenfassend konnte in diesem Kapitel gezeigt werden, daß sich neuronale Netze für die Prognose von Zeitreihen bewährt haben.

In Kapitel 6 wurden neuronale Netze zur Schätzung eines nichtlinearen CAPM bzw. Ein-Indexmodell verwendet. Bei den benutzten Modellen handelte es sich um lernende Netze, die auf dem Prinzip des Backpropagation-Algorithmus basieren. Am Beispiel des Problems des CAPM wurde aufgezeigt, daß die verwendeten Variationen des Backpropagation-Algorithmus in der Modellierung der nichtlinearen Zusammenhänge besser geeignet sind. Neben den Algorithmen stand die Fragestellung der "Optimierung" der Netze im Vordergrund. Dabei wurde erstmals ein Informationsmaß aus der Statistik verwendet.

Den Schwerpunkt in Kapitel 7 bildete das Themengebiet der Volatilität. Da viele moderne Finanzierungsinstrumente auf der Volatilität aufbauen, und dieser Begriff sehr vielschichtig ist, wurde er in den verschiedenen Facetten erörtert. Die Volatilität spielt eine zunehmend wichtige Rolle im Portfoliomanagement. Daher wurden in diesem Kapitel viele Ansätze zur Modellierung der Volatilität vorgestellt. Neben der Bestimmung der Volatilität bei Optionen und einem Volatilitätsfuture war der Schwerpunkt diese Kapitels die Schätzung der Volatilität mit einem neuronalen Netz. Dazu wurde ein neu entwickelter Algorithmus vorgestellt und die empirischen Ergebnisse in Bezug zu modernen Schätzverfahren aus der Statistik gesetzt.

Die Zerlegung der Zinsstrukturkurve in ihre wesentlichen Komponenten bildete die Grundlage in Kapitel 8. Aus der Risikoanalyse wurden Maße zur Beurteilung der Zinssensitivität von Anleihen entwickelt, die die deterministische Risikobetrachtung mit der stochastischen in Einklang bringt. Um die Risikoanalyse im Bondportfoliomanagement abzurunden, wurde noch das Ausfallrisiko eines Schuldners, d.h. das Bonitätsrisiko analysiert, und Modelle zur Berücksichtigung des Bonitätsrisikos entwickelt. Es gibt viele Ansätze für zukünftige Arbeiten:

- Inwieweit lassen sich unterschiedliche Verfahren zur Optimierung von neuronalen Netzen einsetzen? Mit Hilfe von umfangreichen Monte Carlo Simulationen könnten die Optimierungsalgorithmen verglichen werden.

- Wie kann ein neuronales Netz die implizite Volatilität von Optionen in Abhängigkeit von der Laufzeit der Option schätzen?

- Wie kann ein neuronales Netz aussehen, um den Volatilitäts-Smile von Optionen zu schätzen?

- Können neuronale Netze zur Analyse von Faktormodellen, d.h. der Arbitrage Pricing Theorie, eingesetzt werden und neue Anhaltspunkte liefern? Welche Einflußgrößen spielen für die Aktienmärkte ein bedeutende Rolle?

Lösungen dieser Fragestellungen wären für viele Probleme des Portfoliomanagements von Vorteil. Dadurch könnte das in dieser Arbeit aufgezeigte Potential in weiteren praktischen Anwendungen ausgenutzt werden.

Adorf, H-M : Connectionism and Neural Networks. In: Knowledge Bases System in Astronomy, Hrsg. von F. Murtagh, Springer (WiSt), (1991) Heft 12, S. 625-627.

Altrock von, C.: Neuronale Netze. In: Wirtschaftswissenschaftliches Studium (WiSt), (1991) Heft 12, S. 625-627.

Arminger, G.: Ökonometrische Schätzmethoden für neuronale Netze. Arbeitspapier der Bergischen Universität GH Wuppertal, Fachbereich 6, Gaußstraße 20, 5600 Wuppertal, S. 1-12.

Arminger, G., Küsters, U.: Programmieren in Gauss, Gustav Fischer Verlag, Stuttgart, 1989.

Aptech Systems Inc. GAUSS Handbook Vol. I & II, 1994.

Ashley, R., Patterson, D.: Linear versus Nonlinear Macroeconomies: A Statistical Test. In: International Economic Review, (1989) Vol 30, No. 3, S. 685-704.

Ashley, R., Patterson, D.: A Diagnostic Test for Nonlinear Serial Dependence in Time Series Fitting Erros. In: Journal of Time Series Analysis, (1986) Vol. 7, No. 3. S. 165-179.

Baetge, J., Feidicker, M., Koch, H., Krause, C., Mertens, P., Erxleben, K.: Klassifikation von Unternehmen - ein Vergleich von Neuronalen Netzen und Diskriminanzanalyse. In: Zeitschrift für Betriebswirtschaft, (1992) Heft 11, S. 1237-1262.

Ball, C.A., Torous, W.N.: On Unit Roots and the Estimation of Interest Rate Dynamics. In: Journal of Empirical Finance 3, (1996), S. 215-238.

Bamberg, G., Baur, F.: Statistik. 6. Aufl.,Oldenbourg, München, 1989.

Barac, A., Refenes A.N.: Currency Exchange Rate Prediction and Neural Network Design Strategies. In: Neural Computation & Application, (1993) 1. S. 46-58.

Barber, J.: A Note on Approximating Bond Price Sensitivity using Duration and Convexity. In: The Journal of Fixed Income, March (1995), S. 95-98.

Barber, J.: Immunization Using Principal Component Analysis. In: The Journal of Portfolio Management, Fall (1996), S. 99-105.

Barlage, U.: Neuronale Netze - Computersimulation von Denkvorgängen. In: Apotheken-Magazin, (1992) Heft 10, S. 230-239.

Barr, D.: Artificial Intelligence. In: Technical Analysis of Stock & Commodities, (1993) Heft 10, S. 1-28.

Barr, T.: Netze im Aufwind. Künstliche neuronale Netze - Stand der Forschung und praktischer Einsatz. In: c't, (1991) Heft 4, S. 78-92.

Baron Le, B.: Forecast Improvements using a Volatility Index, In: Journal fo applied econometrics, (1992) Vol. 7, S. 137-149.

Bauer, R., Liepins, G.: Genetic Algorithms and Computerized Trading Strategies. In: Expert Systems in Finance, (1992) Heft 5, S. 89-100.

Baun, S., Storm, A.: Neuronale Netze kennen schon heute die Zukunft. In: Banking & Finance, (1992) Heft 6, S. 8-11.

Baun, S.,Strom, A.: Neuronale Netze in der Finanzprognose - Besondere Problempunkte und Lösungen. In: Sparkasse, (1992) Heft 11, 109. Jahrgang, S. 535-540.

Baun, S., Köhr, T.: Zinsprognose mit neuronalen Netzen. Projektbericht der Siemens AG, Corporate Research, (1994) Otto Hahnring 6, 8000 München 83, S. 1-19.

Bates, D., Watts, D.: Nonlinear Regression Analysis and its Application. John Wiley & Sons, 1988.

Bazley, G.: A Report of the Pracitcal Application of a Neural Network in Financial Service decision making. In: Artificial Neural Nets and Genetics Algorithms, (1993), S. 307-315.

Beckers, St., Cummins, P., Woods, C.: The Estimation of Multiple Factor Models and their Applications: The Swiss Equity Market. In: Finanzmarkt und Portfolio Management, Jg. 7 (1993) Nr. 1, S. 24-43.

Beckers, St.: Variances of Security Price Returns Based on High, Low and Closing Prices. In: Journal of Business, Vol. 56 No. 1 (1983), S. 97-112.

Berndt, M.: Kapitalmarktprognosen mit neuronalen Netzen. In: Die Bank, Nr. 4 (1995), S.226-230.

Bischoff, R., Bleile, C., Graalfs, J.: Der Einsatz neuronaler Netze zur betriebwirtschaftlichen Kennzahlenanalyse. In: Wirtschaftinformatik, Jg. 33 (1991) Heft 5, S. 375-385.

Black, F. , Scholes M.: The Pricing of Options and Corporate Liabilities. In: Journal of Political Economy, (1973), 81(3), S. 637-654.

Blume, M.: Betas and Their Regression Tendencies. In: Journal of Finance, Vol. 10 (1975).

Brause, R.: Neuronale Netze. Eine Einführung in die Neuroinformatik. 1. Aufl., Teubner, Stuttgart, 1991.

Bronstein, I., Semendjajew, K.: Taschenbuch der Mathematik. 23. Aufl., Harri Deutsch, Thun und Frankfurt,M., 1987.

Brown, St. J., Weinstein, M.: A New Approach to Testing Asset Pricing Models - the

Bilinear Paradigm. In: The Journal of Finance, (1983) Vol. 37 No. 3, S. 711-743.

Bodie, Z., **Kane**, A., **Marcus**, A.: Investments, 2nd ed., Irwin, Homewood, Boston, 1993.

Bollerslev, T.: Generalized Autoregressive Conditional Heteroskedasticity. In: Journal of Econometrics, Vol. 31. (1986), No. 3, S. 307-327.

Brennan, M., Schwarz, E. : A Continuous Time Approach to the Pricing of Bonds. In: Journal of Banking and Finance, (1979), S. 133-155.

Bulsari, A., Saxén H.: A Recurrent Neural Network for Time-Series Modelling. In: Artificial Neural Nets and Genetic Algorithms, Proceedings of the International Conference in Innsbruck, Austria, (1993), S. 285-291.

Burger, A., Schellberg B.: Rating von Unternehmen mit neuronalen Netzen. In: Betriebsberater, (1994) Heft 13, S. 869-872.

Bühler, A., Hies M. : Zinsrisiken und Key-Rate-Duration. In: Die Bank, (2/1995), S. 112-118.

Bühler, A.: Bewertung, Preischarakteristika und Risikomanagement von zinsderivativen Wertpapieren im Rahmen eines Einfaktorenmodelles. In: Finanzmarkt und Portfolio Management, Nr. 4. (1994), S. 468-498.

Bühler, A., Zimmermann, H. : A Statistical Analysis of the Term Structure of Interest Rates in Switzerland and Germany. In: The Journal of Fixed Income, Dezember (1996), S. 55-67.

Carlos, P.-P., Anibal F.-V.: Nonlinear Time Series Modeling by Competitive Segmentation of State Space. In: New Trends in Neural Computation, (1993), S. 525-530.

Caudill, M.: Expert Networks. An Emerging Technology Maries Expert Systems and Neural Networks to Provide the Best of Both World. In: Byte, (1991) Heft 10, S. 108-116.

Change, D., Jordan, J.: Duration, Convexitiy and Time as Components of Bond Returns. In: The Journal of Fixed Income, September (1996), S. 88-96.

Chen, R., Scott, L. : Multi-Factor Cox-Ingersoll-Ross Models of the Term Structure: Estimates and Test from a Kalman Filter Model, Working Paper (1993), University of Georgia.

Chia-Fen, Chang, Bing, Sheu, Jeff, Th.: Multi-layer Back-Propagation Neural Networks for Finance Analyses. In: World Congress on Neural Networks - Portland, (1993) Volume I, S. 445-450.

Cox, J., Ingersoll, J., Ross, St.: A Theory of the Term Structure of Interest Rates. In:

Econometrica, Vol. 53 No. 2, March (1985), S. 385-407.

Croall, I. F., Mason, J. P.: ESPRIT Projekt 2092. Applications of Neural Networks for Industry in Europe ANNIE. Project Handbook, Oktober 1991.

Collard, J.: A B-P ANN Commodity Trader. In: Neural Information Processing Systems 3, (1991), S. 551-556.

Corrado, Ch.-J., Miller T. W.: A Note on a Simple, Accurate Formula to Compute Implied Standard Deviations. In: Journal of Banking and Finance, (1996) 20, S. 595-603.

Dahl, H. : A Flexible Approach to Interest Rate Risk Management. In: S.A. Zenios, (ed.): Financial Optimization (1993), Cambridge University Press, S. 189-209.

Dattatreya, R., Fabozzi, F.: The Risk-Point Method for Measuring and Controlling Yield Curve Risk. In: Financial Analyst Journal, July/August (1995), S. 45-54.

De Jong, D. N., Nankervis, J. C., Savin, N.E., Whiteman, Ch.: Integration versus Trend Stationarity in Time Series. In: Econometrica, (1992) Vol. 60 No. 2, S. 423-433.

Devijver, P.A., Kittler, J., Pattern Recognition: A Statistical Approach, Prentice-Hall, London, 1982.

Diamond, C., Shadbolt, J., Barac, Azema, Refenes, A.: Neural Network System for Tactical Asset Allocation in the Global Bonds Markets. In: Artificial Neural Networks, (1993), S. 118-122.

Dockner, E., Gaunersdorfer: Die Bedeutung der Chaostheorie für die empirische Kapitalmarktforschung. In: ÖbA, (1995) Nr. 6, S. 427-439.

Duan, J., Simonato, J.: Estimating and Testing Exponential-Affine Term Structure Models by Kalman Filter, Working Paper (1995), University of Montreal.

Domke, M.: Werden Neuronale Netze langsam praxisreif ? In: Online (1990) Heft 2, S. 40-43.

Dziedzina, M.: Mathematisch-Statistische Methoden zur Aktiendepot Optimierung. Harri Deutsch Verlag, 1987.

Elton, E. J., Gruber, M. J.: Expectational Data and Japanese Stock Prices. In: Japan and the Worls Economy, (1989) Vol.1, S. 391-401.

Elton, E. J., Gruber, M. J.: A Multi-Index Risk Model of the Japanese Stock Market. In: Japan and the World Economy, (1988) Vol. 1, S. 21-44.

Elton, E. J., Gruber, M. J.: Modern Portfolio Theory and Investment Analysis. 4th edition,

John Wiley & Sons, New York, 1991.

Enders, W. : Applied Econometric Time Series, John Wiley & Sons, 1995.

Engle, R.: Autoregressive Conditional Heteroscedasticity with Estimates of the Variance of United Kingdom Inflation. In: Econometrica, (1982) Vol. 50, No. 4, S. 987-1007.

Fabozzi, F. : Valuation of Fixed Income Securities and Derivatives, Fabozzi Associates Publisher, New Hope, 1995.

Falkenstein, E., Hanweck, J.: Minimizing Basis Risk from Non-Parallel Shifts in the Yield Curve. In: The Journal of Fixed Income, June (1996), S. 60-68.

Falkenstein, E., Hanweck, J.: Minimizing Basis Risk from Non-Parallel Shifts in the Yield Curve Part II: Principal Components. In: The Journal of Fixed Income, June (1997), S. 85-90.

Fan, J., und Müller, M.: Density and Regression Smoothing. Technical Report, Humboldt - University Berlin, Germany, 1994.

Farnum, N. R., Stanton L.W.: Quantitative Forecasting Methods, 1. Aufl., PWS-Kent-Publishing, Boston, 1989.

Farrell, H. C., Olszewski E, A.: Assessing Inefficiency in the S&P 500 Futures Market. In: Journal of Forecasting, (1993) Vol. 12, S. 395-420.

Feng, Xin, Schulteis, J.: Identification of High Noise Time Series Signals Using Hybrid ARMA Modeling and Neural Networks Approach. In: IEEE International Conference on Neural Networks, (1993) Volume III, S. 1785-1780.

Francis, G., Hardman, C.: Trained to Forecast, In: RISK, (1993) Vol. 6, S. 54-56.

Frantzmann, H.-J.: Zur Messung des Marktrisikos deutscher Aktien, In: zfbf, (1990) Vol. 42, S. 67-83.

Freisleben, B.: Stock Market Prediction with Backpropagation Networks. In: Proceedings of the 5th International Conference on Industrial and Engineering Applications of Artificial Intelligence and Expert Systems (IEA/AIE'92), Lectures Notes in Artificial Intelligence, Vol. 604, Springer Verlag, 1992, S. 451-460.

Freisleben, B.: Neuronale Netze: Modelle und Anwendungen, Habilitationsschrift der TU-Darmstadt, Fachbereich Informatik, 1993.

Freisleben, B, Hagen, C.: A Hierarchical Learning Rule for Independent Component Analysis. In Procedings of the 1996 International Conference on Artificial Neural Networks (ICANN'96) Volume 1112 of Lecture Notes in Computer Science, Bochum, Germany,

1996, Springer Verlag, S. 525-530.

Freisleben, B., Ripper, K. : Neuronale Netze zur Renditeschätzung von Aktien nach dem CAPM-Kapitalmarktmodell, In: Proceedings of the 1995 Symposium on Operations Research, Passau, Springer-Verlag, 1995.

Freisleben, B. Ripper, K.: Economic Forecasting Using Neural Networks, In: Proceedings of the 1995 IEEE International Conference on Neural Networks, (1995), Vol. 2, S.833-838.

Freisleben, B., Ripper, K.(1996b): Ein neuronales Netz zur nichtlinearen Volatilitätsschätzung, In: Proceedings of the 1996 Symposium on Operations Research, Braunschweig, Springer-Verlag, 1996, S. 433-438.

Freisleben, B., Ripper, K. (1997a): Neuronale Netze zur volkswirtschaftlichen Zeitreihenprognose, In: Wirtschaftwissenschaftliches Studium, (Juni 1997), S. 315-318.

Freisleben, B., Ripper, K. (1997b): Neuronale Netze zur Renditeschätzung von Aktien nach dem CAPM-Kapitalmarktmodell. In: Zeitschrift für Betriebswirtschaft, Ergänzungsband Finanzierung, (2/1997), S. 51-63.

Freisleben, B., Ripper, K. (1997c): Volatility Estimation with a Neural Network. In: Proc. of the 1997 IEEE/IAFE International Conference on Computational Intelligence for Financial Engineering, New York, IEEE Press, 1997, S. 177-181.

Freisleben, B., Ripper, K. (1998): Statistische Analyse des Zinsprozeßrisikos von Anleihen und zinsderivativen Wertpapieren. In: Kredit und Kapital, (2/1998), S.245-272.

Fritsch, T., Kraus, P.H., Przuntek, H., Tran-Gia, P.: Classification of Parkinson Rating-Scale-Data Using a Self-Organizing Neural Net. In: IEEE International Conference on Neural Networks, (1993) Volume I, S. 93-96.

Froitzheim, U.: Das bessere Gehirn. In: Wirtschaftswoche, (1992) Nr. 42. S. 138-143.

Frohn, J.: Grundausbildung in Ökonometrie. 1. Aufl., de Gruyter, Berlin 1980.

Füser, C.: NeuroBond, In: Anlage Praxis, (1995) Nr.1, S. 6-10.

Gallant, R., Ellner, S., Nychka, D., McCaffrey, D.: Finding Chaos in Noisy Systems. In: Journal Royal Statistical Society, Vol. 54(2) (1992), S. 339-426.

Galler, M., Kryzanowski, L., Wright, D.: Using Artificial Neural Networks to Pick Stocks. In: Financial Analyst Journal, (1993) July-August, S. 21-27.

Gabriel, R.: Expertensysteme zur Lösung betriebwirtschaftlicher Problemstellungen. In: Zeitschrift für betriebwirtschaftliche Forschung, (1991) Nr. 43 Heft 6, S. 544-561.

Garman, M., Klass, M.: On the Estimation of Security Price Volatilities from Historical Data. In: Journal of Business, (1980) Vol.53 No. 1, S. 67-78.

Gent, C.R., Sheppard, C.P.: A General Purpose Neural Networks Architecture for Time Series Prediction. In: Second International Conference on Artificial Neural Networks, (1991), S.323-327.

Geyer, A., Schwaiger, W.: GARCH-Effekte in der Optionsbewertung. In: Zeitschrift für Betriebswirtschaft, (1995), S. 533-549.

Geyer, A.: Ein neuer Ansatz für die Beschreibung der Varianz von Renditen. In: Österreichisches Bank Archiv, (1994) Nr. 3, S.202-206.

Geyer, A., Pichler, S.: A State-Space Approach to Estimate and Test Multi-Factor Cox-Ingersoll-Ross Models of the Term Structure, Working Paper (1996), Wirtschaftsuniversität Wien.

Ginzberg, Horn, D.: Learning the Rule of a Time Series. In: International Journal of Neural Systems, (1992) Volume III Number 2, S. 167-177.

Golub, B. W., Tilaman, L.M. : Measuring Yield Curve Risk Using Principal Components Analysis, Value at Risk, and Key Rate Durations. In: The Journal of Portfolio Management, Summer (1997), S. 72-84.

Granger, C., Teräsvirta, T.: Modelling Nonlinear Economic Relationships - Advanced Texts in Econometrics, Oxford University Press, New York, 1993.

Grauf, Debbie: Neural Networks: Beginning to See Some Practical Applications. In: Fides-Dialog, (1992), S. 20-23.

Grinold, R.: Is Beta Dead Again?, In: Financial Analyst Journal, (1993) Aug., S. 28-34.

Hagen, C.: Neuronale Netze zur statistischen Datenanalyse, Dissertation, TU Darmstadt, Fachbereich Informatik, 1997.

Hall, L. O., Romaniuk, St. G.: Decision Making on Creditworhiness, Using a Fuzzy Connectionist Model. In: Fuzzy Sets and Systems, (1992) Volume 48, S. 15-22.

Hauser, S., Reisert, A.: Zinsprognosen und Ansätze zu ihrer Verbesserung. In: Sparkasse, (1990) Heft 10, S. 450-455.

Hamao, Y.: An Empirical Examination of the Arbitrage Pricing Theory - Using Japanese Data. In: Japan and the World Economy, (1988) Vol. I, S. 45-61.

Hamerle, A., Ulschmid C.: Emiprische Performance der zweistufigen CAPM Tests. In: Zeitschrift für Betriebswirtschaft, Nr. 66 (1996), S. 301-323.

Hantschel, G.: Planung und Optimierung mit Neuronalen Netzen. KPMG Unternehmensberatung. Unterlagen zur Tagung vom 5.-6. Feb. 1992 Sheraton Hotel, Frankfurt/M. Flughafen.

Hartung, J.: Statistik, 8. Aufl., Oldenbourg, München, 1991.

Hartung, J., Elpelt, B.: Mulivariate Statistik - Lehr- und Handbuch der angewandten Statistik, 4. Aufl., Oldenbourg, München, 1992.

Härdle, W., Klinke, M., Turlach, G. : Xplore: An Interactive Statistical Computing Enviroment, Springer-Verlag, Berlin, 1995.

Hawley, D., Johnson, J., Riana, D.: Artificial Neural Systems: A New Tool for Financial Decision-Making. In: Financial Analyst Journal, (1990) Nov./Dec., S. 63-72.

Hebb, D.O.: The Organisation of Behavior, Wiley, New York, 1949.

Hecht-Nielsen, R.: Neurocomputing, 1. Aufl., Addison-Wesley Publishing, New York, 1990.

Hensel, G.: Wenn Entscheidungen schwierig werden. In: Diebold Management Report, (1993) Nr. 12, S. 17-21.

Herrmann, R., Narr, A.: Risk Neurality. In: RISK, August (1997), S. 23-29.

Hertz, J., Krogh, A., Palmer, R.: Introduction to the Theory of Neural Computation. 1. Aufl., Addison-Wesley, Redwood City, 1991.

Hielscher, U.: Investmentanalyse, Oldenbourg, München, 1990.

Hilliard, J. E., Schwartz, A.: Binomial Option Pricing Under Stochastic Volatility on Correlated State Variables. In: The Journal of Derivatives, (1996) Vol. 4, S. 23-39.

Ho, T.: Key Rate Durations: Measures of Interest Rate Risk. In: Journal of Fixed Income, (Sept. 1992), S. 29-44.

Ho, T. : Evolution of Interest Rate Models: A Comparison. In: The Journal of Derivatives, Summer (1995), S. 9-20.

Ho, T., Chen, M., Eng, F.: VAR Analytics: Portfolio Structure, Key Rate Convexities, and VAR Betas. In: The Journal of Portfolio Management, Fall (1996), S. 89-97.

Hoptroff, R.G.: The Principles and Practice of Time Series Forecasting and Business Modeling Using Neural Nets. In: Neural Computing & Applications, (1993) Volume 1 Nr. 1, S. 59-66.

Hölldobler, S.: Automated Inferencing and Connectionist Models, Habilitationsschrift,

Fachbereich Informatik, TU Darmstadt, 1993.

Hopfield, J.J: Neural Networks and Physical Systems with Emergent Collective Computational Abilities, Proceedings of the National Academy of Sciences, USA, 79, 1982, S. 2254-2558.

Hopfield, J.J., Tank, D.W.: Neural Computation of Decisions in Optimization Problems. Biological Cybernetics, Vol. 52, 1985, S. 141-152.

Hsu, W., Hsu, L.S., Tenorio, M.F.: A Clustnet Architecture for Prediction. In: IEEE International Conference on Neural Networks, (1993) Volume I, S. 329-334.

Huberman, G.: A Simple Approach to Arbitrage Pricing Theory. In: Journal of Economic Theory, (1982) Vol. 28, S. 183-191.

Hull, J. C.: Options, Futures, and Other Derivative Securities. Englewood Cliffs: Prentice-Hall, 1993.

Ilmanen, A.: How Well Does Duration Measure Interest Rate Risk? In: The Journal of Fixed Income, March (1992), S. 43-51.

Jolliffe, I.T.: Principal Component Analysis, Springer-Verlag, New York, 1986.

Jones, R. C.: Designing Factor Models for Different Types of Stock: What's Good for the Goose Aint't Always Good for the Gander. In: Financial Analyst Journal, (1990) March/April, S. 25-26.

Judge, G., Griffiths, W.E., Hill, C., Lütkepohl, H., Lee, T.-C.: The Theory and Practice of Econometrics, 2nd edition, Wiley John & Sons, New York, 1985.

Judge, G., Griffiths, W.E., Hill, C., Lütkepohl, H., Lee, T.-C.: Introduction to the Theory and Practice of Econometrics, 2nd edition, Wiley John & Sons, New York, 1988.

Kandel, E.R., Schwartz, J.H.: Principles of Neural Science, Elsevier, New York, 2 Edition, 1985.

Kaweller, I., Marshall, J.: Deriving Zero-Coupon Rates: Alternatives to Orthodoxy. In: Financial Analyst Journal, May/June (1996), S. 51-55.

Kemke, Ch.: Der neuere Konnektionismus. Ein Überblick. In: Informatik-Spektrum, (1988) Heft 11, S. 143-162.

Kil, Rhee M., Choi, Jin Y.: Time-Series Prediction Based on Global and Local Estimation Models. In: Word Congress on Neural Networks, (1993) Volume IV, S. 617-621.

Kindermann, J., Linden, A.: Distributed Adaptive Neural Information Processing, 1. Aufl., Oldenbourg, München, Wien 1990.

Kinnebrock, W.: Neuronale Netze - Grundlagen, Anwendungen, Beispiele, 1. Aufl., Oldenbourg, München, 1992.

Kinnon Mac, J., Davidson R.: A New Form of the Information Matrix Test. In: Econometrica, (1992) Vol. 60 No. 1, S. 145-157.

Köhle, M.: Neurale Netze. 1. Aufl., Springer, Wien, New York 1990.

Kohonen, T.: Self-Organization and Associative Memory, Springer-Verlag, Berlin, 3rd Edition, 1989.

Kratzer, K.P.: Neuronale Netze. 1. Aufl., Carl Hanser, München Wien 1990.

Krekel, D.: Neuronale Netze in der Anwendung. In: Wirtschaftsinformatik, Jg. 33 (1991) Heft 5, S. 353-354.

Kurbel, K.: Eine Beurteilung konnektionistischer Modelle auf der Grundlage ausgewählter Anwendungsprobleme und Vorschläge zur Erweiterung. In: Wirtschaftsinformatik, Jg. 33 (1991) Heft 5, S. 355-363.

Kühn, M.: Gewagte Geschäfte - neuronale Netze an der Börse. In: c't, (1991) Heft 12, S. 62-66.

Kühn, M.: Künstliche neuronale Netze spielen elektronische Kassandra. In: Computerwoche, (1992) Heft 5, S. 46-48.

Küster, U., Arminger, G.: Programmieren in GAUSS, Verlag Gustav Fischer, Stuttgart, 1989.

Kurková, V.: Kolmogorov's Theorem is Relevant. In: Neural Computation, (1991) Heft 3, S. 617-622.

Kushner, H.J.: Asymptotic Global Behavior for Stochastic Aproximation and Diffusions With Slowly Decreasing Noise Effects: Global Minimization Via Monte Carlo, In: Society for Industrial and Applied Mathematics, (1987) Feb., Vol. 47, S. 169-185.

Lapedes, A, Faber R.: Nonlinear Signal Processing Using Neural Networks - Prediction and System Modelling. In: Neural Networks, (1987) Juni Heft 6, S. 2-36.

Lee, H. C., Park, K. Ch.: Prediction of Monthly of the Composition Stock Price Index Using Recurrent Back-Propagation. In: Artificial Neural Networks, (1992) Volume III, S. 1629-1632.

Leippold, M.: Numerische Methoden in der Optionspreistheorie: Monte Carlo und Quasi-Monte Carlo Methode. In: Finanzmarkt und Portfolio Management, (1997) Nr. 2, S. 179-

196.

Leitner, S.: Valuation and Risk Management of Interest Rate Derivative Securities, Verlag Paul Haupt, Bern, Stuttgart, Wien, 1992.

Lenat, D.: Software für Künstliche Intelligenz. In: Spektrum der Wissenschaft, (1984) Heft 11, S. 178-189.

Lintner, J. : Security Prices, Risk and Maximal Gains from Diversification. In: Journal of Finance, 20 (1995), S. 587-615.

Lippmann, R.: An Introduction to Computing with Neural Nets. In : IEEE Magazine, (1987) Heft 4, S. 4-22.

Litterman, R., Scheinkman, J. (1991a): Common Factors Affecting Bond Returns. In: Journal of Fixed Income, June 1991, S. 54-61.

Litterman, R., Scheinkman, J., Weiss, L. (1991b): Volatility and the Yield Curve, The Journal of Fixed Income, June 1991, S. 49-53.

Litterman, R., Scheinkman, J., Knez, P.: Explorations Into Factors Explaining Money Market Returns. In: The Journal of Finance, Vol. XLIX, No. 5, December (1994), S. 1861-1883.

Longstaff, F., Schwarz, E.: Interest Rate Volatility and the Term Structure: A Two-Factor General Equilibrium Model. In: The Journal of Finance, September (1992), S. 1259-1282.

Luh, W.: Mathematik für Naturwissenschaftler II. 3. Aufl., Aula, Wiesbaden 1985.

Lüthje, B.: Erfolgreiche Zinsprognosesysteme, VöB-Service, Bonn 1994.

Lütkepohl, H., Lee, T., Judge, G., Griffiths, W., Hill, C.: The Theory and Practice of Econometrics, John Wiley & Sons, 1985.

Macaulay, F.: Some Theoretical Problems Suggested by the Movements of Interest Rates, Bond Yields, and Stock Prices in the United States since 1856, Columbia University Press, New York, 1938.

Mandelbrot, B.: The Variation of Certain Speculative Prices. In: The Journal of Business, (1963) Vol. 36, S. 62-84.

Mani, G.: Lowering Variance of Decisions by Using Artificial Neural Network Portfolios. In: Neural Computation, (1991) Volume III, S. 484-486.

Marletta, L., Cammarata, G., Cavalieri, S., Fichera, A: Neural Networks Versus Regression Techniques for Noise Prediction in Urban Areas. In: World Congress on Neural Networks - Portland, (1993) Volume I, S. 237-240.

Marinell, G.: Multivariate Verfahren. 1.Aufl., Oldenbourg, München, 1977.

Margarita, S., Beltratti, A.: Stock Price and Volume in an Artificial Adaptive Stock Market. In: New Trends in Neural Computation, (1993), S. 714-719.

Markowitz, H.: Portfolio Selection: Efficient Diversification of Investment, 2nd ed., T J Press, Padstow, 1991.

Markus, M.: Ljaponow-Diagramme. In: Spektrum der Wissenschaft, April (1995), S. 66-73.

Marquez, L., Hill, T.: Funktion Approximation Using Backpropagation and General Regression Neural Networks. In: Proceedings of the Twenty-Sixth Annual Hawai International Conference on System Science, (1993) Volume IV, S. 607-615.

Maureen, C.: Expert Networks. In: Byte, (1991) Oct., S. 108-112.

Mayhew, S.: Implied Volatility. In: Financial Analyst Journal, July-August (1995), S. 8-20.

Männer, R., Lange, R.: Rechnen mit Neuronalen Netzen. In: Physikalische Blätter, Jg. 50 (1994) Heft 5, S. 445-449.

Mehlisch, St.: Markteffizienz, Nutzenfunktion und Innovation. Unveröffentliches Manuskript der SBG.

Mehlisch, St.: Kursprognose durch neuronale Netze. Manuskript eines Referats bei der SBG, Oktober 1991.

Mendelsohn, L.: Preprocessing Data for Neural Networks. In: Technical Analysis of Stocks & Commodities, (1993) Oct., S. 52-58.

Mengel, P.: Neuronale Netze für die industrielle Qualitätssicherung: Automatische Klassifizierung von Lötstellen auf Flachbaugruppen. Unterlagen zur Tagung vom 5.-6. Feb. 1992 Sheraton Hotel, Frankfurt/M. Flughafen, S. 1-6.

Mosbaek, E.,Wold, H.: Interdependent Systems - Structure and Estimation, 1. Aufl., North-Holland Publishing Company, 1970.

Mossin, J.: Equilibrium in a Capital Asset Market. In: Econometrica, 34 (1966), S. 261-275.

Müller, B., Reinhardt, J.: Neural Networks. An Introduction. 1. Aufl., Springer, Berlin Heidelberg New York, 1990.

Obermeier, K.: Time to Get Fired Up. IBM PCs, Macs. In: BYTE, (1989) Heft 8, S. 217-224.

Obst, G., Hinter: Geld-,Bank- und Börsenwesen, 39. Aufl., Schäffer-Poeschel Verlag, Stuttgart, 1993.

Oertmann, P.: Size Effect and Performance von deutschen Aktien. In: Finanzmarkt und Portfolio Management, Jg. 8 (1994) Nr. 2, S. 197-211.

Olsen, R.,Dacorogna M.: Recent Advances in Economic Research. In: Projektbericht der Olsen & Associates Research Institut, (1993) Seefeldstraße 233, 8008 Zürich, S. 1-6.

Olsen, R., Dacorogna, M., Müller, U., Pictet O.: Going Back to the Basics - Rethinking Market Efficiency - a Discussion Paper. In: Projektbericht der Olsen & Associates Research Institut, (1992), Seefeldstraße 233, 8008 Zürich, S. 1-6.

Papoulis, A.: Signal Analysis, McGraw-Hill, New York, 1977.

Paulson, A., Scacchia, J., Goldenberg, D.: Skewness and Kurtosis in Pricing European and American Options. IEEE Conference on Computational Intelligence for Financial Engineering, (1997), New York, S. 171-176.

Pearson, N. D., Suns, T.S.: Exploiting the Conditional Density in Estimation of the Term Structure: An Application to the Cox, Ingersoll and Ross Model. In: Journal of Finance 49, 1994, No. 4, S. 1279-1304.

Peraran, H., Timmermann, A.: Forecasting Stock Returns: An Examination of Stock Market Trading in the Presence of Transaction Costs. In: Journal of Forecasting, 13 (1994), S. 335-367.

Peridon, Louis,Steiner, Manfred: Finanzwirtschaft der Unternehmen. 5. Aufl., Vahlen, München, 1988.

Persaran, H., Timmermann, A.: Forecasting Stock Returns - An Examination of Stock Market Trading in the Presence of Transaction costs. In.: Journal of Forecasting, (1994) Vol. 13, S. 335-367.

Pindyck, R.S.,Rubinfeld D.L.: Econometric Models & Economic Forecasts, 3. Aufl. McGraw-Hill, New York, 1991.

Pintaske, J: Bonitätsprüfung - Subjektive Gratwanderung? Neuronale Netze in der Praxis. In: Geldinstitute, (1991) Heft 11, S. 14-18.

Plummer, T.: Order and chaos in financial markets. In: Market Technician, (1990) Heft 10, S. 14-20.

Poddig, T.: Künstliche Intelligenz und Entscheidungstheorie, 1. Aufl., Deutsche Universitäts-Verlag, Wiesbaden, 1992.

Poddig, T.: Analyse und Prognose von Finanzmärkten, 1. Aufl., Uhlenbruch Verlag, Bad Soden/Ts., 1996.

Popper, K.: Logik der Forschung, 9. Auflage, J.C.B. Mohr (Paul Siebeck), Tübingen, 1989.

Press, W., Flannery, B., Teukolsky, S., Vetterling, W: Numerical Recipes in Pascal, Cambridge University Press, 1994.

Priestley, M.B.: Non-linear and Non-Stationary Time Series Analysis. Academic Press Limited London/ New York, 1989.

Refenes, A.N.,Azema-Barac, M.,Zapranis, A.D.: Stock Ranking: Neural Networks vs Multiple Linear Regression. In: International Conference on Neural Networks 1993 IEEE, (1993), S. 1419-1426.

Refenes, A.N.,Azema-Barac,Chen, L.,Karoussos, S.A.: Currency Exchange Rate Prediction and Neural Network Design Strategies. In: Neural Computing & Applications, (1993), S. 46-58.

Rehkugler, H., Poddig, Th.: Statistische Methoden versus künstliche neuronale Netzwerke zur Aktienkursprognose. Eine vergleichende Studie. Bamberger betriebswirtschaftliche Beiträge Nr. 73, 1990.

Rehkugler, H., Poddig, T.: Künstliche Neuronale Netze in der Finanzanalyse. In: Wirtschaftsinformatik, Jg. 33 (1991) Heft 5, S. 365-374.

Rehkugler, H., Poddig, T.: Neuronale Netze im Bankbetrieb. In: Die Bank, (1992) Heft 7, S. 413-419.

Rehkugler, H., Zimmermannn, H.G. (Editors): Neuronale Netze in der Ökonomie. Vahlen, 1994.

Reichling, P.: Warum ist die Wertpapierkennlinie zu flach? In: Finanzmarkt und Portfolio Management, (1995) Nr. 1, S.96-110.

Rieß, M.: Ihr Netzwerk denkt mit. In: Versicherungsbetriebe, (1992) Heft 8, S. 6-9.

Rieß, M.: Neuronale Netze Sicht eines ökonomischen Anwenders. Unterlagen zur Tagung vom 5.-6. Feb. 1992 Sheraton Hotel, Frankfurt/M. Flughafen, S. 1-10.

Ripley, B.D.: Statistical Aspects of Neural Networks. In: Department of Statistics, University of Oxford, (1992) June, S. 1-70.

Ripper, K. (1994): Wandelanleihen - Investment mit Risikobegrenzung, BHF TRUST,

(1994) Juli, S. 1-11.

Ripper, K. (1997a): Zinsprognosen mit Forward Rates, In: Optionsscheinmagazin, Februar (1997), S. 68-69.

Ripper, K. (1997b): Volatilitäts-Smile von DAX-Optionen, In: Optionsscheinmagazin, Juli (1997), S. 68-71.

Ripper, K., Günzel, A. (1997c): Volatilitäts-Smile von DAX-Optionen, In: Finanzmarkt und Portfolio Management, No. 4 (1997), S. 470-479.

Ripper, K. (1998a): Eigenschaften des VOLAX-Futures, Publikation der Deutschen Börsen AG, (1998), S. 25-27.

Ripper, K. (1998b): Rentenmarktindices: Vergleichende Studie zwischen dem BHF-BANK-Rentenmarktindex, dem REX und dem PEX. BHF Asset Management, April (1998), S. 1-29.

Ripper, K., Kempf, T.(1998c): Die Bedeutung der Risikofaktoren am deutschen Aktienmarkt, In: Die BANK, Dez. (1998), S. 754-758.

Ripper, K. (1998d): Zinsentwicklung kann divergieren, In: Optionsscheinmagazin, Oktober (1998), S. 112-113.

Ripper, K.(1998e): Europäische Rentenmarktindizes: Darstellung repräsentativer Basketkonzepte. BHF Asset Management, Dez. (1998), S. 1-24.

Ripper, K.(1998f): Professionelles Management von Zinsrisiken. BHF Asset Management, Dez. (1998), S. 1-34.

Ripper, K.,(1999): Management des Spread- und Kuponrisikos, In: Die BANK, Okt. (1999), S. 710-715.

Roll, R., Ross, St. A.: A Critical Reexamination of the Empirical Evidence on the Arbitrage Pricing Theory: A Reply. In: The Journal of Finance, (1984) Vol. 39 No. 2, S. 347-351.

Roll, R.: A Critique of the Asset Pricing Theory's Tests. In: Journal of Financial Economics, (1977) Vol. 4., S. 129-176.

Ross, R.: The Arbitrage Theory of Capital Asset Pricing. In: Journal of Economic Theory, (1976) Vol. 13, S. 341-360.

Roll, R, Ross, St.: On the Cross Sectional Relation Between Expected Returns and Betas. In: Journal of Finance, No. 49 (1994), S. 101-121.

Rojas, R.: Theorie neuronaler Netze - Eine systematische Einführung, Springer Verlag, Berlin/ Heidelberg, 1991.

Röck, B.: Volatilität: Theoretische Konzepte, empirische Ergebnisse und praktische Anwendungen. BHF Asset Management, (1997), S.1-67.

Rubner, J., Tavan, P.: A Self-Organizing Network for Principal-Component Analysis, Europhysics Letters, 10:693-698, 1989.

Rumelhart, D.E., Hinton, G., Williams, R.E.: Learning Internal Representations by Error Propagation. In: Parallel Distributed Processing: Explorations in the Microstructures of Cognition, Vol. 1, S. 318-362, MIT Press, 1986.

Sachs, L.: Angewandte Statistik - Anwendungen statistischer Methoden, 7. Aufl., Springer Verlag, Berlin/Heidelberg, 1992.

Schaich E., Brachinger H.W.: Studienbuch Ökonometrie, 1. Aufl., Springer, Berlin, Heidelberg, 1990.

Schlittgen, R., Streitberg, B.: Zeitreihenanalyse, 3. Aufl., Oldenbourg, 1989.

Schmidt, H.: Neuronale Netze simulieren das Chaos. In: Bild der Wissenschaft, (1992) Heft 4, S. 41-44.

Schneeweiß, H.: Ökonometrie, 1.Aufl., Physica, Würzburg, 1971.

Schönfeld, P.: Methoden der Ökonometrie. Band I, 1. Aufl., Vahlen, Berlin, 1969.

Schöneburg, E.: Aktienkursprognose mit Neuronalen Netzen. In: Theorie und Praxis der Wirtschaftsinformatik. Sonderdruck aus HMD 159. Forkel-Verlag, 1991, S. 43-59.

Schöneburg, E., Hansen, N., Gawelczyk, A.: Neuronale Netzwerke. Einführung, Überblick und Anwendungsmöglichkeit. Markt & Technik, Haar bei München 1990.

Schuhmann, M., Lohrbach Th.: Comparing Artificial Neural Networks With Statistical Methods Within the Field of Stock Market Prediction. In: System Sciences 1993, Hawai International Conference on System Science, (1993), S. 597-606.

Shanmugan, K. Sam, Breipohl, A. M. : Random Signals Detection, Estimation and Data Analysis, John Wiley, New York, 1988.

Sharpe, W.: Asset Allocation: Management Style and Performance Measurment - An Asset Class Factor Model can Help Make Order Out of Chaos. In: The Journal of Portfolio Management, (1990), S. 7-19.

Sharpe, W.F.: Capital Asset Prices: A Theory of Market Equilibrium under Conditions of Risk. In: Journal of Finance, No. 19 (1964), S. 425-442.

Simpson, P. K.: Artificial Neural Systems. Foundations, Paradigms, Applications, and

Implementations. 1. Aufl., Pergamon Press, New York 1990.

Simpson, P. K.: Foundations of Neural Networks. In: E. Sánchez-Sinencio and C. Lau, Editor, Artifical Neural Networks: Paradigms, Applications, and Hardware Implementations. IEEE Press, New York, 1992.

Singh, M.: Estimation of Multifactor Cox, Ingersoll, and Ross Term Structure Model: Evidence on Volatility Structure and Parameter Stability. In: The Journal of Fixed Income, Vol. 5 Nr. 2, September 1995, S. 8-28.

Spremann, K., Winhart, St.: Random Walk - Wiener-Prozess und Brownsche Bewegung. In: Schweizer Bank, (1996), S. 64-67.

Solla, S. A., Levin, E., Fleisher, M.: Accelerated Learning in Layered Neural Networks, Complex Systems, 2:625-639, 1988.

Sönmez, K. M., Baras, J. S.: Time Series Modelling by Perceprons: A Likelihood Approach. In: World Congress on Neural Networks, (1993) July, S. 601-604.

Steiner, M., Wittkemper, H.-G.: Aktienrendite-Schätzungen mit Hilfe künstlicher neuronaler Netze. In: Finanzmarkt und Portfolio Management, 7. Jg. (1993) Nr. 4, S. 443-457.

Takeda, F., Omatu, S.: Bank Note Recognition System Using Neural Network With Random Mask. In: Portland World Congress on Neural Networks, (1993), S. 241-244.

Tayler, P.: Simulation of Artificial Stock Markets Using Genetic Algorithms. Unterlagen zur Tagung vom 5.-6. Feb. 1992 Sheraton Hotel, Frankfurt/M. Flughafen, S. 1-10.

Thiesing, F.: Analyse und Prognose von Zeitreihen mit neuronalen Netzen, Shaker Verlag, Dissertation Universität Osnabrück, 1998.

Thrun, S., Smieja, F.: A General Feed-Forward Algorithm for Gradient Descent in Connectionist Networks. Arbeitspapier der Gesellschaft für Mathematik und Datenverarbeitung mbH.

Timmermann, A.: Why Do Dividend Yields Forecast Stock Returns. In: Economics Letters, (1994) No. 46, S. 149-158.

Treleaven, P. , Lan, L., Siew: Novel Information Technologies for Rocket Science. University College London, Gower Street, London WCIW 6BT, S. 1-11.

Tompkins, R.: Options Explained[2], Macmillan Press Ltd., 1994.

Tong, H., Cheng B.: On consistent Nonparametric Order Determination and Chaos. In: Journal of Royal Statistical Society, (1992) Vol. 52 No. 2, S. 427-449.

Tong, H. : Non-linear Time Series. A Dynamical System Approach. Oxford Science Publications, Oxford 1990.

Toshio, I., Hideki, K.: A Method for Designing Neural Networks Using Nonlinear Multivariate Analysis: Application to Speaker-Independent Vowel Recognition. In: Neural Computation, (1990) Heft 2, S. 386-397.

Touretzky, D. , Pomerleau, D.: What's Hidden in the Hidden Layers? In: BYTE, (1989) Heft 8, S. 227-233.

Utans, J., Moody, J.: Selecting Neural Network Architectures Via The Prediction Risk: Application to Corporate Bond Rating Prediction. In: First International Conference on Artificial Intelligence Application on Wall Street, IEEE Computer Society Press, (1991).

Vasicek, O.: An Equilibrium Characterization of the Term Structure. In: Journal of Financial Economics, No.5 (1977), S. 177-188.

Vasicek, O.: A Note on Using Cross-Sectional Information in Bayesian Estimation of Security Betas. In: Journal of Finance, Vol. 8 (1973).

Wakefield, D.: Technical Analysis Handbook. Davis, Borkum & Co. Inc. Jan. 1989.

Wayne, E. Ferson, Campbell, R. Harvey: Sources of Predictability in Portfolio Returns. In: Financial Analyst Journal, May-June (1991).

Weigend, A. S., Gershenfeld, N. A.: Result of the Time Series Prediction Competition at the Santa Fe Institute. In: World Congress on Neural Networks, (1993) Vol. IV, S. 663-670.

Weigend, A., Nix, D.,: Learning Local Error Bars for Nonlinear Regression. Advance in Neural Information Processing Systems 7 (NIPS 94) MIT-Press.

Werner, P.: Verborgene Regeln. In: Wirtschaftswoche, (1993) Nr. 48, S. 114-125.

Werner, E.: Future auf implizite Volatilitäten in DAX-Optionen. Die Bank, (6/1997), S. 342-345.

Wertschulte, J., Meyer, T.: Performance- und Marktsegmentindizes des BHF-BANK Rentenmarktindex-Konzeptes, Die Bank (Sonderdruck April 1985), Nr. 4.

Würz, D., Groot, C.: Forecasting Time Series with Connectionist Nets: Applications in Statistics, Signal Processing and Economics. In: Industrial and Engineering Application of Artificial Intelligence and Expert Systems - 5th International Conference, (1992), S. 462-470.

White, H.: Economic Prediction Using Neural Networks. In: IEEE International Conference on Neural Networks (San Diego), (1988) Vol. II, S. 451-458.

White, H.: Maximum Likelihood Estimation of Misspecified Models. In: Econometrica, (1982) Jan. Vol. 50, S. 1-17.

White, H.: Learning in Artificial Neural Networks: A Statistic Perspective. In: IEEE Neural Computation, (1989a) Heft 1, S. 425-464.

White, H.: Learning in Neural Networks: A Statistical Perspective. In: Neural Computation, 1 (1989b), S. 425-465.

White, H.: Some Asymptotic Results for Learning in Single Hidden-Layer Feedforward Network Models. In: Journal of the American Statistical Association, (1989c) Dec. Vol. 84, S. 1003-1013.

White, H., Domowitz, I.: Misspecified Models with Dependent Observations. In: Journal of Econometrics, (1982) Vol. 20, S. 35-58.

White, H., Gallant, R.: A Unified Theory of Estimation and Inference for Nonlinear Dynamic Models. 1. Aufl., Basil Blackwell, 1988.

White, H.: Consequences and Detection of Misspecified Nonlinear Regression Models. In: Journal of the American Statistical Association, (1981) June Vol. 76, S. 419-431.

White, H., Gallant, R.: On Learning the Derivatives of an Unknown Mapping with Multilayer Feedforward Networks. In: Neural Networks, (1992) Vol. 5, S. 129-138.

White, H.: Connectionist Nonparamtric Regression: Multilayer Feedforward Networks Can Learn Arbitrary Mappings. In: Neural Networks, (1990) Vol. 3, S. 535-549.

White, H., Lee, T.-H., Granger, C.: Testing for Neglected Nonlinearity in Time Series Models - A Comparison of Neural Network Methods and Alternative Tests. In: Journal of Econometrics, (1993) Vol. 56, S. 269-290.

White, H.: Neural Networks - Statistical Theory can Provide Valuable Insight into the Advantage and Disadvantages of Neural Networks Learning Procedures, In: AI-Expert, (1989) Dec., S. 48-52.

Widrow, B., Stearns S. D.: Adaptive Signal Processing, Prentice-Hall, Englewood Cliffs, 1985.

Wilbert, R.: Interpretation Neuronaler Netze in den Sozialwissenschaften. In: Zeitschrift für Betriebswirtschaft, (1995) Nr. 7, S. 769-783.

Winston, Patrick, Brown, Richard: Artificial Intelligence. 1. Aufl., MIT Press, Cambridge,

Massachusetts an London, 1979.

Witte, A.: Börsentips mit Künstlicher Intelligenz. In: Börse Online, (1992) Heft 5, S. 10-14.

Wong, F. S., Wang, P. Z.,Goh, T. H.,Quek, B. K.: Fuzzy Neural Systems for Stock Selection. In: Financial Analyst Journal, (1992) Jan/Feb., S.47-52.

Zagst, R., Hermann, F., Schmid, W.: Univariate und Bivariate GARCH-Modelle zur Schätzung des Beta-Faktors. In: Finanzmarkt und Portfolio Management, Nr. 1 (1996), S.45-51.

Zahedi, F.: An Introduction to Neural Networks and a Comparison with Artificial Intelligence and Expert Systems. In: Interfaces, (1991) Heft 2, S. 24-38.

Zell, A.: Simulation Neuronaler Netze, Addison-Wesley, 1994.

Zimmermann, H.-G., Finnoff, W.: Reducing Complexity and Improving Generalization in Neural Networks by Mixed Strategies (Summary). Projektbericht der Siemens AG, Corporate Research, (1991) Otto Hahn Ring 6, 8000 München 83, S. 1-5.

Zimmermann, H.-G. , Finnoff, W.: Neuron Pruning and Merging Methodes for Use in Conjunction with Elimination. Projektbericht der Siemens AG, Corporate Research, (1991) Otto Hahn Ring 6, 8000 München 83, S. 1-11.

Zimmermann, H.-G., Finnoff, W., Hergert, F: Neuronale Netzwerke. In: Geldinstitute, (1991) Heft 11, S. 6-13.

Zimmermann, H.-G., Rehkugler, H.: Neuronale Netze in der Ökonomie, Vahlen, München, 1994.

Deutscher Universitäts Verlag

GABLER · VIEWEG · WESTDEUTSCHER VERLAG

Aus unserem Programm

Christine Bach
Negativauslese und Tarifdifferenzierung im Versicherungssektor
Ökonomische Modelle und ökonometrische Analysemethoden
1999. XVII, 160 Seiten, Broschur DM 84,-/ ÖS 613,-/ SFr 76,-
GABLER EDITION WISSENSCHAFT
ISBN 3-8244-6853-0
Die Autorin entwickelt, ausgehend von ökonomischen Modellen, ökonometrische
Analysemethoden, mit deren Hilfe die Konsequenzen der Negativauslese und die
Notwendigkeit einer Tarifdifferenzierung untersucht werden können.

Thomas Häfliger
Basis- und Faktorportfolios
Risikofaktoren als Grundlage im Investitionsprozeß
1998. XXI, 308 Seiten, 53 Abb., 34 Tab.,
Broschur DM 108,-/ ÖS 788,-/ SFr 96,-
GABLER EDITION WISSENSCHAFT
ISBN 3-8244-6693-7
Der Autor untersucht, inwiefern die Exposition makroökonomischer Variablen die
zukünftigen Renditen von Portfolios erklärt, und zeigt, daß Portfolios mit hohen
Risikoeigenschaften langfristig entsprechend hohe Renditen erzielen.

Rolf Hengsteler
Die arbitragefreie Modellierung von Finanzmärkten
1999. X, 151 Seiten, Broschur DM 84,-/ ÖS 613,-/ SFr 76,-
GABLER EDITION WISSENSCHAFT
ISBN 3-8244-6980-4
Um die mit derivativen Finanzkontrakten einhergehenden Risiken im Umfeld international
verflochtener Wirtschaftsbeziehungen beherrschen zu können, sind
Modelle erforderlich, die möglichst alle Risiken eines Finanzmarktes abzubilden
vermögen.

Thorsten Jöhnk
Risikosteuerung im Zinsmanagement
1999. XXVII, 329 Seiten, 52 Abb.,
Broschur DM 118,-/ ÖS 861,-/ SFr 105,-
GABLER EDITION WISSENSCHAFT
ISBN 3-8244-6870-0
Der Autor präsentiert einen Ansatz zur laufenden Steuerung des Zinsänderungs-
risikos und zeigt Möglichkeiten, diesen Steuerungsansatz in das Firmenkunden-
geschäft von Kreditinstituten einzubinden.

DUV DeutscherUniversitätsVerlag
GABLER · VIEWEG · WESTDEUTSCHER VERLAG

Stephan C. Kammerer
Rating von Volkswirtschaften mit künstlich-neuronalen Netzen
1999. XXIII, 242 Seiten, 61 Abb., 59 Tab., Broschur DM 98,-/ ÖS 715,-/ SFr 89,-
GABLER EDITION WISSENSCHAFT
ISBN 3-8244-7041-1
Der Autor stellt den Ratingprozess formal fundiert dar, führt eine Analyse des
Nachfrageverhaltens unter Berücksichtigung unterschiedlicher Datenverdich-
tungsgrade durch und zeigt eine neue Perspektive mit neuronalen Netzen auf.

Tobias Kirchner
Segmentierte Aktienmärkte
Informationsverarbeitung und Preisfindung
1999. XII, 221 Seiten, 4 Abb, 37 Tab., Broschur DM 98,-/ ÖS 715,-/ SFr 89,-
GABLER EDITION WISSENSCHAFT
ISBN 3-8244-7065-9
Aus empirischen Ergebnissen leitet der Autor Aussagen über den Integrations-
grad der Märkte und ihre Bedeutung für die Preisfindung ab und arbeitet Vor-
schläge zur Gestaltung der Börsenstruktur aus.

Stefan P. Klein
Interne elektronische Kapitalmärkte in Banken
Eine Analyse marktlicher Mechanismen zur dezentralen Ressourcenallokation
1999. XXII, 176 Seiten, 6 Abb., 19 Tab., Broschur DM 98,-/ ÖS 715,-/ SFr 89,-
GABLER EDITION WISSENSCHAFT
ISBN 3-8244-7015-2
In diesem Werk wird untersucht, in welcher Form sich interne elektronische
Märkte zur Kapitalallokation in bestehenden Hierarchien einsetzen lassen,
schwerpunktmäßig für die effiziente Eigenkapitalverwendung in Banken.

Marco Neumann
Optionsbewertung und Risikomessung mit impliziten Binomialbäumen
1999. XV, 219 Seiten, 37 Abb., 26, Broschur DM 89,-/ ÖS 650,-/ SFr 81,-
GABLER EDITION WISSENSCHAFT
ISBN 3-8244-6963-4
Bei der marktorientierten Bewertung von Aktien werden der Preisprozess und die
Verteilung des Basiswertpapiers zur Vermeidung der Fehlspezifikation implizit
aus den Marktpreisen von Optionen ermittelt.

Die Bücher erhalten Sie in Ihrer Buchhandlung!
Unser Verlagsverzeichnis können Sie anfordern bei:

Deutscher Universitäts-Verlag
Abraham-Lincoln-Straße 46
65189 Wiesbaden